配送管理

主　编 ● 申纲领
副主编 ● 张卓远　铁世萃　李　宁
　　　　王艳杰　丁莉莉

清华大学出版社
北京

内 容 简 介

本书以物流配送系统为对象，系统论述了物流配送的相关原理，全面分析、总结了我国物流配送发展的现状，并吸收了国内外先进的物流配送理念、技术和管理思想，尽可能详尽地阐述了配送业务中的基础理论、配送组织和管理的技术与操作规程，分析了企业配送过程中的难点并提出了相应的解决对策。本书内容涉及配送概述、配送中心、进货作业管理、储存作业管理、集货作业管理、拣选配货作业管理、流通加工管理、出货作业管理、配送技术装备管理、配送成本管理和配送业务绩效考核等。本书注重理论与实践相结合，使读者既能了解和掌握具体的配送业务，提高配送管理能力，又能巩固和补充专业知识，扩大专业知识面，从而具备现代物流配送管理的综合能力。

本书适合高职高专物流管理、市场营销等相关专业的学生使用，也可以作为相关从业人员的在职培训教材和参考书。

本书封面贴有清华大学出版社防伪标签，无标签者不得销售。
版权所有，侵权必究。举报：010-62782989，beiqinquan@tup.tsinghua.edu.cn。

图书在版编目（CIP）数据

配送管理/申纲领主编. —北京：清华大学出版社，2020.8
ISBN 978-7-302-55869-9

Ⅰ．①配… Ⅱ．①申… Ⅲ．①物资配送－物资管理 Ⅳ．①F252.14

中国版本图书馆 CIP 数据核字(2020)第 110010 号

责任编辑：杜春杰
封面设计：刘　超
版式设计：文森时代
责任校对：马军令
责任印制：杨　艳

出版发行：清华大学出版社
　　网　　址：http://www.tup.com.cn，http://www.wqbook.com
　　地　　址：北京清华大学学研大厦 A 座　　邮　编：100084
　　社 总 机：010-62770175　　邮　购：010-62786544
　　投稿与读者服务：010-62776969，c-service@tup.tsinghua.edu.cn
　　质 量 反 馈：010-62772015，zhiliang@tup.tsinghua.edu.cn
印 装 者：三河市吉祥印务有限公司
经　　销：全国新华书店
开　　本：185mm×260mm　　印　张：16.5　　字　数：398 千字
版　　次：2020 年 9 月第 1 版　　印　次：2020 年 9 月第 1 次印刷
定　　价：49.00 元

产品编号：085537-01

前　言

在全球经济一体化、企业竞争激烈的今天，配送，这个长期不被重视的领域，已经越来越引起人们的关注，企业管理者试图从中挖掘新的利润点。在配送的实践中人们发现，配送环节确实存在着很大的利润空间，通过正确的运作和管理，可以大大降低企业的生产和流通成本，给企业带来巨大的利润和经济效益。

本书以物流配送系统为对象，系统论述了物流配送的相关原理，全面分析、总结了我国物流配送发展的现状，并吸收了国内外先进的物流配送理念、技术和管理思想，尽可能详尽地阐述了配送业务中的基础理论、配送组织和管理的技术与操作规程，分析了企业配送过程中的难点并提出了相应的解决对策。本书内容涉及配送概述、配送中心、进货作业管理、储存作业管理、集货作业管理、拣选配货作业管理、流通加工管理、出货作业管理、配送技术装备管理、配送成本管理和配送业务绩效考核等。本书注重理论与实践相结合，使读者既能了解和掌握具体的配送业务，提高配送管理能力，又能巩固和补充专业知识，扩大专业知识面，从而具备现代物流配送管理的综合能力。

本书在编写过程中，尽量从学生的角度出发，深入浅出，循序渐进，使学习内容逐步深化。全书从配送管理的实际案例入手，引出各章的重要概念、基本原理和运作程序，并从理论和实践环节方面进行详细的阐述，使读者能准确了解所学的知识。每章还有任务目标、技能目标、选择题、问答题、实训题、案例分析等内容，使各章内容的系统性更加突出。

本书由许昌职业技术学院教授申纲领担任主编，编写了项目十、项目十一；许昌职业技术学院丁莉莉老师担任副主编，编写了项目一、项目九；黑龙江职业学院张卓远担任副主编，编写了项目二、项目三；青海交通职业技术学院铁世萃担任副主编，编写了项目四、项目五；黑龙江建筑职业学院李宁担任副主编，编写了项目六、项目七；河南许昌新兴国家粮食储备管理有限公司经济师王艳杰担任副主编，编写了项目八。在编写过程中，参考了大量的著作、文献，借鉴了国内外同行专家的很多研究成果，在此一并表示感谢！

由于作者水平有限，书中难免存在疏漏、错误之处，恳请读者批评指正。

编　者

目 录

项目一 配送概述 1
    任务一 配送的概念、分类及发展 3
    任务二 配送的模式、业务流程和功能要素 8
    任务三 配送的合理化 13

项目二 配送中心 20
    任务一 配送中心的业务管理 21
    任务二 配送中心的功能和作业流程 27
    任务三 配送中心的规划与设计 35

项目三 进货作业管理 39
    任务一 进货作业流程 40
    任务二 商品的分类和编码 46
    任务三 商品的进货验收 51

项目四 储存作业管理 59
    任务一 储存作业管理概述 60
    任务二 仓储管理与控制 65
    任务三 仓储合理化 71
    任务四 盘点作业 76

项目五 集货作业管理 83
    任务一 订单处理 84
    任务二 备货管理 95

项目六 拣选配货作业管理 104
    任务一 拣选作业管理概述 105
    任务二 拣选作业流程及模式 112
    任务三 配货作业 116

项目七 流通加工管理 124
    任务一 流通加工概述 125
    任务二 流通加工的形式与内容 128
    任务三 流通加工管理概述 134

项目八 出库作业管理 142
  任务一 货物出库 143
  任务二 退货管理 161
  任务三 补货管理 163

项目九 配送技术装备管理 170
  任务一 物流配送的信息技术 171
  任务二 物流配送的作业装备 178
  任务三 物流标准化 193

项目十 配送成本管理 200
  任务一 配送成本概述 201
  任务二 配送成本核算 209
  任务三 配送成本控制 218

项目十一 配送业务绩效考核 226
  任务一 绩效考核系统 227
  任务二 配送服务与配送成本绩效考核 233
  任务三 运输绩效考核 241
  任务四 配送员工绩效考核与分析 248

参考文献 257

项目一 配送概述

任 务 目 标	技 能 目 标
1. 掌握配送的含义和作业流程。 2. 掌握配送合理化的方法，了解配送的模式。 3. 熟悉配送的业务流程。	1. 熟悉配送的类型。 2. 熟悉不合理配送的表现形式。 3. 掌握配送合理化。

项目概述

配送就是根据客户的要求，在物流据点内进行分拣、配货等工作，并将配好的货送交收货人的过程。这一过程包括集货、配货和送货三部分。为了满足不同客户或收货人的需要，尤其是"多品种、小批量、多批次、高频率"的物流服务需要，流通企业或物流企业必须对运输资源（包括车辆、运输计划、送货路线、人员）进行科学、合理的配置，以低成本满足客户的需要，从而产生了配送这一物流活动。配送是物流中一种特殊的、综合的活动形式，是商流与物流的结合。

项目任务

导入案例

麦当劳物流配送案例分析

在麦当劳的物流中，质量永远是权重最大、被考虑最多的因素。麦当劳重视品质的精神，在其每一家餐厅开业之前便可见一斑。餐厅选址完成之后，首要工作是在当地建立生产、供应、运输等一系列的网络系统，以确保餐厅得到高品质的原料供应。无论何种产品，只要进入麦当劳的采购和配送流程，必须经过一系列严格的质量检查。麦当劳对土豆、面包和鸡块都有特殊的严格的要求。在面包生产过程中，麦当劳要求供应商在每个环节加强管理。例如，装面粉的桶必须有盖子，而且要有颜色，不能是白色的，以免意外破损时碎屑混入面粉，而不易分辨；各工序之间运输一律使用不锈钢筐，以防杂物碎片落入食品中。

谈到麦当劳的物流配送，不能不说到夏晖公司，他们与麦当劳的合作，至今在很多人眼中还是一个谜。麦当劳没有把物流配送业务分包给不同的供应商，夏晖公司也从未"移情别恋"，这种独特的合作关系，不仅建立在忠诚的基础上，麦当劳之所以选择夏晖公司，是因为夏晖公司为其提供了优质的服务。而麦当劳对物流配送服务的要求是比较严格的。在食品供应中，除了基本的食品运输之外，麦当劳要求物流服务商提供其他服务，例如信息处理、存货控制、贴标签、生产和质量控制等方面，这些"额外"的服务虽然成本比较高，但它使麦当劳在竞争中获得了优势。"如果你提供的物流服务仅仅是运输，运价是一吨6角钱，而我的价格是一吨7角钱，但我提供的物流服务当中包括了信息处理、贴标签等工作，麦当劳也会选择我做物流供应商的。"为麦当劳服务的一位物流经理说。

另外，麦当劳要求夏晖公司提供一条龙式物流服务，包括生产和质量控制在内。这样，在夏晖公司设在中国台湾的面包厂中，就全部采用了统一的自动化生产线，制造区与熟食区加以分隔，厂区装设空调与天花板，以隔离落尘，易于清洁，应用严格的食品与作业安全标准。所有设备由美国SASIB专业设计，每小时能生产24 000个面包。在专门设立的加工中心，物流服务商为麦当劳提供所需的切丝、切片生菜及混合蔬菜，拥有生产区域全程温度自动控制、连续式杀菌及水温自动控制功能的生产线，生产能力为每小时1 500千克。此外，夏晖公司还负责为麦当劳上游的蔬果供应商提供咨询服务。

麦当劳利用夏晖公司设立的配送中心，为其各个餐厅完成订货、储存、运输及分发等一系列工作，使得整个麦当劳系统得以正常运作，通过它的协调与联结，使每一个供应商与每一家餐厅达到畅通与和谐，为麦当劳餐厅的食品供应提供最佳的保证。目前，夏晖公司在北京、上海、广州都设立了食品分发中心，同时在沈阳、武汉、成都、厦门建立了卫星分发中心和配送站，与设在中国香港和中国台湾的分发中心一起，斥巨资建立起全国性的服务网络。

例如，为了满足麦当劳冷链物流的要求，夏晖公司在北京地区投资5 500多万元人民币，建立了一个占地面积达12 000平方米、拥有多温度食品分发功能的物流中心，该物流中心配有先进的装卸、储存、冷藏设施，5~20吨多种温度控制运输车40余辆，中心还配有计算机调控设施用以控制所规定的温度，检查每一批进货的温度。

"物流中的浪费很多，不论是人的浪费、时间的浪费，还是产品的浪费都很多。而我们是靠信息系统的管理来创造价值。"夏晖食品公司大中华区总裁白雪很自豪地表示，夏晖公司的平均库存远远低于竞争对手，麦当劳物流产品的损耗率也仅有万分之一。

（资料来源：冷志杰. 配送管理[M]. 重庆：重庆大学出版社，2016. 经作者整理）

任务一　配送的概念、分类及发展

一、配送的概念

配送活动绝不是简单的送货活动，而应该是建立在市场营销策划基础上的企业经营活动。配送是从用户利益出发，按用户要求进行的一种活动，体现了配送服务性的特征。配送的时间、数量、品种规格都必须按用户要求进行，以用户满意为最高目标，而顾客的需求则是灵活多变的。

在《中华人民共和国国家标准——物流术语》（GB/T 18354—2006）中，对配送下的定义为："在经济合理区域范围内，根据客户要求，对物品进行拣选、加工、包装、分割、组配等作业，并按时送达指定地点的物流活动。"

（一）关于配送的概念反映出的信息

1. 配送是接近客户资源配置的全过程

配送的资源配置作用是"最终配置"，因而是接近客户的配置。

2. 配送的实质是送货

配送是送货的一种，但和一般送货又有区别：一般送货可以是一种偶然的行为，而配送却是一种固定的形态，甚至是一种有确定组织、确定渠道，有一套装备和管理力量、技术力量，有一套制度的体制形式。所以，配送是高水平的送货形式。

3. 配送是一种"中转"形式

配送是从物流节点至客户的一种特殊送货形式。从送货功能看，其特殊性表现为：从事送货的是专职流通企业，而不是生产企业；配送是"中转"型送货，而一般送货，尤其是从工厂至客户的送货往往是直达型；一般送货是生产什么送什么，有什么送什么，配送则是企业需要什么送什么。所以，要做到需要什么送什么，就必须在一定的中转环节筹集这种需要，从而使配送必然以中转形式出现。

4. 配送是"配"和"送"的有机结合

配送与一般送货的重要区别在于，配送利用有效的分拣、配货等理货工作，使送货达到一定的规模，以便于利用规模优势取得较低的送货成本。如果不进行分拣、配货，有一件运一件，需要一点送一点，这就会大大增加劳动力的消耗，使送货并不优于取货。所以，要追求整个配送的优势，分拣、配货等工作是必不可少的。

5. 配送以客户要求为出发点

在配送的定义中强调"根据客户要求"，明确了客户的主导地位。配送是从客户利益出发，根据客户要求进行的一种活动，因此，在观念上必须明确"客户第一""质量第一"，配送企业的地位是服务地位而不是主导地位，因此不能从本企业利益出发，而应从客户利益出发，在满足客户利益的基础上取得本企业的利益。更重要的是，不能利用配送损伤或控制客户，不能利用配送作为部门分割、行业分割、割据市场的手段。

定义中"根据客户要求"的提法需要基于这样一种考虑：过分强调"根据客户要求"是不妥的，客户要求受客户本身的局限，有时会损失自我或双方的利益。对于配送者来讲，必须以"要求"为依据，但是不能盲目，应该追求合理性，进而指导客户，实现双方共同受益的商业目的。这个问题在近些年国外的研究著作中也常提到。

（二）配送的特点

1. 满足顾客对物流服务的需求是配送的前提

由于在买方市场条件下，顾客的需求是灵活多变的，消费特点是多品种、小批量的，因此，从这个意义上说，配送活动绝不是简单的送货活动，而应该是建立在市场营销策划基础上的企业经营活动。配送是从用户利益出发，按用户要求进行的一种活动，体现了配送服务性的特征。配送的时间、数量、品种规格都必须按用户要求进行，以用户满意为最高目标。

2. 配送是一种末端物流活动

配送的对象是零售商或用户（包括单位用户、消费者），故配送处于供应链的末端，是一种末端物流活动。

3. 配送是在积极合理区域范围内的送货

配送不宜在大范围内实施，通常仅局限在一个城市或地区范围内进行。

4. 配送是物流活动和商流活动的结合

良好的配送活动有利于物流活动实现合理化；完善运输和整个物流系统；提高末端物流的效益；通过集中库存使企业实现低库存或零库存；简化事务，方便用户；提高供应保证程度；为电子商务的发展提供基础和支持。

二、配送的分类

配送有许多种类和形式，可以从以下三个角度加以分类。

（一）按配送的数量及时间不同分

1. 定时配送

所谓定时配送，是指按规定的时间间隔进行配送。其特点是间隔时间固定，配送数量和品种可按计划或按一定联络方式（电话、电子计算机网络）进行确定。有时，这种配送临时性较强，在一定程度上增加了配送难度。

2. 定量配送

所谓定量配送，是指按规定的批量在一定时间范围内进行配送。其特点是配送数量相对固定或稳定，时间要求不十分严格，备货工作相对简单，运输效率较高。

3. 定时定量配送

所谓定时定量配送，是指按规定的时间、规定的货物品种数量进行配送。其特点兼有定时和定量配送两种优点。但计划性很强、稳定性要求很高，故选用此类配送不很普遍。

4. 定时定量定点配送

所谓定时定量定点配送，是指按规定的周期、规定的货物品种数量、规定的客户收货点，进行配送。其特点表明配送中心与用户签有配送协议，并严格执行。定时定量定点配送适用于重点企业和重点项目的物流支持。

5. 即时配送

所谓即时配送，是指完全按用户的配送时间、品种数量要求进行随时配送。其特点以当天任务为目标，对临时性或急需货物进行配送。这种方式要求配送企业的配送资源相对富余。

（二）按配送的品种和数量分

1. 少品种大批量配送

所谓少品种大批量配送，是指对制造业所需的货物品种少但需求量大进行的配送。其特点是配送工作简单、配送成本低廉。

2. 多品种少批量配送

所谓多品种少批量配送，是指针对零售企业所需的货物品种多批量少的特点，配备齐全后，送达该企业或用户的配送。其特点是除了配备良好的硬件设备外，还需一流的业务操作水平和训练有素的管理水平。

3. 成套配套配送

所谓成套配套配送，是指针对那些装配型或流水线制造企业生产的需要，集合各种产品一切的零部件，按生产节奏定时定量地配送。其特点是满足专业化生产和实现制造企业"零库存"的需要。

（三）按配送的组织形式分

1. 分散配送

所谓分散配送，是指销售网点或仓库根据自身或用户的需要，对小批量、多品种货物进行配送。其特点是分布广、服务面宽，适合于近距离、品种繁多的小额货物的配送。

2. 集中配送

集中配送又称配送中心配送，是指专门从事配送业务的配送中心对社会性用户的货物需要而进行的配送。其特点是规模大、专业性强、计划性强、与客户关系稳定和密切；配送品种多、数量大，是配送的主要形式。

3. 共同配送

所谓共同配送，是指若干企业集中配送资源，以满足用户对货物需求的配送形式。一般分为两种类型：第一种是中小生产企业之间通过合理分工和协商，实行共同配送；第二种是中小企业配送中心之间实现联合、共同配送。前者可以弥补配送资源不足的弱点；后者可以实现配送中心联合作业的优势，两者均可实现配送目的。

此外，按实施配送的节点不同进行分类，可分为配送中心配送、仓库配送和商店配送；按经营形式不同进行分类，可分为销售配送、供应配送、销售-供应一体化配送和代存代供配送。

小思考：配送和传统的送货有哪些不同？

三、配送的发展

20世纪80年代以后,受多种社会及经济因素的影响,配送有了长足发展,而且以高技术为支撑手段,并形成系列化、多功能的供货活动,具体表现在以下几个方面。

1. 配送区域进一步扩大

近几年,实施配送的国家已不限于发达国家,许多发达国家和发展中国家也按照流通社会化的要求实行了配送制,并且积极开展了配送。就发达国家而言,20世纪80年代以后,配送的活动范围已经扩大到了省际、国际和洲际。例如,以商贸业立国的荷兰,配送的范围已扩大到了欧盟诸国。

2. 配送的发展极为迅速

首先,配送中心的数量和规模发展迅速。在日本,全国各大城市建立了多个流通中心,仅东京就建立了5个流通中心。同时,由于消费向小批量、多品种转化;销售行业竞争激烈,传统的做法被淘汰,销售企业向大型化、综合化发展,使得配送货物的数量增加也非常迅速。而且,配送的品种也是全方位面向社会。其次,随着配送货物数量的增加,配送中心除了自己直接配送外,还采取转承包的配送策略。而且,在配送实践中,除了存在独立配送、直达配送等一般性的配送形式外,又出现了"共同配送""即时配送"等配送方式。这样,配送方式就得到了进一步发展。

3. 配送的技术水平提高,手段日益先进

进入20世纪80年代以后,各种先进技术,特别是计算机的应用,使配送基本上实现了自动化,发达国家普遍采用了诸如自动分拣、光电识别、条形码等先进技术,并建立了配套的体系,配备了先进的设备,如无人搬运车、分拣机等,使配送的准确性和效率大大提高。有的工序因采用先进技术和先进设备,工作效率提高了5~10倍。

4. 配送的集约化程度明显提高

20世纪80年代以后,随着市场竞争日趋激烈及企业兼并速度明显加快,配送企业的数量在逐步减少。但是,总体的实力和经营规模却在增长,配送的集约化程度不断提高。

5. 配送服务质量提高

在激烈的市场竞争中,配送企业必须保持高质量的服务,否则就可能倒闭。配送服务质量可以归纳为准确和快速,即不出差错和供货周期短,保证物流在时间和速度两个方面的要求。

 相关链接

李宁公司的物流配送

李宁公司经过二十年的探索,已逐步成为代表中国的、国际领先的运动品牌公司。李宁公司采取多品牌业务发展策略,除了自有核心李宁品牌(LI-NING)外,还拥有乐途品牌(Lotto)、艾高品牌(AIGLE)、新动品牌(Z-DO)。此外,李宁公司还控股上海红双喜、全资收购凯胜体育。

国际著名品牌耐克在中国的物流分拨时间是7天,而李宁公司的物流分拨时间只有

4天半，李宁公司物流绩效的优秀由此可见一斑。李宁公司在物流策略上拥有更胜一筹的"独家秘籍"，那就是在物流运输服务、仓储配送、物流信息化上都善打"组合拳"。

1．寻找最适合的物流商并科学管理

在选择物流公司时，国内的很多企业总是相信大型物流公司。而李宁公司不找最大的物流公司，只找最适合的。同时，李宁公司在物流承运合同中加上了一条：无论发生什么情况，李宁公司的货物首先发。在确定承运商之后，李宁公司还非常重视对承运商的动态管理，并对其进行绩效考核和追踪控制。李宁公司物流部会亲自监控每一个考核指标的完成情况。所有物流承运商都必须每天上报报表，包括货单号、提货时间、发货时间和事故分析原因等。与此同时，李宁公司物流部设有运输追踪机构，专门负责电话追踪经销商、专卖店，形成承运商在一个月的编程。参照这些编程，李宁公司每个月都会给承运商打分，把数据报表向承运商公布，要求其针对不足限期整改。依靠这种严格的动态管理制度，承运商的服务水平不断提高。这一点我相信很多公司都是可以借鉴的，只要选择了合适的物流商，加上物流商对自己足够重视的话，完全能够像李宁公司一样制定严格的管理制度，从而创造出"有货即发，即发即到"的高效率服务。

2．整合储运统一分拨

李宁公司在全国共有两个一级配送中心：一个位于北京市丰台区的五里店，负责长江以北地区的产品配送；另一个位于广东省佛山市三水区，负责长江以南地区的产品配送。全国共有13个分公司，各自下辖的仓库是二三级配送中心。为了集中网络优势促销售，李宁公司一边把全国13个分公司的物流储运部整合起来，设物流中心进行统一管理，另一边推行按销售地入仓的做法。这种新做法试行一年之后，已经达到了三个目标：一是在广东生产的产品，一部分发北京，一部分到三水，分拨距离短、速度快。二是由于减少了运送环节，不仅成本降低了，在接到订单后，货物在36小时内可到达所有的门店，对当地的销售反应非常及时。三是整车运输的成本低于零散运输的成本，按销售地点入仓所耗费的运力实际上等同于做批发的车辆运力。由于大部分里程都是长途干线运输，因此整车价格比小批量送到门店的成本要低得多。也许很多中小型公司并不能像李宁公司一样拥有如此大的配送中心，但是就算是小的配送中心，也要选择交通便利的中心城市和合理的配送运输方式，这样才能以低成本将分公司的物流联系起来。

3．依靠科技提升仓储水平

和其他生产企业一样，李宁公司也曾一度面临这样的现实问题：减少库存可以在很大程度上减少成本，然而减少库存要在保证安全库存量的前提下进行，即配送中心必须有一定的储存量。因此，李宁公司决定以没有原料库、成品库为目标，在可控范围内压缩库存时间。经过一段时间的试行，在反思了整个物流过程的各个指标之后，李宁公司发现其货物拣配时间比不上第三方物流公司。于是决定在货物拣配时，首先分清产品大类，然后再根据不同的款式、色码上架。另外，李宁公司投资改造了仓库，而且在改造过程中非常注重细节。例如，为了选择合适的货架，不同的货架在仓库里按照不同的发货需求和货品属性依次排开。分清货物的类别我想大部分的公司都能做到，可是要科学地区分，方便查找和运送，就得学习参照李宁公司在这方面的做法。

李宁公司能在物流方面做到低成本、高速度，贵在其方法得当。

（资料来源：马俊生．配送管理[M]．北京：机械工业出版社，2017．经作者整理）

任务二　配送的模式、业务流程和功能要素

一、配送的模式

对于企业而言，必须认真分析各种配送模式的优缺点及自身情况，选择最优的配送模式。例如，在自己的销售密集区可以自建配送中心进行配送服务，密集程度稍低的区域选择第三方物流配送，在偏远区域用邮政系统。在配送体系上，也可以进行一些创新，例如，可以通过提供多种配送模式和时间的服务，对不同配送时间要求的顾客收取不同费用，满足顾客不同层次的需要，争取各种需求偏好强烈的顾客。配送模式是企业对配送所采取的基本战略和方法。根据国内外的发展经验及我国的配送理论与实践，目前，主要形成了以下几种配送模式。

1. 自营配送模式

自营配送模式是指企业物流配送的各个环节由企业自身筹建并组织管理，实现对企业内部及外部货物配送的模式。这种模式有利于企业供应、生产和销售的一体化作业，系统化程度相对较高，既可以满足企业内部原材料、半成品及成品的配送需要，又可以满足企业对外进行市场拓展的需求。其不足之处表现在，企业为建立配送体系的投资规模将会大大增加，在企业配送规模较小时，配送的成本和费用也相对较高。

一般而言，采取自营配送模式的企业大都是规模较大的集团公司。有代表性的是连锁企业的配送，其基本上都是通过组建自己的配送系统来完成企业的配送业务，包括对内部各场、店的配送和对企业外部顾客的配送。

2. 联合配送模式

（1）联合配送模式的含义。联合配送是物流配送企业之间为了提高配送效率以及实现配送合理化所建立的一种功能互补的配送联合体。联合配送的优势在于有利于实现配送资源的有效配置，弥补配送企业功能的不足，促使企业配送能力的提高和配送规模的扩大，更好地满足客户需求，提高配送效率，降低配送成本。

（2）联合配送模式的原则。联合配送的核心在于充实和强化配送的功能，提高配送的效率，实现配送的合理化和系统化。因此，作为开展联合配送的联合体成员，首先要有共同的目标、理念和利益，这样，才能使联合体有凝聚力和竞争力，才能有利于共同目标和利益的实现。开展联合配送、组建联合体要坚持以下几个原则：①功能互补；②平等自愿；③互惠互利；④协调一致。

需要注意的是，在开展联合配送、组建联合体的过程中，要避免行政的干预，谨防"拉郎配"的做法。

（3）联合配送的实施步骤。联合配送的实施步骤为：①选择联合对象；②组建谈判小组，做好谈判准备；③签订合作意向书及合同，并进行公证；④组建领导班子，拟定管理模式；⑤正式运作。

（4）联合配送的运作方式。在实际运作过程中，由于联合配送联合体的合作形式、所处环境、条件以及客户要求的服务存在差异，因此，联合配送的运作过程也存在着较大的差异，互不相同。

（5）联合配送的类型。在实际运行过程中，联合配送的种类很多，大体可归纳为：紧密型、半紧密型和松散型；资源型、管理型和功能型；集货型、送货型和集送型；等等。

3. 互用配送模式

（1）互用配送模式的含义。互用配送模式是几个企业为了各自利益，以契约的方式达到某种协议，互用对方配送系统而进行的配送模式。其优点在于企业不需要投入较大的资金和人力，就可以扩大自身的配送规模和范围，但需要企业有较高的管理水平以及与相关企业的组织协调能力。

（2）互用配送模式的特点。与联合配送模式相比较，互用配送模式的特点主要有以下几个。

① 联合配送模式旨在建立配送联合体，以强化配送功能为核心，为社会服务，而互用配送模式旨在提高自己的配送功能，以企业自身服务为核心。

② 联合配送模式旨在强调联合体的共同作用，而互用配送模式旨在强调企业自身的作用。

③ 联合配送模式的稳定性较强，而互用配送模式的稳定性较差。

④ 联合配送模式的合作对象需要经营配送业务的企业，而互用配送模式的合作对象既可以是经营配送业务的企业，也可以是非经营配送业务的企业。

4. 第三方配送模式

第三方就是为交易双方提供部分或全部配送服务的一方。第三方配送模式是指交易双方把自己需要完成的配送业务委托给第三方来完成的一种配送运作模式。随着物流产业的不断发展以及第三方配送体系的不断完善，第三方配送模式应成为工商企业和电子商务网站进行货物配送的首选模式和方向。

随着物流管理的理念在中国企业内逐步被认知，第三方物流作为有着较新物流理念的产业正在逐步形成。中国原有的运输企业、仓储企业、电子商务企业经过改造和合并，形成了新兴的第三方物流企业。第三方物流企业在对企业的服务中逐步形成了一种战略关系，随着JIT（准时制）管理方式在中国的普及，无论是制造企业，还是商业企业，普遍应用JIT管理的理念，采用拉动方式，减小库存，降低库存储备，适应市场变化。JIT管理方式的应用，使服务于制造企业和商业企业的第三方物流企业采取小批量、多频次的JIT运输。

5. 邮政配送模式

各卖家均把邮政作为配送方式之一，因为邮政在我国覆盖范围极广，利用邮政可以将业务做到全国的每一个县市，这是其他物流方式无法做到的。因此凡是邮政系统能到达的地方，无论电子商务企业对其市场前景是否感兴趣，都会对该地区提供邮寄服务，因为邮寄的配送费将全部转移给消费者，这对于企业来说只有收益而没有损失。然而我国的邮政业存在服务质量不高、反应迟钝、周期过长、过程缓慢等缺点。迟缓发送速度使网上交易快速便捷的优势得不到发挥，阻碍了大量消费者对网上交易的信赖度。特快专递虽然发送速度满足了消费者的要求，却由于其高昂的发送费用使网上交易的价格优势难以发挥，也同样难以吸引消费者。因此，未来邮政将成为电子商务配送范围以外的配送选择。

二、配送的业务流程

配送是由备货（集货）、理货和送货三个基本环节组成。

（1）备货是配送业务的基础环节，涉及准备和筹集货物等操作性活动。

（2）理货是按照客户需要，对货物进行分拣、配货、包装等一系列操作性活动。

（3）送货是配送业务的核心，也是备货和理货工序的延伸。

配送业务的组织一般是按照功能要素展开的，其基本流程如图 1-1 所示。

图 1-1 配送业务的基本流程

具体到不同类型、不同功能的配送中心或节点的配送活动，其流程可能有些不同，而且不同的商品，由于其特性不一样，其配送流程也会有所区别。例如，食品类商品由于其种类繁多，形状特性不同，保质、保鲜要求也不一样，所以通常有不同的配送流程，如图 1-2 所示。

图 1-2 食品类商品的三种配货流程

第一类商品由于保质期短，保鲜要求高，如海鲜、鱼、肉类制品等，集货后不经过储存便立即分拣配货、配装后送达客户。

第二类商品保质期较长，如矿泉水、方便食品等，可以在集货后经过储存保管，再按客户订单要求组织配送。

第三类商品在集货后，需按客户的要求按商品特性经过配送加工后再组织配送，如速冻食品、大包装进货食品等。

三、配送的功能要素

配送活动一般主要由备货、储存、订单处理、分拣及配货、配装、配送加工、配送运输和送达服务等几个基本功能要素组成。其具体工作内容如下。

（一）备货

备货是配送的准备工作或基础性工作，不管配送活动是在配送中心进行，还是在仓库、商店、工厂等物流据点进行，配送的第一道作业环节就是备货，它完成的是配送的集货功能。如果没有备货，不能筹措配送所需货品，配送就成了无源之水。特别是在配送中心，备货环节是必不可少的作业环节。在生产企业的销售配送中备货工作一般由企业的供售部门或企业的配销中心负责，供应配送一般由采购部门完成。在专业的社会物流配送企业则由配送中心完成备货职能。由于配送组织主体与运行方式不同，配送备货工作内容就不一样。一般备货工作包括用户需求测定、筹集货源、订货或购货、集货、进货及有关的质量检查、结算、交接等。配送的优势之一，就是可以集中用户的需求进行一定规模的备货。备货是配送的基础环节，同时，它也是决定配送效益高低的关键环节。如果备货不及时或不合理，成本较高，那么就会大大降低配送的整体效益。

（二）储存

配送储存是按一定时期的配送经营要求，形成的对配送的资源保证。储存有储备及暂存两种形态。储备是按照一定时期的配送活动要求和根据货源的到货情况有计划地确定的，它是使配送持续运作的货源保证。它的特点是：储备数量较大，储备结构比较完善，视货源及到货情况灵活地确定储备结构及储备数量。配送的储备保证有时在配送中心附近单独设库解决。暂存是指在具体执行配送时，按分拣、配货要求，在理货场地所做的少量存储准备。由于总体储存效益取决于储存总量，所以，这部分暂存数量只会对工作方便与否造成影响，而不会影响存储的总效益，因而在数量上控制并不严格。这种形式的储存是为了适应"日配""即时配送"需要而设置的。还有一种形式的暂存，即分拣、配货之后形成的发送货载的暂存，这个暂存主要是调节配货与送货的节奏，暂存时间不长。

（三）订单处理

订单处理是指配送企业从接受用户订货或配送要求开始到货物发运交客户为止，整个配送作业过程中，有关订单信息的工作处理。具体包括：接受用户订货或配送要求，审查订货单证，核对库存情况，下达货物分拣、配组、输送指令，填制发货单证，登记账簿，回应或通知用户，办理结算，退货处理等一系列与订单密切相关的工作活动。

（四）分拣及配货

分拣及配货是配送独特的不同于其他物流形式及特点的功能要素，是关系配送是否成功的重要工作。由于每个用户企业对商品的品种、规格、型号、数量、质量、送达时间和地点等的要求不同，配送中心就必须按用户的要求对商品进行分拣及配货，因而必须具备现代化的物流技术装备和高水平的理货、备货能力。分拣及配货是送货向配送发展的必然要求，是不同配送企业进行竞争和提高自身经济效益的必然延伸。所以，分拣及配货是决定整个配送系统水平的关键要素。

（五）配装

当单个用户配送数量不能达到运输车辆的有效载运负荷时，就存在如何集中不同用户的不同配送货物，进行搭配装载，以及充分利用运能、运力的问题，这时就需要配装。通过这项工作，可以大大提高送货水平，降低送货成本，所以，配装也是配送系统中有现代特点的功能要素之一，是现代配送不同于以往送货的重要区别之处。

（六）配送加工

配送加工是流通加工的一种，为了满足客户对物资不同形态的要求，充分利用资源，提高配送中心的经济效益，根据客户要求，在配送中心对物资进行必要的分等、分割、包装等加工。在配送中，这一功能不具有普遍性，但往往具有重要的作用。它可以提高配送的服务质量，降低配送成本，提高配送加工的经济效益。配送加工是流通加工的一种，但配送加工有它不同于一般流通加工的特点，即配送加工一般只取决于用户要求，其加工的目的较为单一。

小思考：为什么要进行配送加工？

（七）配送运输

配送运输属于运输中的末端运输、支线运输，它和一般运输的主要区别在于：运输距离较短、规模较小、频度较高，一般使用汽车作为交通工具。配送运输与干线运输的区别是：配送运输的路线选择问题也是一般干线运输所没有的。干线运输的干线是唯一的运输线，而配送运输由于配送用户多，地点分散，一般城市交通路线又较复杂，如何组合成最佳路线，如何使配装和路线有效搭配，是配送运输的特点，也是难度较大的工作。配送运输管理的重点是合理做好配送车辆的调度计划。对于较为复杂的配送运输需要用数学模型规划整合来取得较好的运输效果。

（八）送达服务

配好的货运到用户的指定地点还不算配送工作的终结，这是因为货物送达后和用户接货往往还会出现不协调，使配送前功尽弃，如用户认为所送的货物与要求的货物存在差异等。因此，要圆满地实现货物的移交，并有效地、方便地处理相关手续和完成结算，必须提高配送管理水平，严格执行订单有关要求。同时，还应讲究卸货地点、卸货方式等送达服务工作。

任务三　配送的合理化

一、配送差别化

配送差别化，是指根据货物周转的快慢和销售对象规模的大小，把保管场所和配送方式区别开来，利用差别化方法实现物流合理化的一种策略。一种是根据货物周转的快慢决定保管的方法，例如，对周转较快的货物群实行分散保管，周转较慢的货物群尽量实行集中保管的原则，以做到压缩流通阶段库存，有效利用保管面积，库存管理简单化。另一种是根据销售对象决定物流的方法，例如，对供货量大的销售对象从工厂直接送货，对供货量分散的销售对象，通过流通中心供货，使运输和配送方式区别开来；对于供货量大的对象，每天送货，对于供货量小的对象，集中配送，每隔三天或一周配送一次，灵活掌握配送的次数。

二、不合理配送的表现形式

对于配送的决策优劣，不能简单处之，也很难有一个绝对的标准。例如，企业效益是配送的重要衡量标志，但是，在决策时常常考虑各个因素，有时要做赔本买卖。所以，配送的决策是全面、综合的决策。在决策时要避免由于不合理配送出现所造成的损失，但有时某些不合理现象是伴生的，要追求大的合理，就可能派生小的不合理，所以，这里只单独论述不合理配送的表现形式，但要防止绝对化。

1. 资源筹措的不合理

配送是利用较大批量筹措资源，通过筹措资源的规模效益来降低资源筹措成本，使配送资源筹措成本低于用户自己筹措资源成本，从而取得优势。如果不是集中多个用户需要进行批量筹措资源，而仅仅是为某一两户代购代筹，对用户来讲，就不仅不能降低资源筹措费，相反却要多支付一笔配送企业的代筹代办费，因而是不合理的。资源筹措不合理还有其他表现形式，如配送量计划不准，资源筹措过多或过少，在资源筹措时不考虑建立与资源供应者之间长期稳定的供需关系等。

2. 库存决策不合理

配送应充分利用集中库存总量低于各用户分散库存总量，从而大大节约社会财富，同时降低用户实际平均分摊库存负担。因此，配送企业必须依靠科学管理来实现一个低总量的库存，否则就会出现单是库存转移，而未解决库存降低的不合理。配送企业库存决策不合理还表现在储存量不足，不能保证随机需求，失去了应有的市场。

3. 价格不合理

总的来讲，配送的价格应低于不实行配送时，用户自己进货时产品购买价格加上自己提货、运输、进货的成本总和，这样才会使用户有利可图。有时，由于配送有较高的服务水平，价格稍高，用户也是可以接受的，但这不能是普遍的原则。如果配送价格普遍高于用户自己进货的价格，损伤了用户利益，就是一种不合理表现。价格制定过低，使配送企业处于无利或亏损状态下运行，会损伤销售者，也是不合理的。

4. 配送与直达的决策不合理

一般的配送总是增加了环节，但是这个环节的增加，可降低用户平均库存水平，以此不但抵消了增加环节的支出，而且还能取得剩余效益。但是如果用户使用批量大，可以直接通过社会物流系统均衡批量进货，较之通过配送中转送货则可能更节约费用，所以，在这种情况下，不直接进货而通过配送，就属于不合理范畴。

5. 送货中不合理运输

配送与用户自提比较，尤其对于多个小用户来讲，可以集中配装一车送几家，这比一家一户自提可大大节省运力和运费。如果不能利用这一优势，仍然是一户一送，而车辆达不到满载（即时配送过多过频时会出现这种情况），则就属于不合理。

此外，不合理运输的若干表现形式在配送中都可能出现，会使配送变得不合理。

6. 经营观念的不合理

在配送实施中，有许多是因为经营观念不合理，使配送优势无从发挥，从而损坏了配送的形象。这是在开展配送时尤其需要注意克服的不合理现象。例如，配送企业利用配送手段向用户转嫁资金；在库存过大时，强迫用户接货，以缓解自己的库存压力；在资金紧张时，长期占用用户资金；在资源紧张时，将用户委托资源挪作他用获利；等等。

三、配送合理化的判断标志和方法

（一）配送合理化的判断标志

对于配送合理化与否的判断，是配送决策系统的重要内容，目前国内外尚无一定的技术经济指标体系和判断方法，按一般认识，以下若干标志是应当纳入的。

1. 库存标志

库存是判断配送合理与否的重要标志。具体指标有以下两方面。

（1）库存总量。库存总量在一个配送系统中，从分散于各个用户转移给配送中心，配送中心的库存量加上各用户在实行配送后库存量之和应低于实行配送前各用户库存量之和。

此外，从各个用户角度判断，各个用户在实行配送前后的库存量比较，也是判断合理与否的标准。

库存总量是一个动态的量，上述比较应当是在一定经营量的前提下。在用户生产发展之后，库存总量的上升则反映了经营的发展，必须忽略这一因素，才能对总量是否下降做出正确判断。

（2）库存周转。由于配送企业的调剂作用，以低库存保持高的供应能力，库存周转一般总是快于原来各企业库存周转。此外，从各个用户角度进行判断，各个用户在实行配送前后的库存周转比较，也是判断配送合理与否的标志。

为取得共同的比较基准，以上库存标志，都以库存储备资金计算，而不以实际物资数量计算。

2. 资金标志

总的来讲，实行配送应有利于资金占用降低及资金运用的科学化，具体判断标志如下。

（1）资金总量。用于资源筹措所占用流动资金总量，随储备总量的下降及供应方式的改变必然有一个较大的降低。

（2）资金周转。从资金运用来讲，由于整个节奏加快，资金充分发挥作用，同样数量的资金过去需要较长时期才能满足一定的供应要求，配送之后，在较短时期内就能达此目的。所以资金周转是否加快，是衡量配送合理与否的标志。

（3）资金投向的改变。资金是分散投入还是集中投入，是资金调控能力强弱的重要反映。实行配送后，资金必然应当从分散投入改为集中投入，以增加调控作用。

3. 成本和效益

总效益、宏观效益、微观效益、资源筹措成本都是判断配送合理化的重要标志。对于不同的配送方式，可以有不同的判断侧重点。例如，配送企业、用户都是各自独立的以利润为中心的企业，不但要看配送的总效益，同时还要看对社会的宏观效益和两个企业各自的微观效益，不顾及任何一方，都必然会出现不合理。如果配送是由用户集团自己组织的，配送主要强调保证能力和服务性，效益主要从总效益、宏观效益和集团企业的微观效益来判断，而不必过多估计配送企业的微观效益。

4. 供应保证标志

实行配送，各用户可能要承担的风险是供应保证程度降低，提高而不是降低对用户的供应保证能力，才算做到了合理，而供应保证能力可以从缺货次数、配送企业集中库存量和即时配送的能力及速度三个方面进行判断。

但是特别需要强调一点，配送企业的供应保证能力，是一个科学的合理的概念，而不是一个无限的概念。具体来讲，如果供应保证能力过高，超过了实际的需要，属于不合理。所以，追求供应保证能力的合理化也是有限度的。

5. 社会运力节约标志

末端运输是目前运能、运力使用不合理、浪费较大的领域，因而人们寄希望于配送来解决这个问题，这也成了配送合理化的重要标志。

运力使用的合理化是依靠送货运力的规划和整个配送系统的合理流程及与社会运输系统合理衔接实现的。送货运力的规划是任何配送中心都需要花力气解决的问题。

6. 用户企业仓库、供应、进货人力物力节约标志

配送的重要观念是以配送代劳用户，因此，实行配送后，各用户库存量、仓库面积、仓库管理人员减少为合理，用于订货、接货、搞供应的人员减少为合理。真正解除了用户的后顾之忧，配送的合理化程度才可以说是达到一个高水平了。

7. 物流合理化标志

物流合理化的问题是配送需要解决的大问题，也是衡量配送本身的重要标志。配送必须有利于物流合理，一般可以从以下几方面判断：是否降低了物流费用；是否减少了物

流损失;是否加快了物流速度;是否发挥了各种物流方式的最优效果;是否有效衔接了干线运输和末端运输;是否不增加实际的物流中转次数;是否采用了先进的技术手段。

> **小思考**:物流和配送有什么关系?

(二)配送合理化的方法

国内外推行配送合理化,有一些可供借鉴的办法,简介如下。

1. 推行一定综合程度的专业化配送

通过采用专业设备、设施及操作程序,取得较好的配送效果并降低配送过分综合化的复杂程度及难度,从而追求配送合理化。

2. 推行加工配送

通过加工和配送相结合,充分利用本来应有的这次中转,而不增加新的中转以求得配送合理化。同时,加工借助配送,使得加工的目的更明确,和用户联系更紧密,更避免了盲目性。

这两者有机结合,在投入不增加太多的前提下却可以追求两个优势、两个效益,是配送合理化的重要经验。

3. 推行共同配送

(1)通过共同配送,可以以最近的路程、最低的成本完成配送,从而追求合理化。

① 从货主的角度看,共同配送能在提高物流效率(减少运费,减少物流人力成本)的同时,促进少量、多频度、小单位配送业务的推广。

② 从汽车运输业者的角度看,实行共同配送可以提高企业资金利用率、促进输送单位大型化和信息网络化的发展,也使车辆融通以及装载效率提高成为可能,而且通过共同配送扩大了多频度、小单位配送这样的顾客服务的范围,提高了企业的客户服务水平。

③ 从社会的角度看,共同配送减少了在途车辆,可以有效地缓和交通以及防治环境污染等。

(2)共同配送的组织形式。共同配送的组织形式是以同产业企业或异产业企业为共同配送基础的横向共同配送,以及如零售与批发、批发与供应商这种以流通渠道各环节成员之间共同配送为基础的纵向共同配送。

① 同产业之间的横向共同配送。同产业之间的横向共同配送是指处于相同产业的生产或经营企业,为了提高物流效率,通过配送中心或物流中心集中运输商品的一种方式。其具体做法有两种形式:一种形式是在企业各自分散拥有运输工具和物流中心的情况下,视运输商品量的多少,采取委托或受托的形式开展共同配送,亦即将本企业配送数量较少的商品委托给其他企业来运输,而本企业配送数量较多的商品,则在接受其他企业委托运输的基础上实行统一配送,这样企业之间相互提高了配送效率。另一种形式是完全的统一化,即在开展共同配送前,企业之间就在包装货运规格方面完全实现统一,然后共同建立物流中心或配送中心,共同购买运载车辆,企业之间的商品运输统一经由共同的配送中心开展。显然,后一种形式的共同配送规范程度和规模经济要高些,但在某种意义上,对于单个企业而言,缺乏相对的物流独立性。从发达国家同产业共同配送的发展来看,前一种形式在商业零售企业中使用较为普遍,后者较适宜于生产企业,如家电产业和

以冷冻食品为中心的食品产业。

同产业之间的横向共同配送的最大优点是能提高企业之间物流的效率,减少对物流固定资产的投资,更好地满足顾客企业降低成本的要求。同产业之间的横向共同配送的主要缺点是:由于运送业务的共同化和配送信息的公开化,各企业自身有关商品经营的机密容易泄漏给其他企业,因而对企业竞争战略的制定和实施有不利的影响。

② 异产业之间的横向共同配送。异产业之间的横向共同配送是指将不同产业的企业,把它们生产经营的商品集中起来,通过配送中心或物流中心向客户输送的一种形式。与同产业共同配送不同,异产业共同配送的商品范围比较广泛,属于多产业结合型的配送。

异产业之间的横向共同配送的优点是克服了同产业横向共同配送的缺点,既能提高物流效率,又能有效防止企业信息资源的外流,使企业在效率和战略发展上同时兼顾,并能充分发挥产业之间的互补优势。异产业之间的横向共同配送最主要的缺点是:费用计算复杂,难以把握不同产业企业之间物流成本的分担,增加了企业之间的谈判成本。所以,异产业横向共同配送中,确立一个明确、合理的按销售额比例支付费用的计算体系十分重要。

③ 纵向共同配送。从现代物流的观点来看,通过提高流通全过程物流的效率,来实现流通全体成本的削减是十分必要的。因此,在这一思想的指导下,企业与批发商之间就物流业务、管理尽可能达成共识,将管理中不合理的地方加以纠正,对双方不足的地方相互补充,是提高经营效率的重要条件。

4. 实行送取结合,推行准时配送系统

配送企业与用户建立稳定、密切的协作关系。配送企业不仅成了用户的供应代理人,而且承担了用户储存据点,甚至成了产品代销人。在配送时,将用户所需的物资送到,再将该用户生产的产品用同一运输工具运回,这种产品也成了配送中心的配送产品之一,或者作为代存代储,免去了生产企业的库存包袱。这种送取结合的方式,使运力得到充分利用,也使配送企业的功能得到更大限度的发挥。

准时配送是配送合理化的重要内容。配送做到了准时,用户才有货源把握,可以放心地实施低库存或零库存,可以有效地安排接货的人力、物力,以追求最高效率的工作。另外,保证供应能力,也取决于准时供应。从国外的经验看,准时供应配送系统是现在许多配送企业追求配送合理化的重要手段。

5. 优化配送路线

采用科学的合理的方法来确定配送路线,是配送活动中非常重要的一项工作。

(1) 确定配送路线规划的目标。配送路线规划的目标可以有多种选择,例如,以成本最低为目标;以路程最短为目标;以吨公里数最小为目标;以准确性最高为目标;以选择运力利用最合理为目标;以劳动消耗最低为目标;等等。

(2) 配送路线选择的制约条件。配送路线的选择一般要结合数学方法及计算机求解的方法来制订合理的配送方案。确定配送路线的方法较多,有综合评价法、线性规划法、网络图法和节约里程法等。但不管采用何种方法都必须满足以下制约条件:①满足所有收货人对商品品种、规格、数量的要求;②满足收货人对商品送达时间范围的要求;③在配送中心现有运力允许的范围内;④各配送路线的商品量不得超过车辆容积和载重量的限制;⑤在允许通行的时间段内进行配送。

6. 推行即时配送

即时配送成本较高,但它是整个配送合理化的重要保证手段。此外,即时配送也是用户实施零库存的重要保证手段。

即时配送是最终解决用户企业断供之忧,大幅度提高供应保证能力的重要手段。即时配送是配送企业快速反应能力的具体化,是配送企业能力的体现。

项目小结

本项目主要介绍了配送的概念、配送的分类、配送的发展、配送的模式、配送的业务流程、配送的功能要素、配送差别化、不合理配送的表现形式和配送合理化等内容。

配送是多种活动的有机结合体,它的全过程需要有现代化技术的支撑。配送对整个物流系统来说,具有非常重要的作用,它提高了末端物流的效益、降低了库存、方便了用户、提高了物资供应的保证程度。配送是从发送、送货等业务活动中发展而来的。原始的送货是作为一种促销手段而出现的。随着商品经济的发展和客户多品种小批量需求的变化,原来那种有什么送什么和生产什么送什么的发送业务已不能满足市场的要求,从而出现了"配送"这种发送方式。

配送是物流中一种特殊的、综合的活动形式,是商流与物流的结合,也是包含了物流中若干功能要素的一种形式。

同步练习

一、选择题

1. 配送就是根据( ),在物流据点内进行分拣、配货等工作,并将配好的货送交收货人的过程。

  A. 客户的要求   B. 生产企业的要求
  C. 供应商的要求   D. 采购商的要求

2. 配送是一种( )物流活动。

  A. 中端   B. 末端   C. 开端   D. 连锁

3. ( )是物流配送企业之间为了提高配送效率以及实现配送合理化所建立的一种功能互补的配送联合体。

  A. 分别配送   B. 零星配送   C. 共同配送   D. 集中配送

4. ( )是位于物流节点上,专门从事货物配送活动的经营组织或经营实体,实现物流中配送的行为。

  A. 物流中心   B. 配送环节   C. 送货中心   D. 配送中心

5. ( )是指按规定时间、规定的货物品种数量进行配送。

  A. 定时定量配送   B. 定时配送
  C. 定量配送   D. 即时配送

二、问答题

1. 什么叫配送？
2. 配送有哪些特点？
3. 配送的模式主要有哪些？
4. 配送活动的基本功能要素有哪些？
5. 不合理配送的表现形式有哪些？

三、实训题

1. 实训目的：熟悉配送，使学生对配送有个整体的认识。
2. 实训方式：到配送企业进行参观学习。
3. 实训内容：

（1）使学生了解配送和送货有哪些不同。

（2）使学生熟悉配送的业务主要有哪些，应如何加强对配送企业的管理。

（3）使学生了解配送企业应如何服务客户，满足客户对配送的需求。

四、案例分析

宝供的物流配送管理信息系统

目前，我国已有第三方物流公司建立了物流配送管理信息系统，例如广东宝供储运公司（以下简称"宝供"）。宝供是提供物流配送服务的企业，在全国拥有 22 家分公司，客户有宝洁、雀巢、联合利华、飞利浦等全球知名的消费品制造企业。物流配送管理信息系统是宝供最重要的竞争优势之一，在安装了物流配送管理信息系统后的两年时间内，宝供的客户数量从 4 个激增到 40 多个。苏州飞利浦消费电子有限公司的领导曾这样说："广东宝供有一套较完善的计算机网络系统，飞利浦和宝供合作的一个很重要原因就是基于这套信息系统。宝供的信息系统为飞利浦的库存管理带来了很大便利，也带来了一种新的管理模式，促进了飞利浦本身成品管理水平的提高，摆脱了落后的手工对账方法，而替之以利用数据库、网络传递等计算机辅助手段来实现数据的核对、归类、整理。"

问题：

宝供的物流配送管理信息系统有哪些作用？

分析提示：

1. 提高工作效率。
2. 减少工作环节。
3. 提高服务水平。

项目二 配送中心

任 务 目 标	技 能 目 标
1. 掌握配送中心的含义和作业流程。 2. 了解配送中心的地位和功能。	1. 熟悉企业配送中心的业务。 2. 会结合不同的企业类型构建合适的业务流程。

项目概述

配送中心使分散库存得以集中,加强了调控能力,实现企业低库存或零库存,最大限度地满足企业生产或商品流通的需要。因此,配送中心不仅是一种服务供应性的工作方式,更是一种重要的流通渠道。由于科技的不断进步和经济的不断发展,货物运输量不断增加,运输业迅速发展,企业之间的市场竞争日益激烈。配送中心完善了整个物流系统,将支线运输和小搬运统一起来,使运输得以优化,提高了末端物流的经济效益。

项目任务

导入案例

实现"零库存"——一汽大众成功应用物流系统案例评析

一、基本情况

一汽大众汽车有限公司目前仅捷达车就有七八十个品种、十七八种颜色,而每辆车都有2 000多种零部件需要外购。公司捷达车年销量已经达到104 150辆,与这些令人心跳的数字形成鲜明对比的是公司零部件居然处于"零库存"状态,而制造这一巨大反差的就是一整套较为完善的物流控制系统。

二、实现"零库存"的具体运作方法

1. 车间里只有"入口",没有仓库

一个占地9万多平方米,可同时生产三种不同品牌的、亚洲最大的整车车间,不知情的人一定以为它的仓库也一定非常壮观，可这里的工作人员认为他们那里没有仓库，只有"入口"。

2．进货的"零库存"处理流程

下面结合具体的操作实例来看看进货"零库存"的处理流程。

我们只要走进一汽大众的一个标有"整车捷达入口处"牌子的房子，只见在上千平方米的房间内零零星星地摆着几箱汽车玻璃和小零件，四五个工作人员在有条不紊地用电动叉车往整车车间运零件。在入口处旁边的一个小亭子里，一位小伙子正坐在计算机前用扫描枪扫描着一张张纸单上的条形码——他正在把订货单发往供货厂。

一辆满载着保险杠的货车开了进来，两个工作人员见状立即开着叉车跟了上去。几分钟后，这批保险杠就被陆续送进了车间。据保管员讲，一汽大众的零部件的送货形式有三种：第一种是电子看板，即公司每月把生产信息用扫描的方式通过计算机网络传送到各供货厂，对方根据这一信息安排自己的生产，然后公司按照生产情况发出供货信息，对方则马上用自备车辆将零部件送到公司各车间的入口处，再由入口处分配到车间的工位上。刚才看到的保险杠就采取这种形式。第二种叫作"准时化（Just in Time）"，即公司按过车顺序把配货单传送到供货厂，对方也按顺序装货直接把零部件送到工位上，从而取消了中间仓库环节。第三种是批量进货，供货厂每月对于那些不影响大局又没有变化的小零部件分批量地送一到两次。过去这是整车车间的仓库，当时库里堆放着大量的零部件，货架之间只有供叉车勉强往来的过道，大货车根本开不进来。不仅每天上架、下架、维护、倒运需要消耗大量的人力、物力和财力，而且储存、运送过程中总要造成一定的货损货差。现在每天平均两个小时要一次货，零部件放在这里的时间一般不超过一天。订货、生产零件、运送、组装等全过程都处于小批量、多批次的有序流动当中。公司原先有一个车队专门在各车间送货，现在车队已经解散了。

（资料来源：曹泽州．物流配送管理[M]．北京：清华大学出版社，2017．经作者整理）

任务一　配送中心的业务管理

一、配送中心的概念和类型

（一）配送中心的概念

配送中心是开展货物配送及其相关业务的场所，一个完整的配送中心其结构除了基本的硬件设施（包括货物场地、仓库和运输车辆）外，还必须具备保障配送中心各项业务活动有效动作的各种设备，以及具备现代化经营和管理的计算机硬件和软件。

配送中心是位于物流节点上，专门从事货物配送活动的经营组织或经营实体，实现物流中的配送行为。配送中心的核心任务就是将货物送到指定用户或客户。为了实现这一核心任务，配送中心还需收集信息、订货、储存等一系列活动，基本集中了所有物流功能，因此，配送中心还有"小物流"之称。

作为物流运动枢纽的配送中心,要发挥其集中供货的作用,首先必须采取各种方式(如零星集货、批量进货)去组织货源。其次,必须按照客户的要求及时分拣(分装)和配备各种货物。为了更好地满足客户的需要,提高配送水平,配送中心还必须有比较强的加工能力,以开展各种形式的流通加工。从这个意义上讲,配送中心实际上是将集货中心、分货中心和流通加工中心合为一体的现代化的物流基地,也是能够发挥多种功能作用的物流组织。

(二)配送中心的类型

1. 按配送中心发挥的功能分类

按配送中心所发挥功能的不同,一般将其分为三类,即流通型配送中心(TC)、储存型配送中心(DC)、加工型配送中心(PC)。

(1) TC(Tranfer Center)。 TC这种配送中心没有长期货物储存功能,仅以暂存或随进随出的方式进行配货、送货。比较典型的是:大量货物整进并按一定批量零出。其过程采用大型分货机对货物进行分拣传送,分送到用户单位或配送车辆上。其主要功能是分货与转运。货物流通路线为:用户向企业总部发出订货后,总部随即通知制造商送货到TC,TC负责对货物进行检验并进行分配,将属于同一区域的客户货物集合在车辆内,及时配送到各客户。

(2) DC(Distribution Center)。DC配送中心具有极强的储存功能,这一功能的表现体现出适应和调节用户或市场的需要。其主要功能是储存与转运。货物流通路线为:用户通过计算机向企业总部发出订货,DC根据总部要求下达出货指示,并配送到各客户。

(3) PC(Process Center)。PC配送中心具有货物再加工功能,货物进入该中心后,经过进一步的简单加工后再进行配送。其主要功能是加工、包装和转送。货物流通路线与DC相类似,所不同的是货物的加工过程和货物再包装等作业过程。

2. 按配送中心的设立者分类

按配送中心的设立者不同,可以将其分为制造商型配送中心、批发商型配送中心、零售商型配送中心和专业物流配送中心。

(1)制造商型配送中心。制造商型配送中心是以制造商为主体的配送中心。这种配送中心里的物品100%是由自己生产制造的,用以降低流通费用,提高售后服务质量,及时地将预先配齐的成组元器件运送到规定的加工和装配工位。从物品制造到生产出来后条码和包装的配合等多方面都较易控制,所以按照现代化、自动化的配送中心设计比较容易,但不具备社会化的要求。

(2)批发商型配送中心。批发商型配送中心是由批发商或代理商建立的,是以批发商为主体的配送中心。批发是物品从制造者到消费者手中的传统流通环节之一,一般是按部门或物品类别的不同,把每个制造厂的物品集中起来,然后以单一品种或搭配向消费地的零售商进行配送。这种配送中心的物品来自各个制造商,它所进行的一项重要活动是对物品进行汇总和再销售,而它的全部进货和出货都是社会配送的,社会化程度高。

(3)零售商型配送中心。零售商型配送中心是由零售商向上整合所成立的配送中心。零售商发展到一定规模后,就可以考虑建立自己的配送中心,为专业物品零售店、超级市场、百货商店、建材商场、粮油食品商店、宾馆饭店等服务,其社会化程度介于制造商型配送中心和批发商型配送中心之间。

(4)专业物流配送中心。专业物流配送中心是以第三方物流企业(包括传统的仓储企业和运输企业)为主体的配送中心。这种配送中心有很强的运输配送能力,地理位置优越,可迅速将到达的货物配送给客户。它为制造商或供应商提供物流服务,而配送中心的货物仍属于制造商或供应商所有,配送中心只是提供仓储管理和运输配送服务。这种配送中心的现代化程度往往较高。

小思考:什么叫第三方物流?

3. 按物流设施的归属分类

按物流设施的归属不同可将其分为自有型配送中心、公共型配送中心和合作型配送中心。

(1)自有型配送中心。自有型配送中心是指包括原材料仓库和成品仓库在内的各种物流设施和设备归属一家企业或企业集团拥有,作为一种物流组织,配送中心是企业或企业集团的一个组成部分。通常这类配送中心只服务于集团内的企业,不对外提供配送服务。例如美国大型零售企业沃尔玛公司的配送中心,就是沃尔玛独资建立,专为本公司所属的连锁店提供商品配送服务的自有型配送中心。

(2)公共型配送中心。这类配送中心是面向所有用户提供后勤服务的配送组织(或物流设施),只要支付费用,任何用户都可以得到这种配送中心提供的服务。这种配送中心一般是由若干家生产企业共同投资、共同持股和共同管理。在国外,也有个别的公共型配送中心是私人(或某个企业)投资建立并独资拥有的。美国有 250 多家公共型配送中心,有的已形成了较大的网络体系。

(3)合作型配送中心。它是由几家企业合作组建、共同管理,多为区域性的配送中心。合作型配送中心可以是企业之间联合发展,如中小型零售企业联合投资兴建,实行配送共同化;也可以是系统或地区规划建设,达到本系统或本地区内企业的共同配送;或是多个企业、系统、地区联合共建,形成辐射全社会的配送网络。

4. 按服务范围和服务对象分类

按服务范围和服务对象不同,可以将其分为城市配送中心和区域配送中心。

(1)城市配送中心。城市配送中心是只向城市范围内的众多用户提供配送服务的物流组织。由于城市范围内货物的运距比较短,因此,配送中心在送货时,运送距离一般均处于汽车运输经济里程范围内,可以用汽车进行配送运输。

城市配送中心的服务对象多为城市范围内的零售商、连锁店或生产企业,所以一般来说其辐射能力不是很强,实际操作中多是采取与区域配送中心联网或属于二级配送中心的位置。北京的"北京食品配送中心"就属于这种类型的配送中心。

(2)区域配送中心。这是一种以较强的辐射能力和库存储备,向省(州)际、全国乃至国际范围内的用户配送的配送中心。美国沃尔玛公司下属的配送中心、荷兰 NEDL-LOYD 集团所属的"国际配送中心"以及欧洲其他国家批发公司的配送中心、日本阪神配送中心都属于这种类型的配送中心。

（三）物流中心与配送中心

1. 物流中心

物流中心是从事物流活动的场所或组织，它主要是面向社会服务，具有完整的物流功能、完善的信息网络，辐射的范围较大，涉及的商品品种较少、批量较大，存储和吞吐货物的能力很强，物流业务统一经营、统一管理。物流中心是综合性、地域性、大批量的物流物理位移集中地，它把商流、物流、信息流、资金流融为一体，成为产销企业之间的媒介。物流中心按照其功能不同可分为流转中心、配送中心、储存中心、流通加工中心等。

2. 配送中心

配送中心作为物流中心的一种形式，在配送中心中，为了能做好送货的编组准备，需要采用零星售货、批量进货等种种资源搜集工作和对货物分整配备等工作。因此，配送中心也具有售货中心、分货中心的职能。为了更有效地、更高水平地送货，配送中心往往还有比较强的流通加工能力。此外，配送中心还必须执行货物配备后送达客户的使命，这是和分货中心只管分货送达的重要不同之处。由此可见，如果说售货中心、分货中心、加工中心的职能还较为单一的话，那么，配送中心的功能则较全面、完整。也可以说，配送中心实际上是售货中心、分货中心、加工中心功能的综合体，并有了"配"与"送"的有机结合。

二、配送中心的作用

配送中心是联结生产与生产、生产与消费的流通场所或组织，在现代物流活动中的地位和作用是十分明显的，可以归纳为以下几个方面。

（一）使供货适应市场需求变化

配送中心不是以储存为目的的，然而，配送中心保持一定的库存起到了蓄水池的作用。各种商品的市场需求在时间、季节、需求量上都存在很大的随机性，而现代化生产、加工无法完全在工厂、车间来满足和适应这种情况，必须依靠配送中心来调节、适应生产与消费之间的矛盾与变化。例如，国庆节、春节等节假日的销售量比平日成倍增加，配送中心的库存对确保销售起到了有力的支撑作用。

（二）实现储运的经济高效

从工厂企业到销售市场之间需要复杂的储运环节，要依靠多种交通、运输、库存手段才能满足，传统的以产品或部门为单位的储运体系明显存在着不经济和低效率的问题。故建立区域、城市的配送中心，能批量进发货物，能组织成组、成批、成列直达运输和集中储运，从而提高流通社会化水平，实现规模经济所带来的规模效益。例如，超市公司通过电子订货系统把几百家门店的零星要货汇总，由供应商集中送到配送中心，并在那里集中配送到门店，可以实现储运的经济高效。

（三）实现物流的系统化和专业化

当今世界没有哪家企业不关注成本控制、经营效率、顾客服务体验，而这一切的基础是建立在一个高效率的物流系统上的。配送中心在物流系统中占有重要地位，能提供专业化的保管、包装、加工、配送、信息等系统服务。由于现代物流活动中物质的物理、化学性质的复杂多样化，交通运输的多方式、长距离、长时间、多起点和多终点，地理与气候的多样性，对保管、包装、加工、配送、信息提出了很高的要求，因此，只有建立配送中心，才有可能提供更加专业化、系统化的服务。

（四）促进地区经济的快速增长

在我国市场经济体系中，物流配送如同人体的血管，把国民经济各个部分紧密地联系在一起。配送中心同交通运输设施一样，是联结国民经济各地区，沟通生产与消费、供给与需求的桥梁和纽带，是经济发展的保障，是拉动经济增长的内部因素，也是吸引投资的环境条件之一。配送中心的建设可以从多方面带动经济的健康发展。

（五）完善连锁经营体系

配送中心可以帮助连锁店实现配送作业的经济规模，使流通费用降低，减少分店库存，加快商品周转，促进业务的发展和扩散。批发仓库通常需要零售商亲自上门采购，而配送中心解除了分店的后顾之忧，使其专心于店铺销售额和利润的增长，不断开发外部市场，拓展业务。例如，在连锁商业中，配送中心以集中库存的形式取代以往一家一户的库存结构方式，这种集中库存比传统的"前店后库"大大降低了库存总量。又如，配送中心的流通加工可减轻门店的工作量；拆零作业有利于商场丰富陈列样品，以增加销售商品的品种数。此外，还加强了连锁店与供货方的关系。

三、配送中心的内部组织机构

配送中心的内部组织机构一般由行政职能部门、信息中心、账务处理部门、仓库和运输部门等组成。

（一）行政职能部门

行政职能部门包括行政经理室和职能管理部门。行政经理室的主要职责是负责配送中心全面、高效的货物配送业务运转，保证货物顺利流通，满足各用户对货物的需要。职能管理部门则从不同管理角度深层次配合和协调配送业务的展开，是行政经理室管理职能的延续。

（二）信息中心

信息中心是配送中心的信息处理部门。它的主要职责是对外负责和汇总各项信息，包括各用户的生产和销售信息、订货信息以及制造商或供应商信息，对内负责协调、组织各项业务活动信息等。

（三）账务处理部门

账务处理部门是配送中心专职处理业务单据的业务部门。其主要职责是记账和完成各类账单和报表，并保存其完整性，做好并监督业务单据的移交和签署；随时提供仓库和配送业务的进出以及运输数据；改进和设计业务单据和数量，使之更具合理性和科学性。

（四）仓库和运输部门

仓库和运输部门是配送中心的具体业务运作部门，是肩负着整个配送中心完成配送任务的两大力量。仓库除了储存货物外，还负有配送环节的其他业务，因此，设有理货区、配装区、加工区等功能区域。仓库的主要职责是及时有效地安排货物进出库，保证货物的完整性，同时根据用户或客户的不同要求组织不同货物的加工、分拣、配装以满足业务单位的需要。运输部门的主要职责是接受指令将已经完成的单元货物按照最优运送路线送至各用户单位或指定地点，最终实现配送业务。

小思考：仓库和配送中心有哪些不同？

四、配送路线

（一）确定配送路线的原则

配送路线的选择对配送货物的速度、成本、利润有相当大的影响，所以采用合理和科学的方法确定路线尤为重要。

1. 路程最短原则

这是一种最为直观的原则。如果路程与成本相关程度高，其他因素可忽略不计时，可作为首选考虑。

2. 成本最低原则

成本是配送核算的减项部分，是诸多因素的集合，较为复杂，在具体计算过程中，必须在同一范围内加以考虑，认同其最小值。

3. 利润最高原则

利润是配送中心的核心，也是业务成果的综合体现。因此，在计算时，力争利润数值最大化。

4. 吨公里最小原则

这一原则在长途运输时被较多地利用和选择。在多种收费标准和到达站点的情况下，最为适用。在共同配送时，也可选用此项原则。

5. 准确性原则

准确性内容包括配送到各大用户的时间要求和路线合理选择的要求。如何协调这两个因素，有时操作起来比较困难，可能会造成与成本核算相矛盾，因此，要有全局观念。

6. 合理运力原则

运力包括组织配送人员、配送货物和各项配送工具。为节约运力，必须充分运用现有运力，实现运送任务。

（二）确定配送路线约束条件

（1）满足用户或收货人对货物品种、规格、数量和质量的要求。

（2）满足用户或收货人对货物送达的时间限制的要求。

（3）在允许通行的时间进行配送。

（4）配送的货物量不得超过车辆载重量和容积等指标要求。

（5）在配送中心现有生产力范围之内。

相关链接

家乐福配送中心选址问题

根据经典的零售学理论,一个大卖场的选址需要经过几个方面的测算:第一,商圈里的人口消费能力。需要对这些地区进行进一步的细化,计算这片区域内各个小区的详尽的人口规模和特征,计算不同区域内人口的数量和密度、年龄分布、文化水平、职业分布、人均可支配收入等指标。家乐福的做法还会更细致一些,根据这些小区的远近程度和居民可支配的收入,再划定重要的销售区域和普通的销售区域。第二,需要研究这片区域内的城市交通和周边的商圈的竞争情况。设在上海的大卖场都非常聪明,例如,家乐福古北店周围的公交线路不多,家乐福就干脆自己租用公交车点在一些固定的小区穿行,方便这些离得较远的小区居民上门一次性购齐一周的生活用品。

当然未来潜在的销售区域会受到很多竞争对手的挤压,所以家乐福也会将未来所有的竞争对手计算进去。家乐福自己的一份资料指出,有60%的顾客在34岁以下,70%的顾客是女性,有28%的顾客步行而来,45%的顾客通过公共汽车而来。所以很明显,大卖场可以依据这些目标顾客的信息来微调自己的商品线。能体现家乐福用心的是,家乐福在上海的每家店都有小小的不同。在虹桥店,因为周围的高收入群体和外国侨民比较多,其中外国侨民占到了家乐福消费群体的40%,所以虹桥店里的外国商品特别多。南方商场的家乐福因为周围的居住小区比较分散,在商场里开了一家电影院和麦当劳,增加自己吸引较远的人群的力度。青岛的家乐福做得更到位,因为有15%的顾客是韩国人,所以干脆做了许多的韩文招牌。

(资料来源:曹泽州.物流配送管理[M].北京:清华大学出版社,2017.经作者整理)

任务二 配送中心的功能和作业流程

一、配送中心的功能

随着社会经济的不断发展,商品流通规模的日益扩大,配送中心的数量也在不断地增加。从配送中心的形成和发展历程来看,配送中心基本上都是在仓储、批发等企业基础上建设发展起来的,所以,配送中心具有储存、集散等传统的功能,而且在物流现代化的进程中,不断地强化拣货、加工、配送、信息等功能。因此,配送中心是一种多功能、集约化的物流节点。它把集货验货、储存保管、装卸搬运、分拣、流通加工、信息处理等有机地结合起来,形成多功能集约化和全方位服务的供货枢纽。通过发挥配送中心的各项功能,大大压缩了企业的库存费用,降低了整个系统的物流成本,提高了企业的服务水平。作为一个多功能、集约化的配送中心,通常应具备以下几项功能。

(一)采购集货功能

配送中心从制造业或供应商那里采购大量的、品种齐全的货物。既包括生产资料的采购，又包括生活资料的采购；既包括服务于生产企业的采购，又包括服务于流通企业的采购。

采购不是单纯的购买行为，而是从市场预测开始，经过商品交易，直到采购的商品到达需求方的全部过程。其中包括了解需要，市场调查，市场预测，制订计划，确定采购方式，选择供应商，确定质量、价格、交货期、交货方式，包装运输方式，协商洽谈，签订协议，催交订货，质量检验，成本控制，结清货款，加强协作，广集货源等一系列工作环节。

无论是组织，还是个人，要生存就要从其外部获取所需要的有形物品或无形服务，这就是采购。企业采购是指企业根据生产经营活动的需要，通过信息搜集、整理和评价，寻找、选择合适的供应商，并就价格和服务等相关条款进行谈判，达成协议，以确保需求得到满足的活动过程。

（二）储存功能

配送中心必须保持一定水平的货物储存量。一方面，如果低于合理的储存量水平，可能带来负面效应。另一方面，储存量水平与一般仓库储存量有诸多不同，如品种花色、数量、要求等内容。因此，配送中心必须掌握或考虑其流动性很大这一特点，严格控制储存水平。

为了满足市场需求的及时性和不确定性，配送中心需要具备储存功能。储存功能主要是保存商品的使用价值，减少商品的自然损耗，更重要的是，还要保证生产企业的连续不间断的生产和满足消费者的需求。利用配送中心的储存功能可以有效地组织货源，调节商品的生产与消费、进货与生产（消费）之间的时差。同时为了顺利有序地完成向用户配送商品（或货物）的任务，更好地发挥保障生产和消费需要的作用，通常配送中心都建有现代化的仓储设施，如仓库、堆场等，储存一定量的商品，形成对配送的资源保证。

（三）分拣功能

由于配送中心面对广泛的用户且用户之间存在相当差异性，因此，必须对所需货物进行规模性分离、拣选，从而筛选出所需货物。

在品种繁多的库存中，根据客户的订单，将其所需要的不同品种、规格的商品，按照客户要求挑选出来，并集中在一起，这就是分拣。作为物流节点的配送中心，其客户是为数众多的企业或零售商，这些客户彼此之间存在着很大的差别，它们不仅因各自经营性质、产业性质不同，而且经营规模和管理水平也大不一样。面对这样一个复杂的用户群，为满足不同用户的不同需求，有效地组织配送活动，配送中心必须采取适当的方式来对货物进行分拣，然后按照配送计划组织配货和分装。分拣能力是配送中心实现按客户要求组织送货的基础，也是配送中心发挥其分拣中心作用的保证，因此，分拣功能是配送中心的重要功能。

（四）集散功能

在一个大的物流系统中，配送中心凭借其特殊的地位和其拥有的各种先进设备，完善的物流管理信息系统能够实现将分散于各个生产企业的产品集中在一起，通过分拣、配货、配装等环节向多家用户进行发送。同时，配送中心也可以把各个用户所需要的多种货物有效地组合在一起，形成经济、合理的批量，来实现高效率、低成本的商品流通。另外，配送中心在建设选址时也充分考虑了其集散功能，一般选择商品流通发达、交通较为便利的中心城市或地区，以便充分发挥配送中心作为货物或商品集散地的功能。配送中心的集散功能如图 2-1 所示。

图 2-1　配送中心的集散功能

（五）配送功能

配送中心根据客户的需要，将货物按时送到客户手中。配送的核心是"配"，既包含配货又包含配载。配送中心可以为同一用户配送多品种、少批量的多规格的货物，也可以是一台车次为不同用户配送一种或多种货物。配送中心可以为商业经销、最终客户配送生活资料，也可以为生产厂商配送原材料、零部件。配送功能完善了运输、送货及整个物流系统，大大提高了物流的作用和经济效益；通过配送中心的集中库存使客户实现了低库存或零库存。

（六）配送加工功能

配送中心的加工主要是为了扩大和提高经营范围和配送服务水平，同时，还可以提高货物价值。

流通加工是物品从生产领域向消费领域流动过程中，为提高商品质量促进其销售对物品进行的简单加工和包装。商品从生产地到消费地往往要经过很多流通加工作业，在消费地附近需要将大批量运抵的商品进行细分、分割、计量、组装、小件包装和标签贴附、条码贴附等简单操作，这些都需要在配送中心内完成，这便构成了配送中心的一个新的功能——配送加工。通过配送加工，可以大大提高客户的满意程度。国内外许多配送中心都很重视提升自己的配送加工能力，通过按照客户的要求开展一定的加工，可以使配送的效率和客户的满意程度提高。配送加工有别于一般的流通加工，它主要取决于客户的消费需求，有的销售型配送中心也根据市场需求来进行简单的配送加工。

（七）信息处理

在配送中心营运中，信息系统起着中枢神经的作用，对外与生产商、批发商及其他客户联网，对内向各子系统传递信息，把收货、储存、拣选、加工、配装及配送等活动联合起来协调一致。

配送中心的整个业务活动必须严格按照订货计划或通知、各用户订单、库存准备计划等内容进行有效操作，而这一过程本身就是信息处理过程。信息处理具体表现在以下几个方面。

1. 接受订货

接受用户的订货要求，经综合处理后，确定相应供货计划。

2. 指示发货

接受订货后，根据用户分布状况确定发货网点，通过计算机网络或其他方式向发货网点下达发货指令。

3. 确定配送计划

确定配送路线和车辆，选定最优配送计划并发出配送命令。

4. 控制系统

配送中心即时或定时了解采购情况、库存情况、加工情况、配送情况，以便准确、迅速、有效地处理业务。

5. 与制造商和用户的衔接

掌握制造商的情况，就能及时向制造商发出采购通知以便于进货，同时了解各用户对货物的要求，也便于及时储存货物和运输货物，满足用户需求。

（八）延伸服务功能

配送中心的延伸服务功能主要包括市场调查与预测、采购与订单处理、物流咨询、物流方案的选择与规划、库存控制决策建议、货物回收与结算以及物流专业技术教育与培训等。

（九）连接功能

配送的连接功能主要表现在以下两个方面。

1. 连接生产领域和消费领域的空间距离

许多供应商制造的货物通过配送中心送达各用户。

2. 连接生产领域和消费领域的时间距离

由于货物的制造与货物的消费不可能保持时间一致，因此客观上存在供需矛盾，而配送中心就是通过其连接功能的发挥，有效地解决这一矛盾。

二、配送中心的作业流程

配送中心的效益主要来自"统一进货，统一配送"。统一进货的主要目的是避免库存分散、降低企业的整体库存水平。通过降低库存水平，可以减少库存商品占用的流动资金，减少为这部分占压资金支付的利息和机会损失，降低商品滞销压库的风险。统一配送的主要目的是减少送货的交通流量，提高送货车辆的实载率，从而减少送货费用。配送中心作业环节的顺利完成依靠一定的作业流程，配送作业流程要便于实现两个主要目标：一是降低企业的物流总成本；二是缩短补货时间，提供更好的服务。

（一）配送中心的一般作业流程

一般作业流程指的是作为一个整体来看待，配送中心在进行货物配送作业时所展现出的工艺流程。从一定意义上说，一般作业流程也就是配送中心的总体运动所显示的工艺流程。配送中心的一般作业流程是以中、小件杂货配送为代表的配送中心流程。配送中心的一般固体化工产品、小型机电产品、水暖卫生材料、百货及没有保质期要求的食品等也采取这种流程。配送中心的一般作业流程如图2-2所示。

图2-2　配送中心的一般作业流程

一般作业流程也可以说是配送中心的典型流程。其主要特点是有较大的储存场所，分货、拣选、配货场所及装备也较大。

配送中心的作业流程形式有许多种类，这主要取决于配送中心本身的规模大小、设施条件、服务功能等诸多因素。

1. 集货

集货过程包括集货采购、接货、验货和收货等具体内容。配送中心的信息中心每天汇总各用户的销售和生产信息，汇总库存信息，然后向总部采购部门发出以上信息，由采购部门与制造商联系，发出订单，组织货物采购。配送中心根据制造商送来的订购货物组织入库作业，通过接货、验货和收货等不同程序，最终将合格货物存入库中。

2. 储存

储存的目的是保证货物生产和销售的需要，在保持合理库存期间，同时还要求货物储存不发生任何数量和质量变化。

3. 分拣

分拣和配货作业是在配送中心理货区内进行的。分拣是对确定需要配送的货物种类和数量进行挑选，其方式有采用自动化分拣设备和手工方式两种。

4. 配货、分放

配货有两种基本形式：播种方式和摘果方式。所谓播种方式，是指将需要配送的同种货物从库区集中于发货区，再根据每个用户对货物的需求进行二次分配。这种方式用于品种集中或相同、数量比较大的情况。摘果方式是指让拣货搬运员巡回于储存场所，按某客户的订单挑选出每一种货物，巡回完毕也完成了一次配货作业。摘果方式适用于货物品种多但分散、数量少的情况。分放往往是对已经分拣并配备好的货物，由于不能立即发送，而需要集中在配装区或发货区等待统一发货。

5. 配装

为了提高装货车厢容积和运输效率，配送中心把同一送货路线上不同客户的货物组合、配装在同一载货车上，这样不但可以降低送货成本，而且可以减少载货车的数量，避免交通拥挤状况。

6. 送货

送货是配送中心作业流程的最终环节。一般情况下，配送中心利用自备运输工具或借助社会专业运输力量来完成送货作业。送货时，有的按照固定时间和路线进行，有的不受时间和路线的限制，机动灵活地完成送货任务。

小思考：配送中心和仓库有哪些不同？

（二）配送中心的特殊作业流程

所谓特殊作业流程，是指某一类配送中心（即个别配送中心）进行配送作业时所经过的程序（或过程）。其中包括不设储存仓库型配送中心的作业流程、加工型配送中心的作业流程和分货型配送中心的作业流程。

1. 不设储存仓库型配送中心的作业流程

有的配送中心专以配送为职能，而将储存场所，尤其是大量储存场所转移到配送中心之外的其他地点，专门设置补货型的储存中心，配送中心则只有为一时配送而备货的暂存，无大量储存。暂存放在配货场地中，在配送中心不单独设储存库。不设储存仓库的配送中心作业流程如图 2-3 所示。

图 2-3　不设储存仓库型配送中心的作业流程

这种配送中心的主要工序及主要场所都用于理货、配货，由于没有集中储存的仓库，占地面积比较小，因此可以省去仓库、现代货架的巨额投资。至于补货仓库，可以采取外包的形式，采取协作的办法解决，也可以自建补货中心或者采取虚拟库存的办法来解决。

2. 加工型配送中心的作业流程

加工型配送中心的作业流程不是一个模式，随着加工方式的不同，配送中心的作业流程也有区别。加工型配送中心有时不单设分货、配货或拣选环节。加工型配送中心的作业流程如图 2-4 所示。

图 2-4　加工型配送中心的作业流程

3. 分货型配送中心的作业流程

分货型配送中心是将批量大、品种较单一的产品进货转换成小批量发货式的配送中心。如不经配煤、成型煤加工的煤炭配送和不经加工的水泥、油料配送的配送中心大多属于这种类型。分货型配送中心的作业流程如图 2-5 所示。

图 2-5　分货型配送中心的作业流程

这种配送中心的作业流程十分简单，基本不存在分类、拣选、分货、配货、配装等工序，但是由于是大量进货，储存能力较强，储存工序及装货工序是主要工序。

三、配送中心的作业项目

配送中心的作业项目包括订货、到货接收、验货入库与退货、订单处理、储存、加工、拣选、包装、装托盘、组配、配装、送货、送达服务等作业项目，它们之间衔接紧密，环环相扣，整个过程既包括实物流，又包含信息流，同时还有资金流。

（一）接受订单处理

订单处理是配送中心客户服务的第一个环节，也是配送服务质量得以保证的根本。在订单处理过程中，订单的分拣和集合是重要的环节。

订单处理的其中一个重要工作就是填制文件，通知指定仓库将所订货物备齐，仓库接到产品的出货通知后，按清单拣货、贴标签，最后将商品组配装车。

配送中心接收到客户订单后，进行处理的主要工作有以下几个方面的内容。

（1）检查订单是否全部有效，即订单信息是否完全、准确。

（2）信用部门审查客户的信誉。

（3）市场销售部门把销售记录记入有关销售人员的账目。

（4）会计部门记录有关的账目。

（5）库存管理部门选择和通知距离客户最近的仓库，分拣客户的订单，包装待运，及时登记公司的库存总账，扣减库存。同时将货物及运单送交运输部门。

（6）运输部门安排运输，将货物从仓库运至发货地点，并进行收货确认，配送中心在完成订单处理工作后，将发货单寄给客户。

（二）进货作业

配送中心的进货作业主要包括订货、接货、验收和入库四个环节。

1. 订货

配送中心收到并汇总客户的订单后，首先要确定配送货物的种类和数量，然后要进入管理信息系统查看现有的库存商品信息，看是否有订货商品，且数量是否充足。如果有现货且数量充足，就转入拣货作业。如果没有现货或者现货数量不足，则要向供应商进行订货。有时，配送中心也会根据各用户需求情况、商品销售情况以及与供货商签订的协议提前订货，以备发货。

2. 接货

供应商在接到配送中心的订单后，会根据订单要求的品种和数量组织供货，配送中心则组织人力、物力接货。有时也需要到港、站、码头接货。签收送货单后就可以进行验收货物。

3. 验收

验收货物到达后，就要由配送中心对货物进行检验查收，验收的主要内容是货物的质量、数量和包装的完好性。验收的主要依据是合同条款约定的有关质量标准。验收合格无误的货物办理入库手续。若不符合合同要求，配送中心将详细记载差错情况，并且拒收货物。

4. 入库

为了保证货源供应，或者为了享受价格上的优惠待遇，有些配送中心常常大批量进货，继而将货物暂时储存起来。

（三）拣货和配货作业

拣货和配货是配送中心的核心作业，通过实施该项作业，可以根据客户的订单要求进行货物的拣选加工包装和配装，为发货做准备。

（1）分拣作业就是拣货人员根据拣货单，从储存的货物中拣出一定品种和数量的商品。分拣的主要方法是摘果式和播种式两种。

（2）配送中心的加工作业属于增值性活动。有些属于初级加工作业，有些属于辅助加工作业，另外还有部分属于深加工作业。配送中心会根据商品的特性和用户的要求选择是否进行加工及加工的程度。

（3）配送中心分拣完毕后，为了便于运输和识别，有时还需要对将配送的货物进行重新包装和捆扎，并在包装物上贴上标签。

（4）为了充分利用运输车辆的运力，提高输送的效率，配送中心会将同一时间内出货的不同货物组合配装在同一批次运输车辆上进行运输，这就是配装作业。合理的配装可以提高运力的利用率，降低成本，同时还有利于改善交通状况。

（四）出货

出货是配送中心的最后一个作业环节，包括装车和送货两个作业。

1. 装车

大批量或者体积、重量比较大的货物多采取装卸机械设备进行装车，轻质小件的散货可以采取人力或者人加简单机械进行装车。

2. 送货

送货作业的重点是正确选择取货点、运输工具和合理选择运输路线。给固定用户送货，可以事先编排出合理的运送路线，选择合适的送货时间，进行定时定线送货；临时送货可以根据用户要求和当时的交通状况选择合适的送货路线。

四、配送中心的基本结构

配送中心虽然是在一般中转仓库基础上演化和发展起来的，但配送中心的内部结构和布局与一般仓库有较大的不同。一般配送中心的内部工作区域结构配置如下。

1. 接货区

在这个区域里完成接货及入库前的准备工作，如接货、卸货、清点、检验、分类入库准备等。接货区的主要设施如下。

（1）进货铁路和公路。

（2）靠卸货站台。

（3）暂存验收检查区域。

2. 储存区

在这个区域里储存或分类储存所进的物资。由于这是个静态区域，进货要在这个区域中有一定时间的放置，所以与不断进出的接货区比较，这个区域所占的面积较大。在许多配送中心，这个区域往往占总面积的一半左右。对某些特殊配送中心（如水泥、煤炭配送中心），这一部分占中心总面积的一半以上。

3. 理货、备货区

在这个区域里进行分货、拣货、配货作业，为送货做准备。这个区域在不同的配送中心面积也会有所不同。例如，对多用户的多品种、少批量、多批次配送（如中、小件杂货）的配送中心，需要进行复杂的分货、拣货、配货等工作，所以这部分占配送中心很大一部分面积，但也有一些配送中心这部分面积不大。

4. 分放、配装区

在这个区域里，按用户需要将配好的货暂放暂存等待外运，或根据每个用户的货堆状况决定配车方式、配装方式，然后直接装车或运到发货站台装车。这一个区域对货物是暂存，时间短，暂存周转快，所以占用面积相对较小。

5. 外运发货区

在这个区域里将准备好的货物装入外运车辆发出。外运发货区的结构与接货区的结构类似，有站台、外运线路等设施。有时，外运发货区和分放装配区还是一体的，分好的货物直接通过传送装置进入装货场地。

6. 加工区

有许多类型的配送中心还设置了配送加工区域，在这个区域进行分装、包装、切裁、下料、混装等各种类型的流通加工。加工区在配送中心所占面积较大，但设施装置随加工种类不同有所区别。

7. 管理指挥区（办公区）

这个区域可以集中设置于配送中心某一位置，有时也可以分散设置于其他区域中。其内涵是营业事务处理场所、内部指挥管理场所以及信息场所等。

任务三　配送中心的规划与设计

一、配送中心的规划

配送中心规划是对于拟建配送中心的长远的、总体的发展计划。"配送中心规划"与"配送中心设计"是两个不同但是容易混淆的概念，二者有密切的联系，但是也存在着很大的差别。在配送中心建设的过程中，如果将规划工作与设计工作相混淆，必然会给实际工作带来许多不应有的困难。因此，比较配送中心规划与配送中心设计的异同，阐明二者的相互关系，对于正确理解配送中心规划的界定，在理论和实践上都具有重要意义。

建设项目管理中，将项目设计分为高阶段设计和施工图设计两个阶段。高阶段设计又分为项目决策设计和初步设计两个阶段。项目决策设计阶段包括项目建议书和可行性研究报告。通常也将初步设计和施工图设计阶段统称为狭义的二阶段设计。对于一些工程，在项目决策设计阶段中进行总体规划工作，作为可行性研究的一个内容和初步设计的依据。因此，配送中心规划属于配送中心建设项目的总体规划，是可行性研究的一部分，而配送中心设计则属于项目初步设计的一部分内容。

1. 配送中心规划与配送中心设计有以下相同之处

（1）配送中心的规划工作与设计工作都属于项目的高阶段设计内容。

（2）理论依据相同，基本方法相似。配送中心规划与设计工作都是以物流学原理作为理论依据，运用系统分析的观点，采取定量与定性相结合的方法进行的。

2. 配送中心规划与配送中心设计有以下不同之处

（1）目的不同。配送中心规划是关于配送中心建设的全面长远发展计划，是进行可行性论证的依据。配送中心设计是在一定的技术与经济条件下，对配送中心的建设预先制订详细方案，是项目施工图设计的依据。

（2）内容不同。配送中心规划强调宏观指导性；配送中心设计强调微观可操作性。

二、配送中心的设计

配送中心的设计的主要内容包括：① 建立物流配送中心的战略意义和要求，进行环境调查、销售额的调查与分析。② 控制物料平衡流（物量流），包括把握物料平衡流的要素和物量流的记法。③ 储存作业，有定位储存、随机储存、分类储存、分类随机储存和共同储存等。④ 进行物流设备规格设计，要把握基本设计原则和物流设备设计原则，其中的工作是对单位容器的选择和物流系统设备规格型号的设计。⑤ 详细布置规划，包括设备面积与实际位置的设计和物流与周边设施的统一规划设计。⑥ 物流中心布置与规划的评估。⑦ 物流中心的成本分析与效益评估。

三、配送中心的选址与布局

（1）遵守配送中心的选址和布局原则：一是适应性原则；二是协调性原则；三是经济性原则；四是前瞻性原则。

（2）配送中心选址的影响因素有：一是自然环境因素，有气象条件、地质条件、水文条件、地形条件等；二是经营环境因素，有产业政策、主要商品特性、物流费用、服务水平等；三是基础设施状况，如道路、交通条件以及公共设施状况。其他还有诸如国土资源利用和环境保护要求等情况。

（3）配送中心规模的确定，要根据物流量预测（吞吐量预测），确定单位面积作业量的定额和配送中心的占地面积。

（4）配送中心的布局，进行活动关系的分析和作业空间规划，如通道空间的布置规划、进出货区的作业空间规划（进出货平台的规划、进出货码头配置形式的设计、码头的设计形式、月台数量计算），包括仓储区的作业空间规划、拣货区的作业空间规划、集货区的规划、行政区的规划。其中，行政区的规划主要是指非直接从事生产、物流、仓储或流通加工部门的规划。如办公室、会议室、福利休闲设施等。

小思考：配送中心是设在城市比较好还是设在农村比较好？为什么？

（5）各区域位置的设计，主要有五种形式：一是双直线式，适合于出入口在厂房两侧，作业流程相似，但有两种不同的进出货形态；二是锯齿型，通常适用于多排并列的库存货架区内；三是U型，适合于出入口在厂房同侧，根据进出频率大小安排靠近进出口端的储区，缩短拣货搬运路线；四是分流式，适用于批量拣货的分流作业；五是集中式，这种方式适用于因储区特性把订单分割在不同区域拣货后再进行集货作业。

项目小结

本项目较为详细地阐述了配送中心的概念和类型、作用、内部组织机构、配送路线、功能、作业流程、作业项目、基本结构、规划、设计、选址与布局等内容。在物流企业中，物流配送中心的类型多种多样，为了进一步区分各种配送中心，通常按其发挥的功能、设立者、物流设施的归属、服务范围和服务对象等标准对配送中心进行分类。配送中心在物流体系中发挥着极其重要的作用，其基本功能有储存、集散等传统的功能，而且在物流现代化的进程中，不断地强化拣货、加工、配送、信息等现代功能。配送中心的作业流程又是配送中心最为关键的一步，当然不同的企业类型，作业流程也有所不同，但是基本的业务类型基本相似。

同步练习

一、选择题

1. 配送中心就是从事配送业务的（　　）和组织。
   A．物流场所　　B．生产场所　　C．供应场所　　D．采购场所
2. 根据配送中心所发挥功能的不同，一般将其分为三类，即流通型配送中心、储存型配送中心、（　　）。
   A．工业型配送中心　　　　B．加工型配送中心
   C．销售型配送中心　　　　D．包装型配送中心
3. （　　）是面向所有用户提供后勤服务的配送组织（或物流设施），只要支付费用，任何用户都可以得到这种配送中心提供的服务。
   A．国有型配送中心　　　　B．民营型配送中心
   C．公共型配送中心　　　　D．特殊配送中心
4. 配送中心实际上是售货中心、分货中心、加工中心功能的综合体，并有了"配"与（　　）的有机结合。
   A．销　　　B．采购　　　C．加工　　　D．送
5. 配送中心的选址和布局原则：一是适应性原则；二是协调性原则；三是经济性原则；四是（　　）等。
   A．前瞻性原则　　B．实用性原则　　C．合理性原则　　D．方便性原则

二、问答题

1. 配送中心应符合哪些基本要求？
2. 配送中心的作用有哪些？
3. 配送中心的作业项目有哪些？
4. 配送中心接收到客户订单后，进行处理的主要工作有哪些？
5. 配送中心规划与配送中心设计有哪些相同和不同之处？

三、实训题

1. 实训目的：使学生对配送中心有个整体的认识。

2. 实训方式：到配送企业进行参观学习。

3. 实训内容：

（1）使学生了解配送中心和仓库有哪些不同。

（2）使学生了解配送中心的业务主要有哪些。

（3）使学生熟悉应如何建立配送企业，如何加强对配送中心的管理。

四、案例分析

天津沃尔玛配送中心

天津沃尔玛配送中心的运作流程是：供应商将商品的价格标签和UPC条形码（统一产品码）贴好，运到沃尔玛的配送中心；配送中心根据每个商店的需要，对商品就地筛选，重新打包，从"配区"运到"送区"。

由于沃尔玛的商店众多，每个商店的需求各不相同，这个商店也许需要这样一些种类的商品，那个商店则有可能又需要另外一些种类的商品，沃尔玛的配送中心根据商店的需要，把产品分类放入不同的箱子当中。这样，员工就可以在传送带上取到自己所负责的商店所需的商品。那么在传送的时候，他们怎么知道应该取哪个箱子呢？传送带上有一些信号灯，有红的、绿的，还有黄的，员工可以根据信号灯的提示来确定箱子应被送往的商店，来拿取这些箱子。这样，所有的商店都可以在各自所属的箱子中拿到需要的商品。

在配送中心内，货物成箱地被送上激光制导的传送带，在传送过程中，激光扫描货箱上的条形码，全速运行时，只见纸箱、木箱在传送带上飞驰，红色的激光四处闪射，将货物送到正确的卡车上，配送的准确率超过99%。

天津沃尔玛的配送中心虽然面积很大，但它只有一层，之所以这样设计，主要是考虑到货物流通的顺畅性。有了这样的设计，沃尔玛就能让产品从一个门进，从另一个门出。如果产品不在同一层就会出现许多障碍，如电梯或其他物体的阻碍，产品流通就无法顺利进行。

天津沃尔玛配送中心的一端是装货月台，可供30辆卡车同时装货，24小时连续作业；每天有160辆货车开来卸货，150辆车装好货物开出。

在天津沃尔玛的配送中心，大多数商品停留的时间不会超过48小时，但某些产品也有一定数量的库存，这些产品包括化妆品、软饮料、尿布等各种日用品，配送中心根据这些商品库存量的多少进行自动补货。

（资料来源：陈修齐. 仓储与配送管理[M]. 北京：电子工业出版社，2015.）

问题：

天津沃尔玛配送中心的运作流程和管理给了我们哪些启示？

分析提示：

天津沃尔玛的供应商可以把产品直接送到众多的商店中，也可以把产品集中送到配送中心，两相比较，显然集中送到配送中心可以使供应商节省很多钱。由于配送中心能降低物流成本，使得沃尔玛能比其他零售商向顾客提供更廉价的商品，这正是沃尔玛迅速成长的关键所在。

项目三 进货作业管理

知 识 目 标	技 能 目 标
1. 熟练掌握进货作业的要求、基本流程。 2. 熟练掌握商品入库验收流程,学会对储位进行规划与分配。	1. 掌握商品分类的基本方法,熟悉货品编码。 2. 学会对商品进行分类。 3. 能够处理商品验收入库中常见的问题,能设计出商品进货作业的流程图。

项目概述

进货作业是根据物品进货计划和供货合同的规定进行的,包括一系列的作业活动,如货物的接运、验收、办理入库手续等;保管作业是物品在整个储存期间,为保持物品的原有使用价值,仓库需要采取一系列保管、保养措施,如货物的堆码、盖垫物品的维护、保养,物品的检查、盘点等。进货是配送的准备工作或基础工作,它是配送的基础环节,又是决定配送成败、规模的最基础环节。同时,也是决定配送效益的关键环节。

项目任务

导入案例

从摆地摊到蔬菜配送一马当先

西安的文艺路、炭市街、骡马市、辛家庙批发市场,聚集着厚坡镇一批以蔬菜配送为业的农民。他们之中,李应岑被尊为"大哥"。其一,他是 20 世纪 90 年代初较早一批来西安的;其二,从摆地摊卖菜,到现在的配菜经营,他一路领先开拓兴业。

在文艺路,见到李应岑这位配菜产业的"大哥"从自驾的奥迪 Q5 下来时,完全颠覆了记者脑海中原有的山区卖菜农民的形象。应当说,他们是已经在古都站稳了脚跟的产业老板,勤奋、干练。

酸甜苦辣是任何一个创业人都要经历的，1991年，28岁的李应岑来西安时，口袋里装着家里卖粮食的2 300元。他和四弟李应伟最大的愿望是打拼两三年，把这些钱变成四五千块。一到西安，他们先花了300元买辆三轮车，早上3点钟起床，跑10多公里到城郊去批菜，然后急急忙忙赶往城里的副食品市场。早市的地摊位置，是李应伟头天晚上睡在那里占到的。秋去冬来，理菜卖菜，兄弟俩手冻得又红又肿。平时最害怕感冒，因为除了批一车菜的"流动资金"外，钱是一分也不多。干到年底，兄弟俩把2 300元也赔进去了。主要原因是外行，没有好的地摊位置，也没有固定的顾客。下雪了，有老家的人来西安探望，临走时还把身上已经破了一个洞的黄大衣留给了李应岑。

是回厚坡还是坚持？借700元，李应岑要再搏一把春节前的菜市。动脑筋，让菜"流动起来"。互信日增，顾客买菜由三样增到五样，再发展到报菜名、斤数打包。成功了，一个春节下来，他保本有盈，而且赚了人气、信心！

如今，李应岑的配菜业务辐射数十家宾馆、大型酒店。小型酒店和散客户业务，他则分散给厚坡后来的亲友去做。他的设想是：与时俱进，引导配菜产业朝着"联合做强，品牌做响，物流做大"的道路发展。

（资料来源：田侠．仓储与配送管理[M]．大连：大连理工大学出版社，2014．经作者整理）

任务一　进货作业流程

一、进货作业

（一）进货前的准备

1. 编制计划

进货前要根据企业物资供应业务部门提供的物资进货计划编制物品进货计划。物资进货计划的主要内容包括各类物资的进货时间、品种、规格、数量等。仓储部门应根据物资进货计划，结合仓库本身的储存能力、设备条件、劳动力情况和各种仓库业务操作过程所需要的时间，来确定仓库的进货业务计划。

2. 组织人力

按照物品到达的时间、地点、数量等预先做好到货接运、装卸搬运、检验、堆码等人力的组织安排。

3. 准备物力

根据进货物品的种类、包装、数量等情况以及接运方式，确定搬运、检验、计量等方法，配备好所用车辆、检验器材、度量衡器和装卸、搬运、堆码的工具，以及必要的防护用品用具等。

4. 安排仓位

按照进货物品的品种、性能、数量、存放时间等，结合物品的堆码要求，维修、核算占用仓位的面积，以及进行必要的腾仓、清场、打扫、消毒、准备好验收场地等。

5. 备足苫垫用品

根据进货物品的性能、储存要求、数量和保管场地的具体条件等,确定进货物品的堆码形式和苫盖、下垫形式,准备好苫垫物料,做到物品的堆放与苫垫工作同时一次完成,以确保物品的安全和避免以后的重复工作。

(二) 商品接运与卸货

到达仓库的商品有一部分是由供应商直接运到仓库交货,其他商品则要经过铁路、公路、航运和空运等运输渠道转运。凡经过交通运输部门转运的商品,均需经过仓库接运后,才能进行进货验收。商品接运是进货作业的重要环节,也是商品仓库直接与外部发生的经济联系。其主要任务是及时而准确地向交通运输部门提取进货商品,要求手续清楚、责任分明,避免将一些在运输过程中或运输前就已经损坏的商品带入仓库,为仓库验收工作创造有利条件。接运方式大致有以下几种:车站、码头提货;专用线接车;仓库自行接货及库内接货。根据到达商品的数量、理化性质及包装单位,合理安排好人力及装卸搬运设备,并安排好卸货站台空间。

(三) 分类及标示

为保证仓库的物流作业准确而迅速进行,在进货作业中必须对商品进行清楚有效的分类及编号。可以按商品的性质、存储地点、仓库分区情况对商品进行分类编号。

(四) 查核进货信息

到货商品通常具备下列单据或相关信息:采购订单,采购进货通知单,供应商开具的出仓单、发票及发货明细表等。有些商品还随货附有商品质量书、材质证明书、合格证、装箱单等。对由承运企业转运的货物,接运时还需审核运单,核对货物与单据反映的信息是否相符。若有差错应填写记录,由送货人员或承运人签字证明,以便明确责任。

(五) 验收

商品验收是按验收业务流程,核对凭证等规定的程序和手续,对进货商品进行数量和质量检验的经济技术活动的总称。即对到库商品进行理货、分类后,根据有关单据和进货信息等凭证清点到货数量,确保进货商品数量准确,同时,又通过目测或借助检验仪器对商品质量和包装情况进行检查,并填写验收单据和其他验收凭证等验收记录。对查出的问题及时进行处理,以保证进货商品在数量及质量方面的准确性,避免给企业造成损失。

(六) 办理进货手续

物品验收后,由保管人或收货人根据验收结果,在物品进货单上签收。同时将物品存放的库房、货位编号批注在进货单上,以备记账、查货和发货。经过复核签收的多联进货单,除了本单位留存外,要退还货主一联作为存货的凭证。其具体手续包括登账、立卡和建档。

1. 登账

即建立物品明细账。根据物品进货收单和有关凭证建立物品明细账目,并按照进货物品的类别、品名、规格、批次、单价、金额等，分别立账，并且还要标明物品存放的具体位置。

2. 立卡

即填制物品的保管卡片，也可称为料卡。料卡是由负责该种物品保管的人填制的。这种方法有利于责任的明确。料卡的挂放位置要明显、牢固，便于物品进出时及时核对记录。

3. 建档

将物品进货全过程的有关资料证明进行整理、核对，建立资料档案，为物品保管、出库业务创造良好条件。

小思考：粮食入库时，应如何把好入库关？

二、货物分区分类储存

（一）分区分类储存货物是仓库进行科学管理的方法之一

所谓分区，是指根据仓库的建筑、设备等条件把仓库划分为若干保管区，以适应货物分类储存的需要，即在一定的区域内合理储存一定种类的货物，以便集中保管和养护。所谓分类，是指根据仓储货物的自然属性、养护措施、消防方法等，将货物划分为若干类别，以便分门别类地将货物相对固定地储存在某一货区内。

（二）仓库的分区分类与专仓专储的主要区别

1. 性质不同

采用分区分类储存货物的仓库，常为通用性仓库，其设施及装备适用于一般货物的储存、保养，而专仓专储的仓库常为专用性仓库，其设施和装备往往只适用于某类商品的储存、保养，其专用性较强。

2. 储存货物的种类多少不同

采用分区分类储存货物方法的仓库，一般一个仓库内同时储存着若干类货物，其中大多数仓库是采用分类同区储存，即将仓库分成若干个储货区，而在同一储货区内，同时集中储存多种同类商品或性能互不影响、互不抵触的货物，如将纺织品分类中的服装、床单、台布等，家电分类中的电视机、收录机、洗衣机、空调、微波炉等，同时储存在一个货区内，便于分类集中保管和养护。而专仓专储的仓库则是一个仓库只储存一类货物。

3. 储存货物的数量多少不同

一般而言，分区分类方法适宜于多品种、小批量的货物储存，而专仓专储的方法适宜于少品种、大批量的货物储存。就同类同种货物的数量而言，分区分类储存货物的数量比用专仓专储法储存的数量相对要少得多，因为专仓专储的某种货物往往都是大批量的。

4. 储存商品的性质不同

分区分类储存的货物，特别是分类同区储有的商品，往往具有互容性，即同储在一个货区内，这些货物不会互相影响、互不相容；而专仓专储货物的性质往往较为特殊，不宜与其他货物混存，否则将会产生不良影响，如串味、变质、失量等，如卷烟、茶叶、酒、食糖、香料等，一般不宜同存一库。

凡同类货物，性质相近，又有连带消费性的，应尽量安排在同一库区、库位进行储存，如床上用品和睡衣、拖鞋可存放在同一库区。按照商品的自然属性，可把怕热、怕光、怕潮、怕冻、怕风等具有不同自然属性的商品分区分类储存。若性质完全不同，并且互有影响、互不相容、不宜混存的商品，则必须严格分库存放，如化学危险品和一般货物、毒品和食品、互相串味的货物（茶叶和肥皂、酒和香烟）等，决不能混杂存放在同一库房或同一库区内，必须采用分区分类的方法，将它们分开存放。又如，固体精素会升华成气体，能防虫、杀虫，但不宜与饼干、糕点等食品同储一库，会污染食品，而可与毛皮、毛料服装同存一个库区，一举两得；羊毛等蛋白质纤维怕碱不怕酸，而棉纤维则怕酸不怕碱，在分区分类储存时，应注意将碱性商品与羊毛制品分开储存，将酸性货物同棉制品分开储存；碳化钙、磷化锌、碳化金属等一级遇水燃烧的商品，不能与酸、氧化剂同储一库，因为一旦相遇，即会发生燃烧或爆炸，后果不堪设想。

为了防止货物在储存期间发生物理机械变化、化学变化、生理生化变化及某些生物引起的变化，仓库保管人员必须采取一定的养护措施，如低温储藏养护、加热灭菌储藏养护、气调储存养护等。然而，不同的商品常因其性质各不相同，而采用的养护方法也各不相同，如冻猪肉、冻鸡、冻鸭等商品，需要在低温冷藏（$-15 \sim -18℃$）仓库内储藏养护，而苹果、梨、蔬菜等商品，则需在常温冷藏（$-2 \sim 5℃$）仓库内储藏养护，这两类商品的养护措施各不相同，所以不能同储一个库区，必须分区分类储存。而对于养护措施相同的商品，则可以同储一个库区，如棉布与棉衣、被单、被套等。

同储一个库区的货物，如果体积大小相差悬殊，单位重量相差很大，则需要用不同的装卸搬运手段，所以不宜在同一库区存放。如海绵、泡沫塑料与大型重型机床不易同库存放。为便于实现装卸搬运作业的专业化、机械化，尽可能将作业手段相同的货物同储一库。

防火灭火方法不同的货物不应同库储存，必须分开，如油漆、橡胶制品燃烧时，需要用泡沫灭火机灭火，而精密仪器失火时，则用二氧化碳灭火机灭火，这两类商品就不宜混存在同一库区。又如爆炸品引起的火灾，主要用水扑救，而遇水分解的多卤化合物、氯磺酸、发烟硫酸等，绝不能用水灭火，只能用二氧化碳灭火器、干沙灭火，因而灭火方式不同的货物不能同储一个库区。而对于消防方法相同的货物，则可以储存在同一库区，如小麦和玉米，灭火时主要用水，因此可以同储一个库区。

货物的危险性质主要是指易燃、易爆、易氧化、腐蚀性、毒害性、放射性等。仓库应根据货物的危险特性进行分区分类储存，以免发生相互接触，产生燃烧、爆炸、腐蚀、毒害等严重恶性事故。如化学危险品和一般物品、毒品和食品绝不能混杂存放在同一库房或同一库区内，必须严格分区分类存放。

货物的储存期较短，并且吞吐量较大的中转仓库或待运仓库，可按货物的发往地区、运输方式、货主进行分区分类储存。

超长的、较大的、笨重的商品，应与易碎的、易变形的货物分区存放；进出库频繁的货物，应存放在车辆进出方便、装卸搬运容易的近库门的库区，而储存期较长的商品，则应储存在库房深处，或多层仓库的楼上。

一般情况下，怕热的货物应存放在地下室、低温仓库或阴凉通风的货棚内；负荷量较小的、轻泡商品，可存放在楼上库房，而负荷量较大、笨重的商品，应存放在底楼库房内；

价值高的贵金属,如金银饰品等,须存放在顶楼库房,而价值较低的一般金属制品,可存放在下层库房内。

> **小思考**:粮食保管的条件有哪些?

三、进货作业的组织原则

1. 进货作业的基本组织原则

(1)尽量使进货地点靠近商品存放点,避免商品进库过程的交叉、倒流。

(2)尽量将各项作业集中在同一个工作场所进行。即在进货作业过程中,将卸货、分类、验货等理货作业环节集中在一个场所完成,这样既可以减少空间的占用,也可以节省货物搬运所消耗的人力和物力,降低作业成本,提高作业速度。

(3)依据各作业环节的相关性安排活动,即按照各作业环节的相关顺序安排作业,避免倒装、倒流而引起搬运货物的麻烦,提高作业效率。

(4)将作业人员集中安排在进货高峰期,保证人力的合理安排与进货作业的顺利进行。

(5)合理使用可流通的容器,尽量避免更换。对小件商品或可以使用托盘集合包装的货物,尽量固定在可流通的容器内进行理货与储存作业,以减少货物倒装的次数。

(6)详细认真地处理进货资料和信息,便于后续作业及信息的查询与管理。

2. 在进货过程中,操作人员应遵循的具体原则

(1)多利用配送司机来卸货,以减轻公司作业人员的负担及避免卸货作业的拖延。

(2)进货的高峰时间尽可能多安排人力,以维持货品正常迅速地移动。

(3)尽可能将多种活动集中在一个工作站,以节省必要的空间。

(4)按照进货的需求状况统筹配车,不要将耗时的进货放在高峰时间。

(5)使码头、月台至储区的活动尽量保持直线运动。

(6)尽量使用可流通的容器,以减少更换容器的动作。

(7)为小批量进货准备小车。

(8)依据各作业的相关性安排活动,力求搬运距离最小并尽可能减少步行的机会。

(9)在进出货期间尽可能省略不必要的货品搬运及储存。

(10)为方便后续存取及查询,应详细记录进货资料。

3. 进货管理标准包含的内容

(1)订购量计算标准。

(2)有关订购手续的标准。

(3)进货日期管理——进货日期跟催、进货日期变更的手续。

(4)有关订购取消及补偿手续。

(5)对进货源的货款支付标准、手续及购入契约书。

4. 进货方面应考虑的因素

(1)进货对象及供应厂商总数:一日内的供应厂数(平均,最多)。

(2)商品种类与数量:一日内的进货品项数(平均,最多)。

(3)进货车种与车辆台数:车数/日(平均,最多)。

（4）每一车的卸（进）货时间。

（5）商品的形状、特性。

① 散货、单元的尺寸及重量。

② 包装形态。

③ 是否具危险性。

④ 栈板叠卸的可能性。

⑤ 人工搬运或机械搬运。

⑥ 产品的保存期限。

（6）进货所需人员数（平均，最多）。

（7）配合储存作业的处理方式。

四、影响进货作业的因素

在组织与计划进货作业时，我们必须先对影响进货作业的主要因素进行分析。

1. 进货供应商及其送货方式

每天送货供应商的数量、供应商所采用的送货方式、送货工具、送货时间等因素都会直接影响进货作业的组织和计划。

2. 商品的种类、特性与数量

不同商品需要采用不同的作业方式，因此每种商品的包装形态、规格、质量特性以及每天运到的批量大小，都会影响物流中心的进货作业方式。

3. 进货作业人员

在安排进货作业时，要考虑现有的工作人员以及人力的合理利用，尽可能缩短进货作业时间，避免车辆等待装卸的时间过长。

4. 与仓储作业的配合方式

一般配送中心出货、储存有托盘、箱子、单件三种方式，进货同样也有这三种方式，因此，在进货时必须通过拆箱、整合等方式将进货摆放方式转换成储存摆放方式，到货方式应尽量与储存方式统一，否则将增加作业环节，造成不必要的浪费。

（1）若进货与储存同单位，则进货输送机直接将货品运至储存区。例如：

   （进货）   （存储）

   托盘 ——→ 托盘

   箱子 ——→ 箱子

   单件 ——→ 单件

（2）若储存以单件为单位，但进货是以托盘、箱子为单位，或储存以箱子为单位，但进货是以托盘为单位，则必须于进货点卸栈或拆装。先是以自动托盘卸货机拆卸托盘上的货物，再拆箱将单件放在输送机上运至储存区。例如：

   （进货）   （存储）

   托盘 ——→ 单件

   箱子 ——→ 单件

托盘 ——→ 箱子

（3）若储存以托盘为单位，但进货是以单件或箱子为单位，或储存以箱子为单位，但进货以单件为单位，则单件或箱子必先堆叠在托盘上或单件必先装入箱子后再储存。

例如：

   （进货） （存储）
   单件 ——→ 托盘
   箱子 ——→ 托盘
   单件 ——→ 箱子

任务二　商品的分类和编码

一、商品分类的概念、意义和基本原则

（一）商品分类的概念

商品分类是指为了适应生产、流通、消费和科研的需要，根据商品的特征，有目的地、科学地、系统地将商品划分为不同的类别。可以划分为不同的大类、中类、小类、品种乃至规格、品级、花色等细目。

分类具有普遍性，凡有物、有人、有一定管理职能的地方都存在分类。分类是我们认识事物、区分事物的重要方法。分类的结果给我们带来效率，使日常事务大大简化。

商品的大类一般根据商品生产和流通领域的行业来划分，既要与生产行业对口，又要与流通组织相适应。商品品类或中类是指若干具有共同性质和特征的商品的总称，它们各自包括若干商品品种。商品品种是按商品的特性、成分等方面特征进一步划分得到的商品类组。品种的名称即具体商品名称。

商品、材料、物质、现象等概念都是概括一定范围的集合总体。任何集合总体都可以根据一定的标志逐次归纳为若干范围较小的单元（局部集合体），直至划分为最小的单元。上述商品的局部集合体，可以继续划分至最小的单元——商品细目。细目是对品种的详尽区分，包括商品的规格、花色、型号、质量等级等。细目能更具体地反映商品的特征。

（二）商品分类的意义

（1）商品科学分类有助于国民经济各部门的各项管理的实施。
（2）商品分类有助于商业经营管理。
（3）商品分类有利于实现商品现代化管理。
（4）商品分类有利于了解商品特性。
（5）商品分类有利于商品学的教学工作和开展商品研究工作。

（三）商品分类的基本原则

（1）必须明确要分类的商品所包括的范围。

（2）商品分类要从有利于商品生产、销售、经营习惯出发，最大限度地方便消费者的需要，并保持商品在分类上的科学性。

（3）以商品的基本特征为基础，选择适当的分类依据，从本质上显示出各类商品之间的明显区别，保证分类清楚。

（4）商品分类后的每一个品种，只能出现在一个类别里，或每个下级单位只能出现在一个上级单位里。

（5）在某一商品类别中，不能同时采用两种或多种分类标准进行分类。商品分类要以系统工程的原理为根据，分类体现出目的性、层次性，使分类结构合理。

二、商品分类的标志

商品分类标志实质是商品本身固有的种种属性。在一个分类体系中，常采用几种分类标志，往往在每一个层次用一个适宜的分类标志。目前还未发现一种能贯穿商品分类体系始终，对所有商品类目直到品种和细目都适用的分类标志。在商品分类实践中，常见的分类标志有以下几种。

（一）以商品的用途作为分类标志

商品用途是体现商品使用价值的重要标志，以商品用途作为分类标志，不仅适合于对商品大类的划分，还适合于对商品类别、品种的进一步划分。便于分析和比较同一用途商品的质量和性能，从而有利于生产部门改进和提高商品质量，开发商品新品种，生产适销对路的商品，也便于商业部门经营管理和消费者按需要选择商品。但对于多用途的商品，不宜采用此分类标志。

例如，商品按用途可分为生活资料和生产资料，生活资料按用途的不同可分为食品、衣着类用品、日用品等，日用品按用途又可分为器皿类、玩具类、洗涤用品类、化妆品类等，化妆品按用途还可继续划分为护肤用品、美容美发用品等。

小思考：商品的标志和商标有哪些不同？

（二）以原材料作为分类标志

商品的原材料是决定商品质量、使用性能、特征的重要因素之一。特别是对于那些原材料替代种类多，且原材料对性能影响较大的商品比较适用。但对于那些由两种以上原材料所构成的商品，采用此标志进行分类会产生一定的困难。

例如，纺织品按原料不同可分为棉织品、毛织品、麻织品、丝织品、化学纤维织品等；鞋类商品可分为布鞋、皮鞋、塑料鞋、人造皮革鞋等。以原材料作为商品分类标志，不但使商品分类清楚，而且能从本质上反映出每类商品的性能、特点、使用及保管要求。

（三）以商品的加工方法作为分类标志

这种分类标志对那些可以选用多种加工方法，且质量特征受加工工艺影响较大的商品最为适用。很多不同的商品往往是用同一种原材料制造的，就是因为选用了不同的加工方法,最后便形成质量特征截然不同的商品种类。由此可见,生产加工方法也是商品分类的重要标志。例如,按加工方法上的区别,茶叶有全发酵茶、半发酵茶和不发酵茶;酒则有配制酒、蒸馏酒和发酵原酒。那些加工方法虽不同,但对质量特征不会产生实质性影响的商品,则不宜采用此种标志来分类。

(四)以商品的主要成分或特殊成分作为分类标志

商品的很多性能取决于它的化学成分。很多情况下,商品的主要成分是决定其性能、质量、用途或储运条件的重要因素。对这些商品进行分类时,应以主要成分做分类标志。例如,化肥可分为氮肥、磷肥、钾肥等。

有些商品的主要化学成分虽然相同,但是所含的特殊成分不同,可形成质量性质和用途完全不同的商品,对这类商品分类时,可以其中的特殊成分做分类标志。例如,玻璃的主要成分是二氧化硅,但根据其中一些特殊成分,可将玻璃分类为钠玻璃、钾玻璃、铅玻璃、硼硅玻璃等。

采用这种标志分类,便于研究商品的特性、包装、储运、使用方法、养护等问题,因此在生产管理、经营管理和教学科研中广泛应用。但对化学成分构成复杂,或容易发生变化,或区别不明显、成分不清楚的商品,不适宜采用这种分类标志。

还有一些商品本身的属性、特征也在一些特殊场合下作为分类标志。例如,工业制成品以花色、规格、型号做分类标志;农产品中的种植业产品以收获季节或产地做分类标志;畜产品中的肉类可以采集部位作为分类标志;蜂蜜以花粉源作为分类标志。

> **小思考:**按照商品的分类方法,大豆是属于粮食还是属于油料?

三、商品分类的基本方法

(一)线分类法及线分类体系

线分类法是商品分类中常采用的方法。按线分类法所建立起的体系即为线分类体系。

线分类体系的主要优点是:层次性好,能较好地反映类目之间的逻辑关系;符合传统应用习惯,既适合于手工处理,又便于计算机处理。但线分类体系也存在着分类结构弹性差的缺点。

线分类法也称层级分类法,它是将拟分类的商品集合总体,按选定的属性或特征作为划分基准或分类标志,逐次地分成相应的若干个层级类目,并编制成一个有层级的、逐级展开的分类体系。线分类体系的一般表现形式是大类、中类、小类等级别不同的类目逐级展开,在这个体系中,各层级所选用的标志可以不同,各个类目之间构成并列或隶属关系。

(二)面分类法及面分类体系

按面分类法所建立起来的分类体系即为面分类体系。面分类法又称平行分类法,它是把拟分类的商品集合总体,根据其本身固有的属性或特征,分成相互之间没有隶属关系的面,每个面都包含一组类目。将每个面中的一种类目与另一个面中的一种类目组合在一起,即组成一个复合类目。

面分类法所建立起的分类体系结构弹性好,可以较大量地扩充新类目,不必预先确定好最后的分组,适用于计算机管理。它的缺点是组配结构太复杂,不便于手工处理,其容量也不能充分利用。由表3-1提供的类目进行组配,就可发现其中会出现没有意义的商品复合类目。

服装的分类就是按面分类法组配的。把服装用的面料、式样和款式分为3个互相之间没有隶属关系的"面",每个"面"又分为若干个类目。如表3-1所示,标出不同范畴的独立类目,使用时将有关类目组配起来,便成为一个复合类目,如纯毛男式中山装、中长纤维女式西装等。

表3-1 面分类体系应用示例

面　　料	式　　样	款　　式
纯棉		中山装
纯毛		西　装
涤棉	男式	猎　装
毛涤	女式	夹　克
中长纤维		连衣裙

目前,在实际运用中,一般把面分类法作为线分类法的补充。

我国在编制《全国工农业产品(商品、物资)分类与代码》国家标准时,采用的是线分类法和面分类法相结合、以线分类法为主的综合分类法。

四、商品编码

商品编码是指用一组有序的代表符号来标志分类体系中不同类目商品的过程。编码中所使用的标志性的代表符号即称商品代码。

(一)商品编码的作用

商品编码可使名目繁多的商品便于记忆,有利于商品分类体系的通用化、标准化,为建立统一的商品产、供、销和储运信息系统,以及运用计算机网络进行商流、物流的现代化科学管理创造了条件。

(二)商品代码的种类

商品代码按其所用符号的不同分为数字代码、字母代码、字母-数字混合代码。目前使用最普遍的是数字代码。

数字代码是用一组阿拉伯数字表示的商品代码。数字代码结构简单,使用方便,易于推广,便于计算机处理。运用数字代码进行商品编码,常使用以下三种方法。

(1)层次编码。层次编码是按商品类目在分类体系中的层级顺序,依次赋予对应的数字代码。在此以《全国工农业产品(商品、物资)分类与代码》为例,分析、认识层次编码。其整个代码共8位数,分4个层次,每两位数为一层,从左往右分别代表分类体系中的大类、中类、小类、细类。

（2）混合编码。混合编码是层次编码和平行编码的合成。在实践中，编码方法和分类方法一样，通常不单独使用，而是混合使用的。《全国工农业产品（商品、物资）分类与代码》实际采用的就是混合编码。在同一级别中，按平行编码法给出代码；将不同级别中的代码按对应商品类目之间固有的逻辑关系组配，就有了8位数的代码。

（3）平行编码。平行编码也用于线分类体系中。线分类体系中同一层级的不同类目之间是并列平行的关系。对于这种同一分类体系中同层级的类目，可以以平行编码的方法按顺序给出数字代码。

平行编码多用于面分类体系中，具体方法是给每一个分类面确定一定数量的码位，代码标志各组数字之间是并列平行关系。

（三）商品条码的概念及分类

1. 商品条码的概念

商品条码是由条形符号构成的图形表示分类对象的代码，是由一组规则排列的"条""空"符号及其对应的数字代码组成的商品标志，是用光电扫描阅读设备识读并实现数据计算机处理的特殊代码。

然而，商品条码不能简单地归类于商品代码。因为，它不能以上述普通编码方法获得，所包含的商品信息也与上述普通代码大相径庭，这一点必须说明。

2. 商品条码的分类

商品条码分为厂家条码和商店条码。

厂家条码是商品分类的一种表现方式，是指生产厂家在生产过程中直接印在商品包装上的条码，它们不包括价格信息。常用的厂家条码主要有国际通用商品条码和北美通用产品条码两种，UPC（Universal Product Code，UPC）码源于美国，是在美国和加拿大推广使用的通用产品代码。

EAN（European Article Numbering System，EAN）条码是欧洲物品编码协会在吸取UPC经验的基础上开发出的与UPC兼容的欧洲物品编码系统。为了在世界范围内推行条码系统，协调条码在各国的应用，1981年欧洲物品编码协会更名为国际物品编码协会。现在该协会的会员数量已超过50个。EAN码已在世界各国普及，国际通用。我国于1988年12月成立中国特别编码中心，1991年4月被国际物品编码协会接纳为会员。

小思考：EAN条形码在商品的管理中有哪些作用？

商店条码是在自动扫描商店中，为便于POS系统对商品的自动扫描结算，商店对没有商品条码或商品条码不能识读的商品，自行编码和印制条码，并只限在自己店内使用。通常将这类条码称为商店条码、店内码商店条码可分为以下两类。

一类是用于变量消费单元的店内码，例如，鲜肉、水果、蔬菜、熟食品等商品是按基本计量单位计价，以随机数量销售的，其编码的任务不宜由厂家承担，只能由零售商完成。零售商进货后，要根据顾客需要包装商品，用专有设备对商品称重并自动编码和制成店内码，然后将其粘贴或悬挂到商品外包装上。

另一类是用于定量消费单元的店内码。这类商品是按商品件数计价销售的，应由生产厂家编印条码，但因厂家生产的商品未申请使用条码或其印刷的条码不能被识读，为便于扫描结算，商店必须制作使用店内码。

小思考：在商场销售商品的包装上使用的条形码属于哪一种条形码？

任务三　商品的进货验收

商品进货是配送中心仓库作业的第一阶段，是指仓库根据商品进货凭证接收商品进货储存而进行的收货点验、装卸搬运和办理进货手续等一系列业务活动的总称。进货作业的目的在于确保所送商品的质量、数量等与进货凭证相吻合。

一、商品接运作业

商品接运是指仓库对于通过铁路、公路、水运、空运等方式运达的商品，进行接收和提取的工作。由于商品到达仓库的形式不同，除了一小部分由供货单位直接运到仓库交货外，大部分要经过铁路、公路、水运、空运等运输工具转运。凡经过交通运输部门转运的商品，均需经过仓库接运后，才能进行进货验收。因此，商品的接运是商品进货业务流程的第一道作业环节，也是商品仓库直接与外部发生的经济联系。

接运的主要任务是准确、齐备、安全地提取和接受商品，为进货验收和检查做准备。应及时而准确地向交通运输部门提取进货商品，要求手续清楚，责任分明，为仓库验收工作创造有利条件。因为接运工作是仓库业务活动的开始，是商品进货和保管的前提，所以接运工作的好坏直接影响商品的验收和进货后的保管保养。因此，在接运由交通运输部门（包括铁路）转运的商品时，必须认真检查，分清责任，取得必要的证件，避免将一些在运输过程中或运输前就已经损坏的商品带入仓库，造成验收中责任难分和在保管工作中的困难或损失。

接运的方式主要有以下几种。

1. 到车站、码头提货

这是由外地托运单位委托铁路、水运、民航等运输部门或邮局代运或邮递货物到达本埠车站、码头、邮局后，仓库依据到货通知单派车提运货物的作业活动。这种到货接运形式大多是零担托运、到货批量较小的货物。在汽车运输与其他运输方式联合运输的过程中会出现这种方式的作业活动。此外，在接受货主的委托，代理完成提货、末端送货的活动的情况下，也会发生到车站、码头提货工作。

2. 到货主单位提取货物

这是仓库受托运方的委托，直接到供货单位提货的一种形式。这种提货形式的作业内容和程序主要是：当货栈接到托运通知单后，做好一切提货准备，并将提货与物资的初步验收工作结合在一起进行。因此,接运人员要按照验收注意事项提货,必要时可由验收人员参与提货。在供货人员在场的情况下,当场进行验收。

3. 托运单位送货到库接货

这种接货方式通常是托运单位与仓库在同一城市或附近地区,不需要长途运输时所采取的一种形式。这种接货方式的作业内容和程序是:当托运方送货到货栈后,根据托运单(需要现场办理托运手续的先办理托运手续)当场办理接货验收手续,检查外包装,清点数量,做好验收记录。如有质量和数量问题,托运方应在验收记录上签字证明。

4. 铁路专用线到货接货

这是仓库备有铁路专用线,大批整车或零担到货接运的形式。它是公路、铁路联合运输的一种形式。在这种运输形式下,铁路承担主干线长距离的货物运输,汽车承担直线部分的直接面向收货方的短距离的运输。

二、商品验收的内容

商品验收程序包括验收准备、核对凭证、确定验收比例、实物检验、做出验收报告及验收中发现问题的处理。因此,商品验收必须首先做好验收前的准备工作:全面了解验收物资的性能、特点和数量;准备堆码苫垫所需要的材料和装卸搬运机械、设备及人力;准备相应的检验工具,并做好事前检查;收集和熟悉验收凭证及有关资料;进口物资或上级业务主管部门指定需要检验质量者,应通知有关检验部门会同验收。然后核对相关的凭证:货主提供的进货通知单和仓储合同;供货单位提供的验收凭证,包括材质证明书、装箱单、磅码单、发货明细表、说明书、保修卡及合格证等;承运单位提供的运输单证,包括提货通知单和登记货物残损情况的货运记录、普通记录以及公路运输交接单等。

商品验收是交接双方划分责任的界限,为此,必须经过商品条形码、商品数量、商品质量、商品包装四个方面的验收。

1. 商品条形码验收

在作业时要抓住两个关键点:一是检验该商品是否有送货预报的商品;二是验收商品的条形码与商品数据库内已登录的资料是否相符。

2. 商品数量验收

数量验收包括点件查数法、抽验查数法和检斤换算法等方法。

(1)点件查数法。按件、只、台等计量的商品检验方法,即逐件、逐只、逐台进行点数加总求值。

(2)抽验查数法。按一定比例开箱验件的方法,一般适合批量大、定量包装的商品。

(3)检斤换算法。通过重量过磅换算该商品的数量,适合商品标准和包装标准的情况。

3. 商品质量验收

对于一般的商品来说,由于交接时间短促和现场码盘等条件的限制,在收货点验时,一般只能用"看""闻""听""摇""拍""摸"等感官检验方法,检查范围也只能是包装外表。在进行感官检验时要注意以下几点。

（1）在验收液体商品时，应检查包装箱外表有无污渍（包括干渍和湿渍），若有污渍，必须拆箱检查并调换包装。

（2）在验收玻璃制品（包括部分是玻璃制作的制品）时，要件件摇动或倾倒细听声响，这种验收方法是使用"听"的方法，经摇动发现破碎声响，应当场拆箱检查破碎细数和程度，以明确交接责任。

（3）在验收香水、花露水等商品时，除了"听声响"外，还可以在箱子封口处"闻"一下，如果闻到香气严重刺鼻，可以判定内部商品必定有异状，即使开箱检查内部没有破碎，也至少是瓶盖密封不严，若经过较长时间储存或运输中的震动，香水、花露水等液体商品肯定会外溢损耗。

（4）在验收针棉织品等怕湿商品时，要注意包装外表有无水渍。

（5）在验收有有效期商品时，必须严格注意商品的出厂日期，并按照连锁超市公司的规定把关，防止商品失效和变质。

对于一些特殊的商品，如生鲜类商品，在运用上述方法进行质量验收外，有时还需要进行物理和化学性质的检验。这类物理和化学性质的检验必须有专业人员、专业设备根据相关的标准进行。另外，还涉及抽样的问题。

4. 商品包装验收

包装验收的目的是保证商品在运输途中的安全。物流包装一般在正常的保管、装卸和运送中，经得起颠簸、挤轧、摩擦、叠压、污染等影响。在包装验收时，应具体检查纸箱封条是否破裂、箱盖（底）摇板是否粘牢、纸箱内包装或商品是否外露、纸箱是否受过潮湿。

商品验收时，主要依据供货商的发货单和进货发票，这两个单证缺一不可。进行验收时，需要做好条形码验收、数量验收、质量验收、包装验收四方面工作，要求货单相符、数量准确、质量符合要求、包装完好无损。

三、商品验收的标准和依据

商品验收是对即将进货的商品，按规定的程序和手续进行数量和质量的检验，也是保证库存质量的第一个重要的工作环节。商品验收既要遵循认真、准确、及时的原则，又要遵循商品验收的标准和依据。

（一）商品验收的标准

在实际进货作业过程中通常依据以下标准来验收。

（1）以采购合同或订单所规定的具体要求和条件为标准。采购合同是供求双方事先共同约定并遵守的一种具有法律意义的协议文件。采购合同中有商品质量的条款，就是由供求双方事先共同约定的商品质量的规范，所以商品验收过程中可以依据采购合同和订单作为商品验收的标准和依据。

（2）以议价时的合格样品为标准。在商品交易过程中，商品样品是由供货方事先共同约定"看样取货"的标准，所以可以作为商品验收的标准和依据。

(3) 以各类商品的国家标准或国际标准为依据。商品标准是指一种以科学技术和实践经验的综合成果为基础，经有关方面协商一致，主管机构批准，以特定形式发布，作为商品生产和商品质量规范的准则和依据。商品标准是评定商品质量的准则和依据，所以商品验收过程中可以依据商品的标准作为商品验收的标准和依据。

（二）商品验收中确定抽检比例的依据

收货检验工作是一项细致复杂的工作，一定要仔细核对，才能做到准确无误。从目前的实际情况来看，有两种核对方法，即"三核对"和全核对。

"三核对"即核对商品条形码（或物流条形码），核对商品的件数，核对商品包装上的品名、规格、细数。只有做到这"三核对"，才能达到品类相符、件数准确。由于用托盘收货时，要做到"三核对"有一定难度，故收货时采取边收边验的方法。有的商品即使进行了"三核对"后，仍会产生一些规格和等级上的差错，如品种繁多的小商品。对这类商品则要采取全核对的方法，要以单对货，核对所有项目，即品名、规格、颜色、等级、标准等，才能保证单货相符，准确无误。

在配送中心进货验收工作中，商品通常是整批、连续到库，而且品种、规格复杂，在有限的时间内不可能逐件查看，这就需要确定一个合理的抽查比例。验收抽查比例的大小，一般根据商品的特性、商品的价值大小、品牌信誉、物流环境等因素来确定，具体可以依据和综合考虑以下条件。

(1) 商品的理化性能。不同的商品具有不同的物理化学性能，有些商品性能不稳定，对物流环境的适应能力较差，如易碎、易腐蚀、易挥发的商品，验收、抽查的比例可适当加大。

(2) 商品价值的大小。

(3) 生产技术条件及品牌信誉。通常生产技术条件好则产品质量稳定，品质信誉也就越好，这类商品在进货时验收抽查的比例可以小些；反之，抽查的比例则仍需要大些。

(4) 物流环境。物流环境包括储运过程中的气候、地理环境及储运、包装条件等。商品的质量越稳定，物流环境与商品性能越相宜，验收抽查的比例可小些。

（三）商品验收的原则

商品验收应遵循以下几个原则。

(1) 在商品进货凭证未到或未齐之前不得正式验收。

(2) 发现商品数量或质量不符合规定，要会同有关人员当场做出详细记录，交接双方在记录上签字。

(3) 在数量验收中，计件商品应及时验收，发现问题时要按规定的手续，在规定的期限内向有关部门提出索赔要求。

四、商品进货管理要求

商品进货管理是根据商品进货凭证，在接受进货商品时所进行的卸货、查点、验收、办理进货手续等各项业务活动的计划和组织。一般包括商品接运、商品验收和建立商品档案三方面。商品进货管理的基本要求如下。

（1）保证对进货单据和商品的审核无误。

（2）确保进货商品数量准确、质量完好、包装无损。

（3）进货迅速、安全稳妥。

（4）手续完备、交接清楚。

五、商品验收进货的信息处理

到达配送中心的商品，经验收确认后必须认真填写"验收单"，并将有关进货信息及时准确地登录库存商品信息管理系统，更新库存商品的有关数据。商品信息登录的目的在于后续作业，如为采购进货、储存、拣货、出货等环节提供管理和控制的依据。通过严格的信息管理，利用真实和有效的数据，为流动资产的管理提供依据，因此，商品信息的录入必须及时、准确、全面。进货商品信息通常需要录入以下内容。

（1）商品的一般信息。商品的名称、规格、型号、包装、单价等。

（2）商品的原始条码、内部编码、进货单据号码。

（3）商品储位指派。

（4）商品的进货数量、进货时间、进货批次、生产日期、质量状况、单价等。

（5）供应商信息。供应商名称、编号、合同号等。

以上信息录入后，配送中心的信息管理系统将自动更新和储存录入信息，特别是商品进货数量的录入将增加库存商品账面余数，从而保证商品账面数与实际库存数量一致，既为有效地保管商品数量与质量提供依据，也为库存商品数量的控制和采购决策提供参考。

将进货信息输入计算机系统，这样商品实物库存就会在系统中生成相对应的系统库存，打印验收进货单（见表3-2）后才最终完成进货作业。

表3-2 验收进货单　　　　　　　　　　　　　　　编号：

供货商		订单号			验收员		
送货单号					验收日期		
发货日期			到货日期		复核员		
序号	储位号	货物名称	货物规格型号	货品编码	包装单位	应收数量	实收数量	备注

六、商品验收进货中常见的问题

配送中心进货渠道广，商品来源复杂，有时还涉及生产、采购、运输等多个部门的作业，容易出现问题和失误，因此，在进货验收工作中，必须认真细致，实事求是，积极慎重，以分清责任，及时解决验收过程中发现的问题。若货品验收不合格，则有可能采取退货、维修或寻求折让等措施。因此有必要制定相关验收作业规则,作为有效解决各种问题的决策依据。

1. 质量检验问题的处理

(1) 应及时向供货单位办理退货、换货交涉,或征得供货单位同意代为修理,或在不影响使用的前提下降价处理。

(2) 商品规格不符或错发时,应先将规格对的予以进货,规格不对的商品做好验收记录后交给相应部门办理换货。

2. 数量检验问题的处理

(1) 对于数量溢余较大的情况,可选择商品退回或补发货款的方式解决。

(2) 对于数量短缺较大的情况,可选择按实数签收并及时通知供应商的方式解决。

3. 验收凭证问题的处理

(1) 要及时向供应商索取,到库商品应作为待检验品堆放在待验区,待证件到齐后再进行验收。

(2) 证件未到之前,不能验收,不能进货,更不能发货。

4. 证物不符问题的处理

应把到库商品放置于待验区,并及时与供应商进行交涉,可以采取拒绝收货、改单签收或退单、退货的方式解决。

商品验收进货中常见的问题及处理方法如表 3-3 所示。

表 3-3 商品验收进货中常见的问题及处理方法

问题 处理方法	数量溢余	数量短少	品质不合格	包装不合格	规格品类不符	单证与实物不符
通知供货方	√	√			√	√
按实数签收		√				
维修处理			√	√		
查询等候处理	√				√	√
改单签收	√				√	√
拒绝收货	√		√		√	√
退单、退货	√		√	√	√	√

项目小结

本项目详细地阐述了进货作业流程、商品的分类和编码、商品的进货验收等知识要点。在配送中心实际操作中,能够根据不同货品的情况对储位进行规划与分配,熟悉进货作业的基本流程,在了解影响进货作业各种因素的基础上,学会组织进货作业。商品分类是货品编码的基础,掌握商品分类的方法,并能够为不同类型的商品分配合适的储位。商品验收是交接双方划分责任的界限,要求会用不同的方法验收商品,熟悉商品的验收进货流程,能够处理商品验收进货中常见的问题。

同步练习

一、选择题

1. 所谓分区,就是根据仓库的建筑、设备等条件把仓库划分为若干保管区,以适应货物分类储存的需要,即在一定的区域内合理储存一定种类的货物,以便集中( )。
   A. 保管和养护   B. 生产
   C. 满足供应商的要求   D. 满足采购商的要求

2. 根据一定的目的,选择恰当的标志,将任何一个商品集合总体逐次进行划分的过程,即( )。
   A. 商品集中   B. 商品分类   C. 商品入库   D. 商品储存

3. 线分类法是商品分类中常采用的方法。按线分类法所建立起的体系即为( )。
   A. 面分类体系   B. 分类体系   C. 线分类体系   D. 点分类体系

4. "三核对"即核对( ),核对商品的件数,核对商品包装上的品名、规格、细数。
   A. 商品数量   B. 商品商标   C. 商品质量   D. 商品条形码

5. 到达配送中心的商品,经验收确认后必须认真填写"验收单",并将有关进货信息及时准确地登录库存商品信息管理系统,更新库存商品的( )。
   A. 有关数据   B. 有关商标   C. 有关包装   D. 有关位置

二、问答题

1. 进货前的准备工作有哪些?
2. 进货作业的基本组织原则有哪些?
3. 影响进货作业的因素有哪些?
4. 商品进货管理的基本要求有哪些?
5. 进货商品信息通常需要录入的内容有哪些?

三、实训题

1. 实训目的:熟悉商品进货作业管理,使学生对商品进货作业的程序、要求、注意事项、入库后的管理有个整体的认识。
2. 实训方式:到仓储企业进行顶岗实践,主要实践商品进货的验收和管理。
3. 实训内容:
   (1) 使学生了解商品进货作业管理。
   (2) 使学生熟悉商品进货的业务主要有哪些,应如何加强仓储企业的管理。
   (3) 使学生了解仓储企业应如何服务客户,如何保管好商品。

四、案例分析

配送中心要把好进货关

在超市业态中,配送中心一般都担负着公司内部物流任务,是商品采购和卖场销售的中间环节,对公司的日常营运起着提高物流效率、控制商品库存的作用。广州本土连锁业龙头企业宏城超市自创建配送中心以来，不仅大幅度降低了运营成本和各种与商品流通相关的费用，同时还为超市把好了销售商品质量的第一道关。

宏城超市的配送中心现阶段的实物操作主要分为进货和出货两个主要环节。尤其在进货环节，配送中心对商品质量的检验相当严格。

进货之前，采购部必须按规定将订货单传送到配送中心，配送中心凭有效计算机订货单进货。进货时，配送中心要认真核实订货单与厂商送货单是否一致，对商品的名称、规格、数量等仔细核对。其中，质检验收以抽检开箱方式进行，开箱率低于20%。质检按订单时效、品名规格、包装规格、单件数量、质量的顺序进行，即先核查来货的品名规格、包装规格，然后核查来货的数量，再对商品的外观品质、保质期及商品标签进行检查，有关数据记录在相应的订货单上。对于毛巾、笔、本子等极易混淆的商品则会在外包装上注明相应的管理码和品名规格。

如果来货包装规格改变，会做好登记，并通知采购部修改计算机信息或采取其他处理措施予以更正，若供货方的品名规格改变，采购部应及时修改订货单并通知配送中心进货组，否则不予进货。原则上，来货数量不多于订货数量，否则超过部分不予接收。

另外，收货组对无订货单的货品，来货的品名规格与订货单不符的商品，无法准确辨认保质期的商品，保质期与规定不符的产品，通过外观已看到来货变质、有异味或存在明显质量问题的产品，进口商品未附镭射标签或中文标识不全的，以及国产商品无中文标识、来货时间超过订货单有效期的商品配送中心都会拒绝接收，以此保证进货产品正确的同时，初步把好质量第一关。

（资料来源：张念．仓储与配送管理[M]．大连：东北财经大学出版社，2017．）

问题：

1．宏城超市在进货环节采取了哪些措施来降低物流成本？
2．宏城超市可以从哪几个方面来提高自己的进货环节的工作效率？

项目四　储存作业管理

任 务 目 标	技 能 目 标
1. 掌握配送中心的储存方法。 2. 掌握配送中心的盘点作业步骤。 3. 了解盘点作业的目的和内容。	1. 学会盘点作业方式和具体方法。 2. 熟悉配送中心的储存业务流程。 3. 熟悉配送中心的盘点作业流程。

项目概述

储存作业管理是对流通中的商品进行检验、保管、加工、集散和转换运输方式，并解决供需之间和不同运输方式之间的矛盾，提供场所价值和时间效用，使商品的所有权和使用价值得到保护，加速商品流转，提高物流效率和质量，促进社会效益的提高。储存作业管理是每一个配送系统不可或缺的组成部分，在以最低的总成本提供令人满意的客户服务方面具有举足轻重的作用。

项目任务

导入案例

富日物流——仓储管理案例分析

杭州富日物流有限公司是一家现代化的第三方物流企业，注册资本为5 000万元。公司起步时，以先进的"哈佛"现代物流理念为指导，以降低社会物流成本为己任，为客户提供仓储、配送、装卸、加工、代收款、信息咨询等物流服务，并迅速在当时的浙江物流业引发了一场"冲击波"。作为近几年崛起的新业态，它最大程度整合社会资源，推动浙江物流业共同发展，物流辐射全国各地。

富日物流拥有杭州市最大的城市快速消费品配送仓,已构建完成30万平方米的常温带月台式物流中心,并已全部投入使用,为客户提供全方位的第三方物流服务,并在九堡镇建造了规模更大的600亩物流园区。富日物流已经是众多快速流通民用消费品的华东区总仓,其影响力和辐射半径还在日益扩大。

富日物流的商业模式就是基于配送的仓储服务。制造商或大批发商通过干线运输等方式大批量地把货品存放在富日物流的仓库里,然后根据终端店面的销售需求,用小车小批量配送到零售店或消费地。目前,富日物流公司为各客户单位每天储存的商品量达2.5亿元。最近,还扩大了6万平方米的仓储容量,使每天储存的商品量达10亿元左右。富日物流已经成为浙江现代物流业乃至长三角地区的一匹"黑马"。富日物流为客户提供仓储、配送、装卸、加工、代收款、信息咨询等物流服务,利润来源包括仓租费、物流配送费、流通加工服务费等。

富日物流的仓库全都是平面仓。部分采用托盘和叉车进行库内搬运。少量采用手工搬运。月台设计很有特色,适合于大型货柜车、平板车、小型箱式配送车的快速装卸作业。

与业务发展蒸蒸日上不同的是,富日物流的信息化一直处于比较原始的阶段,只有简单的单机订单管理系统,以手工处理单据为主。以富日物流目前的仓库发展趋势和管理能力,以及为客户提供更多的增值服务的要求,其物流信息化瓶颈严重制约了富日物流的业务发展。直到最近开始开发符合其自身业务特点的物流信息化管理系统。

富日物流在业务和客户源上已经形成了良性循环。如何迅速扩充仓储面积,提高配送订单的处理能力,进一步提高区域影响力,已经成了富日物流公司决策层的考虑重点。

富日物流已经开始密切关注客户的需求,并为客户规划出多种增值服务,期盼从典型的仓储型配送中心开始向第三方物流企业发展。从简单的操作模式迈向科学管理的新台阶,富日物流的管理层开始意识到仅仅依靠决策层的先进思路是完全不够的,此时只要导入全面质量管理的管理理念和实施ISO 9000质量管理体系,保证所有层次的管理人员和基层人员能够严格按照全面质量管理的要求,并且充分利用信息系统的帮助,才能使得富日物流的管理体系上升到一个科学管理的高度。

(资料来源:刘会亚. 现代物流管理[M]. 北京:中国农业出版社,2015. 经作者整理)

任务一 储存作业管理概述

一、仓储的概念与功能

(一)仓储的概念

所谓仓储,是指利用仓库对物资进行的储存和保管。根据《中华人民共和国国家标准——物流术语》的定义,储存是指保护、管理、储藏物品;保管是对物品进行保存及对其数量、质量进行管理控制的活动。

仓储管理是每一个物流系统不可或缺的组成部分,在以最低的总成本提供令人满意的客户服务方面具有举足轻重的作用。它是生产者与客户之间一个主要的联系纽带。仓储是商品流通的重要环节之一，也是物流活动的重要支柱，是加快资金周转、节约流通费用、降低物流成本和提高经济效益的有效途径。

（二）仓储的功能

仓储的主要功能是对流通中的商品进行检验、保管、加工、集散和转换运输方式，并解决供需之间和不同运输方式之间的矛盾，提供场所价值和时间效用，使商品的所有权和使用价值得到保护，加速商品流转，提高物流效率和质量，促进社会效益的提高。

仓储作业会给整个社会物流过程的运转带来不同的影响，良好的仓储作业与管理能保证生产、生活的连续性，反之会带来负面的效应。仓储作业的功能主要从三个方面理解：第一，时间调整功能。一般情况下，生产与消费之间会产生时间差，通过储存可以克服货物产销在时间上的隔离（如季节生产，但需全年消费的大米）。第二，价格调整功能。生产和消费之间也会产生价格差，供过于求、供不应求都会对价格产生影响，因此通过仓储可以克服货物在产销量上的不平衡，达到调控价格的效果。第三，衔接商品流通的功能。商品仓储是商品流通的必要条件，为了保证商品流通过程连续进行，就必须有仓储活动。通过仓储，可以使用流通加工、配送等手段衔接商品流通，提高物流效率，并且对物品进行附加增值。

1. 调节功能

仓储在物流中起着"蓄水池"的作用，一方面可以调节生产与消费的关系，使它们在时间和空间上得到协调，保证社会再生产的顺利进行；另一方面还可以实现对运输的调节。因为产品从生产地向销售地流转，主要依靠运输完成，但不同的运输方式在运向、运程、运量及运输线路和运输时间上存在着差距，这需要由仓储来调节。

2. 保管检验功能

在物流过程中，物资入库后必须对其进行有效储存保管，保证适当的温度、湿度等条件，防止其理化性质发生变化。同时，为了保障商品的数量和质量准确无误，分清责任事故，维护各方面的经济利益，还要求必须对商品及有关事项进行严格的检验，以满足生产、运输、销售以及用户的要求。仓储为组织检验提供了场地和条件。

3. 集散功能

仓储把生产单位的产品汇集起来，形成规模，然后根据需要分散发送到不同需求的客户。通过一集一散，衔接产需，均衡运输，提高物流速度。

4. 客户服务功能

仓储可以为顾客代储、代运、代加工、代服务，为顾客的生产、供应、销售等提供物资和信息的支持，为客户带来各种方便。

5. 防范风险功能

储备仓库和周转仓库的安全储备都是用于防范灾害、战争、偶发事件以及市场变化、随机状态而设置的保险库存，这可以防范各种风险，保障人民生命财产，保证生产和生活正常进行。

6. 物流中心功能

随着生产社会化、专业化程度的提高以及社会分工的发展，仓储除了传统的储存保管以外，还可以根据用户的需要进行运输、配送、包装、装卸搬运、流通加工以及提供各种物流信息，因此仓库往往成为储运中心、配送中心和物流中心等。

二、仓储管理的作用

商品的仓储活动是由商品生产和商品消费之间的客观矛盾所决定的。商品在生产领域向消费领域转移过程中，一般都要经过商品的仓储阶段，这主要是由商品生产和商品消费在时间上、空间上以及品种和数量等方面的不同步所引起的，也正是在这些不同步中发挥了仓储活动的重要作用。

> **小思考**：保管的食品没有丢失，说明保管任务完成了，这种说法对吗？

（一）现代仓储在经济建设中的作用

1. 现代仓储是保证社会再生产顺利进行的必要条件

现代仓储活动的意义正是由于生产与消费在空间、时间以及品种、数量等方面存在着矛盾引起的。尤其是在现代化大生产的条件下，专业化程度不断提高，社会分工越来越细，随着生产的发展，这些矛盾又势必进一步扩大。在仓储活动中不能采取简单地把商品生产和消费直接联系起来的办法，而需要对复杂的仓储活动进行精心组织，拓展各部门、各生产单位之间相互交换商品的深度和广度，使社会简单再生产和扩大再生产能在建立一定的商品资源的基础上，保证社会再生产的顺利进行。

商品的生产和消费之间有不定期的时间间隔。在绝大多数情况下，今天生产的商品不可能马上就全部卖掉，这就需要产生商品的仓储活动。有的商品是季节生产、常年消费。无论何种情况，在产品从生产过程进入消费过程中，都存在一定的时间间隔。在这段间隔时间内，形成了商品的暂时停滞。商品在流通领域中暂时的停滞过程，形成了商品的仓储。同时，商品仓储又是商品流通的必要条件，为保证商品流通过程得以不断地继续进行，就必须有商品仓储活动。没有商品的仓储活动，就没有商品流通的顺利进行，因此有商品流通也就有商品仓储活动。为了使商品更加适合消费者的需要，许多商品在最终销售以前，要进行挑选、整理、分装、组配等工作。这样便有一定量的商品停留在这段时间内，也形成商品储存。此外，在商品运输过程中，在车、船等运输工具的衔接上，由于在时间上不可能完全一致，也产生了在途商品对车站、码头周转性仓库的储存要求。

商品的仓储活动不是简单地将生产和消费直接联系起来，而是需要一个复杂的组织过程，在品种和数量上不断进行调整。只有经过一系列的调整之后，才能使遍及全国各地的零售商店能够向消费者提供品种、规格、花色齐全的商品。在流通过程中不断进行商品品种上的组合，在商品数量上不断加以集散，在地域和时间上进行合理安排。通过搞活流通，搞好仓储活动，发挥仓储活动连接生产与消费的纽带和桥梁作用，借以克服众多的相互分离又相互联系的生产者之间、生产者与消费者之间在商品生产与消费地理上的分离，衔接商品生产与消费时间上的不一致，以及调节商品生产与消费在方式上的差异。搞好仓储活动，是加快资金周转、节约流通费用、降低物流成本、提高经济效益的有效途径。

总之，商品生产和消费在空间、时间、品种、数量等各方面都存在着矛盾。这些矛盾既不能在生产领域中解决，也不可能在消费领域中得到解决，所以只能在流通领域，通过连接生产与消费的商品仓储活动加以解决。商品仓储活动在推动生产发展、满足市场供应中具有重要意义。一个国家要实现经济的高速增长，必然要进行一些大型或特大型规模的建设项目,某些物资需要集中消耗,如果靠临时生产显然是不行的,只有靠平时一定数量的物资储存才能保证大规模建设的需求。

2. 现代仓储是国家满足急需特需的保障

国家储备是一种有目的的社会储存,主要用于应付自然灾害、战争等人力不可抗拒的突发事变对物资的急需特需,否则就难以保证国家的安全和社会的稳定。

仓储活动是物质产品在社会再生产过程中必然出现的一种形态,这对整个社会再生产,对国民经济各部门、各行业的生产经营活动的顺利进行,都有着巨大的作用。然而,在仓储活动中,为了保证物资的使用价值在时空上的顺利转移,必然要消耗一定的物化劳动和活劳动,尽管这些合理费用的支出是必要的,但由于它不能创造使用价值,因而,在保证物资使用价值得到有效的保护,有利于社会再生产顺利进行的前提下,费用支出越少越好。那么,搞好物资的仓储管理,就可以加速物资的流通和资金的周转,从而节省费用支出,降低物流成本,开拓"第三利润源泉",提高社会的、企业的经济效益。

(二) 现代仓储管理在流通领域中的作用

1. 现代仓储是平衡市场供求关系、稳定物价的重要条件

在社会再生产过程中,可能有些部门发展得快些,而有些部门发展得慢些,这种发展的不平衡性会引起市场供求矛盾——价格的波动。流通储存可在供过于求时吸纳商品,增加储存;在供不应求时吐放商品,以有效地调节供求关系,缓解矛盾。这样既可保证生产的稳定性,又可防止物价的大起大落,避免生产供应的恶性循环。

2. 现代仓储是物资供销管理工作的重要组成部分

仓储活动在物资供销管理工作中有特殊的地位和重要的作用。从物资供销管理工作的全过程来看,其包括供需预测、计划分配、市场采购、订购衔接、货运组织、储存保管、维护保养、配送发料、销售发运、货款结算、用户服务等主要环节。各主要环节之间相互衔接、相互影响,关系极为密切,其中许多环节属于仓储活动,它们与属于"商流"活动的其他环节相比,所消耗和占用的人力、物力、财力多,受自然的、社会的各种因素影响大,组织管理工作有很强的经济性,既涉及政治经济学、物理、化学、机械、建筑、气象等方面的知识,又涉及物资流通的专业知识和专业技能,它与物资经济管理专业的其他课程,例如产品学、物资经济学、物资计划与供销管理、物资统计学、会计学等都有直接的密切联系。因此,仓储活动直接影响物资管理工作的质量,也直接关系物资从实物形态上一直到确定分配供销的经济关系的实现。

小思考:仓储管理是商品增值的活动,同时又是增加费用的活动,这种说法对吗?

3. 现代仓储是保持原有使用价值的重要手段

任何一种物资,当它生产出来以后至消费之前,由于其本身的性质、所处的条件以及自然的、社会的、经济的、技术的因素,都可能使物资使用价值在数量上减少、质量上降低,如果不创造必要的条件,就不可避免地使物资造成损害。因此,必须进行科学管理,加强对物资的养护,搞好仓储活动,以保护好处于暂时停滞状态的物资的使用价值;同时,在物资仓储过程中,努力做到流向合理,加快物资流转速度,注意物资的合理分配,合理供料,不断提高工作效率,使有限的物资能及时发挥最大的效用。

（三）现代仓储管理在企业经营中的作用

社会再生产过程是连续生产和流通的统一。生产企业中的生产储存是物资作为生产过程的准备条件，只有一定量的生产性储存，才能保证不间断的均衡生产。

仓储存在于企业经营过程的各个环节中，也就是说，在采购、生产、销售的不断循环过程中，仓储使各个环节相对独立的经济活动成为可能。同时仓储可以调节各个环节之间由于供求品种及数量的不一致而发生的变化，使采购、生产和销售等企业经营的各个环节连接起来，起到润滑剂的作用。对于仓储在企业中的角色，不同的部门存在不同的看法。库存管理部门力图保持最低的库存水平以减少资金占用，节约成本。销售部门愿意维持较高的库存水平并尽可能备齐各种商品，避免发生缺货现象，以提高顾客满意度。采购部门为了降低单位购买价格，往往会增加库存水平。制造部门愿意对同一产品进行长时间的大量生产，这样可以降低单位产品的固定费用，然而这样又往往会增加库存水平。总之，库存管理部门和其他部门的目标存在冲突，为了实现最佳库存管理，需要协调和整合各个部门的活动，使每个部门不仅以有效实现本部门的功能为目标，更要以实现企业的整体效益为目标。

高的顾客满意度和低的库存投资似乎是一对相冲突的目标，过去认为这对目标不可能同时实现。现在，通过应用创新的现代物流管理技术，同时伴随改进企业内部管理和强化部门协调，企业可同时实现这一对目标。

储存是物资的一种停滞状态，在某种意义上是价值的一种"损失"，但作为社会再生产中必然的经济现象和物流业务的主要活动，对于促进国民经济的发展和物流的顺利进行具有重要的作用，这种"付出的代价"不仅是必要的，而且具有重要的意义。

三、仓储管理的业务范围

仓储的物资储藏的基本功能决定了仓储的基本任务是存储保管、存期控制、数量管理、质量维护；同时，利用物资在仓储的存放，开发和开展多种服务是提高仓储附加值、促进物资流通、提高社会资源效益的有效手段，因而也是仓储的重要任务。

（一）仓储的基本业务

1. 物资存储

存储是指在特定的场所，将物品收存并进行妥善的保管，确保被存储的物品不受损害。存储是仓储的最基本任务，是仓储产生的根本原因。因为有了产品剩余，需要将剩余产品收存，就形成了仓储。存储的对象必须是有价值的产品，存储要在特定的场地进行，存储必须将存储物移到存储地进行；存储的目的是确保存储物的价值不受损害，保管人有绝对的义务妥善保管好存储物；存储物始终属于存货人所有，存货人有权控制存储物。

物资的存储有可能是长期的存储，也可能只是短时间的周转存储。进行物资存储既是仓储活动的特征，也是仓储的最基本的任务。

2. 流通控制

流通调控仓储的时间既可以长期进行，也可以短期开展，存期的控制自然就形成了对流通的控制；或者反言之，由于流通中的需要，决定了商品是储存还是流通，这也就是仓储的"蓄水池"功能，当交易不利时，将商品储存，等待有利的交易机会。流通控制的任务就是对物资是仓储还是流通做出安排，确定储存时机、计划存放时间，当然还包括储存地点的选择。

3. 数量管理

仓储的数量管理包括两个方面：一方面为存货人交付保管的仓储物的数量和提取仓储物的数量必须一致；另一方面为保管人可以按照存货人的要求分批收货和分批出货，对储存的货物进行数量控制。

4. 质量管理

根据收货时的仓储物的质量交还仓储物是保管人的基本义务。为了保证仓储物的质量不发生变化，保管人需要采取先进的技术、合理的保管措施，妥善和勤勉地保管仓储物。仓储物发生危险时，保管人不仅要及时通知存货人，还要及时采取有效的措施减少损失。

（二）仓储的新业务

1. 交易中介

仓储经营人利用大量存放在仓库的有形资产，利用与物资使用部门广泛的业务联系，开展现货交易中介具有较为便利的条件，同时也有利于加速仓储物的周转和吸引仓储。仓储经营人利用仓储物开展物资交易不仅会给仓储经营人带来收益，还能充分利用社会资源，加快社会资金周转，减少资金沉淀。交易功能的开发是仓储经营发展的重要方向。

2. 流通加工

加工本是生产的环节，但是随着满足消费的多样化、个性化，变化快的产品生产的发展，又为了严格控制物流成本的需要，生产企业将产品的定型、分装、组装、装潢等工序留到最接近销售的仓储环节进行，使得仓储成为流通加工的重要环节。

3. 配送

设置在生产和消费集中地区附近的从事生产原材料、零部件或商品的仓储，对生产车间和销售点的配送成为基本的业务，根据生产的进度和销售的需要，由仓库不间断地、小批量地将仓储物送到生产线和零售商店或收货人手中。仓储配送业务的发展，有利于生产企业降低存货，减少固定资金投入，实现准时制生产；商店减少存货，降低流动资金使用量，且能保证销售。

4. 配载

大多数运输转换仓储都具有配载的任务。货物在仓库集中集货，按照运输的方向进行分类仓储，当运输工具到达时出库装运。而在配送中心就是在不断地对运输车辆进行配载，确保配送的及时进行和运输工具的充分利用。

任务二　仓储管理与控制

仓储虽然能够创造时间效用，促进物流效率的提高，但它也会耗费大量的人力、物力和财力，尤其仓储中的"库存"是企业的"心病"，如果不能进行有效的管理和控制，势必冲减物流系统效益、恶化物流系统运行。

库存的成本和费用支出主要表现在以下几个方面：第一，库存会引起仓库建设、仓库管理、仓库工作人员工资和福利等费用，使得开支增加。第二，储存物资占用资金所付的利息，以及这部分资金如果用于另外项目的机会成本都是很大的。第三，陈旧损坏与跌价损失。物资在库存期间可能发生各种物理、化学、生物、机械等损失，严重者会失去全部价值和使用价值。另外还有可能发生因技术进步而引起的无形折旧和跌价损失。第四，产生进货、验收、保管、发货、搬运等工作费用和储存物保险费支出。

库存管理的任务，就是通过科学的决策，使库存既满足生产或流通的需要，又使总库存成本最低。其具体功能主要表现在以下四个方面：第一，在保证企业生产、经营需求的前提下，使库存量经常保持在合理的水平上；第二，掌握库存量动态，适时、适量提出订货，避免超储或缺货；第三，减少库存空间占用，降低库存总费用；第四，控制库存资金占用，加速资金周转。

一、ABC 分类管理法

ABC 分类管理法又叫 ABC 分析法、ABC 库存控制技术，它源自帕累托（Pareto）1897 年对社会财富分配的研究，后由美国通用电气公司的董事长迪基运用于库存管理。它是以某类库存物品品种数占总的物品品种数的百分比和该类物品金额占库存物品总金额的百分比大小为标准，将库存物品分为 A、B、C 三类，进行分级管理。ABC 分类管理法简单易行，效果显著，在现代库存管理中已被广泛应用。

（一）ABC 分类管理法的原理

仓库保管的货物品种繁多，有些物品的价值较高，对企业的发展影响较大，或者对保管的要求较高；而多数被保管的货物价值较低，要求不是很高。如果我们对所有的货物采取相同的管理方法，则可能投入的人力、资金很多，而效果事倍功半。在管理中突出重点，做到事半功倍，这是应用 ABC 分析方法的目的。

80/20 法则原则是 ABC 分类的指导思想，所谓 80/20 法则，简单地说，就是 20%的因素带来了 80%的结果。如 20%的客户提供 80%的订单，20%的产品赢得了 80%的利润，20%的员工创造了 80%的财富。当然，这里的 20%和 80%并不是绝对的，还可能是 25%和 75%，等等，总之，80/20 法则原则作为统计规律，是指少量的因素带来了大量的结果。它告诉人们，不同的因素在同一活动中起着不同的作用，在资源有限的情况下，注意力显然应该放在起着关键性作用的因素上。ABC 分类法正是在这种原则的指导下，企图对库存物品进行分类，以找出占用大量资金的少数库存货物，并加强对它们的控制与管理，对那些占用少量资金的大多数货物，则实行较简单的控制与管理。

一般地，人们将价值比率为 65%～80%、数量比率为 15%～20%的物品划为 A 类；将价值比率为 15%～20%、数量比率为 30%～40%的物品划为 B 类；将价值比率为 5%～15%、数量比率为 40%～55%的物品划为 C 类。

小思考：请指出 ABC 分类管理法在客户管理中的应用。

（二）ABC 分类管理法的步骤

采用 ABC 分类管理法可以按照下列步骤进行。

（1）分析本仓库所存货物的特征。这包括货物的价值、重要性以及保管要求上的差异等。

（2）收集有关的货物存储资料。这包括各种货物的库存量、出库量和结存量。前两项应收集半年到一年的资料，后一项应收集盘点或分析时的最新资料。

（3）资料的整理和排序。将所收集的货物资料按价值（或重要性、保管难度等）进行排序。当货物品种较少时，以每一种库存货物为单元统计货物的价值，当种类较多时，可将库存货物采用按价值大小逐步递增的方法分类，分别计算出各范围内所包含的库存数量和价值。

（4）上面计算出的资料整理成表格形式，求出累计百分数。

（5）根据表中的统计数据绘制 ABC 分析图。再根据价值和数量比率的划分标准，可确定货物对应的种类。

（三）ABC 三类物品的管理

根据 ABC 分析图，对不同等级的货物采用不同的管理方法，如表 4-1 所示。

表 4-1　ABC 分类管理表

项　目	A 类库存	B 类库存	C 类库存
控制程度	严格控制	一般控制	简单控制
库存量计算	依库存模型详细计算	一般计算	简单计算或不计算
进出记录	详细记录	一般记录	简单记录
存货检查频度	密集	一般	很低
安全库存量	低	较大	大量

二、独立需求下的库存控制模型

常见的独立需求库存控制模型，根据其主要的参数，如需求量与提前期是否为确定，分为确定型库存模型和随机型库存模型。

（一）确定型库存模型

简单的经济订货批量法 EOQ（Economic Order Quantity）是最常用的，也是最经典的确定型库存模型。

1. 基本假设

（1）产品需求是确定的，且在整个期间保持不变。

（2）所有对产品的需求都能满足，没有缺货。

（3）提前期是固定的。

（4）单位产品的价格是固定的。

（5）存储成本以平均库存为计算依据。

（6）订购或生产准备成本固定。

（7）产品项目是单一品种。

2. 公式的推导

首先，建立年总库存成本的数学模型。经济批量模型就是通过平衡采购进货成本和保管仓储成本，确定一个最佳的订货数量来实现年总库存成本最低的方法。

年总库存成本 = 年采购成本 + 年订货成本 + 年仓储成本，即

$$TC = PC + HC$$

$$TC = DC + \frac{D}{Q}S + \frac{Q}{2}H$$

式中：TC ——年总库存成本；

PC ——年采购进货成本；

HC ——年保管仓储成本；

D ——年需求量；

C ——单位产品购买价格；

Q^* ——订购批量；

S ——每次订货的成本；

H ——单位产品的年保管仓储成

其次，确定订购批量 Q^*，以使总库存成本最小。

$$Q^* = \sqrt{\frac{2DS}{H}}$$

$$TC = DC + \sqrt{2DSH}$$

则每年订货次数 N 和订货间隔期间 T 分别为

$$N = \frac{D}{Q^*}$$

$$T = \frac{365}{N}$$

3. 例题

甲公司是生产某机械器具的制造企业，依 365 计划每年需采购 A 零件 10 000 个。A 零件的单位购买价格是 16 元，每次订货成本是 100 元，每个 A 零件每年的保管仓储成本是 8 元。求 A 零件的经济批量、每年的总库存成本、每年的订货次数和每次订货的间隔期间。

解：经济批量 $Q^* = \sqrt{\frac{2DS}{H}} = \sqrt{2 \times 10\,000 \times 100 / 8} = 500$（个）

每年的总库存成本 $TC = DC + \sqrt{2DSH} = 10\,000 \times 16 + \sqrt{2 \times 10\,000 \times 100 \times 8}$
$= 164\,000$（元/年）

每年的订货次数 $N = \frac{D}{Q^*} = 10\,000/500 = 20$（次/年）

每次订货之间的间隔时间 $T = \frac{365}{N} = 365/20 = 18.25$（天）

（二）随机型库存模型

随机型库存模型要解决的问题是：确定经济订货批量或经济订货期；确定安全库存量；确定订货点和订货后最大库存量。随机需求下的库存控制有连续检查和定期检查两种基本控制策略，这两种控制策略通常称为定量订货技术和定期订货技术，统称为订货点技术。

1. 定量订货技术

所谓定量订货技术，是指预先确定一个订货点和订货批量，随时监控货物库存，当库存下降到订货点时，就发出订货单进行订货的控制技术。

（1）订货点的确定。在定量订货技术中，订货点以库存水平作为参考点，当库存下降到某个库存水平时就发出订货。因此，将发出订货时的库存量水平叫作订货点。

显然订货点不能取得太高，如果太高，库存量过大，占用资金，导致库存费用上升，成本过高；同样订货点也不能取得过低，如果过低，则可能导致缺货损失。

（2）订货批量的确定。所谓订货批量，是指一次订货的数量。订货批量的高低，不仅直接影响库存量的高低，而且直接影响货物供应的满足程度。订货批量过大，虽然可以充分满足用户需要，但将使库存量升高，成本增加；订货批量太小，虽然可以降低库存量，但难以确保满足用户需要。所以，订货批量要适度。

如前所述，不同的模型中，考虑的库存费用种类不一样，所以订货批量的大小也不一样。如在不允许缺货、瞬时到货的模型中的经济订货批量可以表示为

$$Q^* = \sqrt{\frac{2RC_0}{C_1}}$$

这里 Q^* 取决于单次订货费用 C_0、单位货物单位时间的保管费用 C_1 以及单位时间内的需求量 R。在随机型库存模型中，订货批量也可以采用这个公式计算。

（3）订货的实施。定量订货的实施步骤具体如下。

① 确定订货点和订货批量。
② 库存管理人员或销售人员每天检查库存。
③ 当库存量下降到订货点时，发出订货单。订货量取一个经济订货批量。

并非任何情况下都可以运用定量订货技术，其应用的前提条件有以下几项。

① 只适用订货不受限制的情况。即什么时候想订货就能订到货，想到哪里订就到哪里订到货。
② 只适用于单一品种的情况。如果要实行几个品种联合订货，则要进行灵活处理。
③ 不但适用于确定型需求，也适用于随机型需求。对于不同需求的类型，可以导出具体的运用形式，但原理相同。
④ 它一般多用于品种多而价值低廉的物质，实行固定批量订货。

2. 定期订货技术

定量订货技术是从数量上控制库存量，虽然操作简单，但是需要每天检查库存量，费时费力。在仓库大、品种多的情况下，工作量很大。定期订货技术能够比较好地解决这个问题。

定期订货技术是从时间上控制订货周期，从而达到控制库存量的目的。只要订货周期控制得当，既可以不造成缺货，又可以控制最高库存量，达到节省库存费用的目的。

定期订货的优点在于，可以不必每天检查库存，只是到了订货周期规定要订货的时间，才检查库存量，发出订货，其余时间不必检查库存。这就大大减轻了人员的工作量，又不影响工作效果和经济效益。

相关链接

准时制生产——JIT 库存控制技术

JIT 是由日本的丰田汽车公司在 20 世纪 60 年代后期成功地应用而使之成为闻名世界的先进管理体系。这种方式在丰田公司渡过第一次能源危机中起到了突出的作用，后引起其他国家生产企业的重视，并逐渐在欧洲和美国的日资企业及当地企业中推行开来。近年来，JIT 不仅作为一种生产方式，也作为一种物流模式在欧美物流界得到推行。

日本的制造行业已经广泛地采用不同程度的 JIT 管理体系。美国已有约 40%以上的工业企业使用该方法，澳大利亚前 450 家最大的制造商中 39%吸取 JIT 的管理方式，并且使存货资金占总资产的比率大幅度下降。

（资料来源：王国文，赵海然. 供应链管理[M]. 北京：企业管理出版社，2015. 经作者整理）

三、定期订购控制法

所谓定期订购控制法，是指按预先确定的订货间隔期按期订购商品，以补充库存的一种库存控制方法。

一般仓库可以根据库存管理目标或历年的库存管理经验，预先确定一个订货间隔周期，每经过一个订货间隔周期就进行订货。每次订货的数量应视实际情况而定，可以不相同。

（一）定期订购控制法中订货量的确定方法

订货量=最高库存量-现有库存量-订货未到量+顾客延迟购买量

定期订购控制法适用于品种数量少、平均占用资金额大的 A 类库存商品。定期订购控制法的优点是：因为订货间隔期确定后，多种货物可以同时采购，这样既可以降低订单处理成本，而且还可以降低运输成本。这种库存控制方式，需要经常地检查库存和盘点，这样便能及时了解库存的情况。

（二）定量订购库存控制法与定期订购库存控制法的区别

1. 提出订购请求时点的标准不同

定量订购库存控制法提出订购请求的时点标准是，当库存量下降到预定的订货点时，即提出订购请求；而定期订购库存控制法提出订购请求的时点标准则是，按预先规定的订货间隔周期，到了该订货的时点即提出请求订购。

2. 请求订购的货物批量不同

定量订购库存控制法每次请购货物的批量相同，都是事先确定的经济批量；而定期订购库存控制法每到规定的请求订购期，订购的货物批量都不相同，可根据库存的实际情况计算后确定。

3. 库存货物管理控制的程度不同

定期订购库存控制法要求仓库作业人员对库存货物进行严格的控制、精心的管理，需要经常检查、详细记录、认真盘点；而用定量订购库存控制法时，对库存货物只要求进行一般的管理，简单的记录，不需要经常检查和盘点。

4. 适用的货物范围不同

定期订购库存控制法适用于品种数量少、平均占用资金大、需重点管理的 A 类货物；而定量订购库存控制法适用于品种数量大、平均占用资金少、只需一般管理的 B 类、C 类货物。

任务三　仓储合理化

仓储合理化即以最小的投入获取最大的仓储收益，保证各项仓储功能的实现。

一、仓储合理化的评判标准

（一）仓储质量

保证被储存物的质量，是完成储存功能的根本要求，只有这样商品的使用价值才能通过物流之后得以最终实现。在储存中增加了多少时间价值或是得到了多少利润，都是以保证质量为前提的。所以，评判仓储合理化的主要标准中，放在首位的应当是反映使用价值的被储存物质量的保证。

（二）仓储数量

因为考虑到能源消耗、人力成本以及物流过程对仓储的要求，仓储系统的仓储数量应有一个合理的控制范围。仓储数量过大虽有利于增强保证供应、保证生产和保证消费的能力，但随着仓储数量的进一步增加，其边际效用逐步递减，而同时各种仓储成本和费用支出却大幅度增加。仓储数量减少虽有利于降低仓储成本，但必须有一个最低限度，否则会影响仓储各种功能的有效发挥。

（三）储存时间

物品在仓储系统中的储存时间反映了物品的周转速度，不但是衡量仓储合理化与否的重要标准，而且对于评估整个物流系统也有重要意义。储存时间延长虽有利于获得时间效用，但同时也会导致有形和无形的耗损、贬值、跌价等增加。对于绝大多数物品而言，储存时间不宜过长。在具体衡量时往往用周转速度指标来反映时间标志，如周转天数、周转次数等。在总时间一定的前提下，个别被储存物的储存时间也能反映合理程度。如果少量被储存物长期储存或成了呆滞物，虽反映不到宏观周转指标中去，也标志着仓储存在不合理。

小思考：白酒储存时间越长越好，这种说法对吗？

（四）储存结构

储存结构是评判仓储系统在整个物流过程中的调整、缓冲能力的重要标准。它是从被储存物不同品种、不同规格、不同花色的储存数量的比例关系的角度对储存合理性的判断。被储存物在品种、规格、花色等方面若存在此长彼短或此多彼少的失调现象，则会严重影响仓储的合理化。尤其是相关性很强的各种物资之间的比例关系更能反映储存合理与否。由于这些物资之间相关性很强，只要有一种物资出现耗尽，即使其他种物资仍有一定数量，也会无法投入使用。

（五）仓储费用

仓储合理化与否的评判，从经济的角度最终都要归结到仓储的成本和费用上来。通过对仓储投入产出比的分析，特别是对仓租费、维护费、保管费、损失费、资金占用利息支出等投入的分析，能从经济效益上判断仓储的合理与否。

二、仓储合理化的原则

在仓储合理化过程中，一般应遵循以下原则。

1. 快进

货物到达指定地点（车站、港口等）时，要以最快的速度完成货物的接运、验收和入库作业活动。

2. 快出

货物出库时，要及时迅速地完成备料、复核和出库等作业活动。

3. 储存多

根据货物储存的实际需要，合理规划库存设施，最有效地利用储存面积和空间，提高单位面（容）积的储存量。

4. 保管好

根据货物的性质和储存要求，合理安排储存场所，采取科学的保管方法，保证货物的质量和数量。

5. 损耗小

尽量避免和减少储存物品的自然损耗和因工作失误造成的人为损耗。

6. 费用省

在不影响仓储管理水平的前提下，减少投入，以最低的成本取得最好的经济效益。

7. 保安全

全力保证仓储设施设备、人员和货物的安全。

三、仓储合理化的实施

（一）对仓储进行合理规划设计

1. 合理选择仓储方式

企业仓储功能的实现，可以选择通过自建仓库仓储、租赁公共仓库仓储或合同制仓储来完成。企业必须根据自身实际、商品特征和市场需求等，以经济、高效为原则，进行合理选择。

2. 正确选择仓库地址

仓库的选址对商品流转速度和物流成本产生直接的影响，并关系企业的物流客户服务水平和质量，最终影响企业销售量及利润。一般而言，客户密集分布、交通与装运条件方便、适宜的自然地理条件等得到满足的地方，就是合适的仓库选址。此外，选择库址时还应该考虑建筑成本和仓库的发展需要，尽可能节省投资，并留有仓库扩展所需的空间。

3. 合理建设库区

要根据库区场地条件、库区的业务性质和规模、储存物品的特征，以及仓储技术条件等因素，对仓库的主要建筑物、辅助建筑物、构筑物、货场、站台等固定设施和库内运输路线等进行合理配置和建设，从而最大限度地提高仓库储存能力和作业能力，降低各项仓储费用，最有效地发挥仓库在物流过程中的作用。库区建设要符合仓库作业的需要，有利于组织仓储作业活动，方便物品的入库、保管和出库；要便于安装和使用仓库设施和机械设备，防止重复搬运、迂回运输；要有利于充分利用仓库空间，减少用地，并结合考虑仓库当前需要和长远规划；要保证仓库安全，安全设施应符合安全保卫和消防工作的要求。

相关链接

实现储存合理化的措施

1. 对被储存物品进行 ABC 分析，实施重点管理

ABC 分析是实施储存合理化的基础分析，在此基础上可以进一步解决各类的结构关系、储存量、重点管理、技术措施等合理化问题。有人说库存管理就是 ABC 管理，ABC 管理如能充分发挥其效果，可以说库存管理的问题就已解决了一半。在 ABC 分析的基础上实施重点管理，分别决定各种物资的合理库存储备数量及经济地保有合理储备的办法。

2. 适度集中储存，实现规模经济

所谓适度集中储存，是指利用储存规模优势，以适度集中储存代替分散的小规模储存来实现合理化。集中储存是面对两个制约因素，在一定范围内取得优势的办法。一是储存费；二是运输费。过分分散，每一处的储存保证的对象有限，相互难以调度调剂，则需分别按其保证对象要求确定库存量。而集中储存易于调度调剂，集中储存总量可大大低于分散储存的总量。过分集中储存，储存点与用户之间的距离拉长，储存总量虽降低，但运输距离拉长，运费支出加大，在途时间长，又迫使周转储备增加。所以，适度集中的含义是主要在这两方面取得最优集中程度。

3. 加速周转，实现仓储时间合理化

仓储合理化的一个重要方面是将静态储存变为动态储存，周转速度一快，会带来一系列的合理化好处：资金周转快、资本效益高、货损小、仓库吞吐能力增强、成本下降等。具体做法诸如采用单元集装存储，建立快速分拣系统，都有利于实现快进快出，大进大出，加快周转速度。

采用有效的"先进先出"方式，也有利于保证每个被储存物的储存期不至于过长，从

而减少总周转时间。有效的"先进先出"方式主要包括以下几个方面。

（1）贯通式货架系统。利用货架的每层，形成贯通的通道，从一端存入物品，从另一端取出物品，物品在通道中自行按先后顺序排队，不会出现越位等现象。贯通式货架系统能非常有效地保证"先进先出"。

（2）"双仓法"储存。给每种被储存物都准备两个仓位或货位，轮换进行存取，再配以必须在一个货位中取光才可补充的规定，则可以保证实现"先进先出"。

（3）计算机存取系统。采用计算机管理，在存时向计算机输入时间记录，编入一个简单的按时间顺序输出的程序，取货时计算机就能按时间给予指示，以保证"先进先出"。这种计算机存取系统还能将"先进先出"保证不做超长时间的储存和快进快出结合起来，即在保证一定"先进先出"的前提下，将周转快的物资随机存放在便于储存之处，以加快周转，提高仓储效率。

4．提高储存密度，有效利用仓容

提高储存密度的主要目的是减少储存设施的投资，提高单位存储面（容）积的利用率，以降低成本、减少土地占用。这有以下三类方法。

（1）采取高垛的方法，增加储存的高度。例如，采用高层货架仓库、采用集装箱等都可比一般堆存方法大大增加储存高度。

（2）缩小库内通道宽度以增加储存有效面积，可以采用窄巷道式通道，配以轨道式装卸车辆，以减少车辆运行宽度要求，采用侧叉车、推拉式叉车，也能够减少叉车转弯所需的宽度。

（3）减少库内通道数量以增加储存有效面积。具体办法有采用密集型货架，采用可进车的可卸式货架，采用各种贯通式货架，采用不依靠通道的桥式吊车装卸技术，等等。

5．采用有效的储存定位系统

储存定位的含义是被储存物位置的确定。如果定位系统有效，则能大大节约寻找、存放、取出的时间，节约不少物化劳动及活劳动，而且能防止差错，便于清点及实行订货点等管理方式。储存定位系统可采取先进的计算机管理方式，也可采取一般人工管理方式，行之有效的方式主要有以下几种。

（1）"四号定位"方式。用一组四位数字来确定存取位置的定位方法，是我国手工管理中采用的科学方法。这四个号码是：库房号、货架号、层次号和货位号，提货时按四位数字的指示，很容易将货物拣选出来。这种定位方式可对仓库存货区事先做出规划，并能很快地存取货物，有利于提高速度，减少差错。

（2）电子计算机定位系统。利用计算机储存容量大、检索迅速的优势，在入库时，将存放货位输入计算机，出库时向计算机发出指令，并按计算机的指示人工或自动寻址，找到存放货位，拣选取货的方式。它一般采取自由货位方式，即计算机指示入库货物存放在就近易于存取之处，或根据入库货物的存放时间和特点，指示合适的货位，取货时可就近就便。这种方式可以充分利用每一个货位，而不需专位待货，有利于提高仓库的储存能力。

6. 采用有效的监测清点方式

对储存物资数量和质量的监测不但是掌握基本情况的必须，也是科学库存控制的必须。在实际工作中稍有差错，就会使账物不符，所以，必须及时且准确地掌握实际储存情况，经常与账卡核对，这无论是人工管理还是计算机管理都是必不可少的。监测清点的有效方式主要有以下几种。

（1）"五五化"堆码。这是我国手工管理中采用的一种科学方法。储存物资堆垛时，以"五"为基本计数单位，堆成总量为"五"的倍数的垛形，如梅花五、重叠五等，堆码后，有经验者可过目成数，大大加快了人工点数的速度，且能减少差错。

（2）光电识别系统。在货位上设置光电识别装置，该装置对被储存物扫描，并将准确数目自动显示出来。这种方式不需人工清点就能准确掌握库存的实有数量。

（3）电子计算机监控系统。用计算机指示存取，可以防止人工存取所导致的差错。如果在被储存物上采用条码认寻技术，使识别计数和计算机联结，每存、取一件物品时，识别装置自动将条码识别并将其输入计算机，计算机会自动做出存取记录。这样只需通过计算机查询，就可了解所存物品的准确情况。

7. 采用现代储存保养技术

（1）气幕隔潮。在潮湿地区或雨季，一般库门、门帘等设施隔绝潮湿空气效果不理想。采用气幕隔潮技术，在库门上方安装鼓风设施，使之在门口处形成一道气流，由于这道气流有较高的压力和流速，在门口便形成了一道气墙，可有效阻止库内外空气交换，防止湿气侵入。

（2）气调储存。调节和改变储存环境的空气成分，抑制被储存物品的化学变化和生物变化，抑制害虫生存及微生物活动，从而达到保持被储存物质量的目的。气调方法对于有新陈代谢作用的水果、蔬菜、粮食等物品的长期保质、保鲜储存有很有效的作用。

（3）塑胶薄膜封闭。塑胶薄膜虽不能完全隔绝气体，但能隔水隔潮，用塑胶薄膜封垛、封袋、封箱，可阻缓内外空气交换，完全隔绝水分，从而有效地造就封闭、稳定的小环境。

8. 采用集装箱、集装袋、托盘等储运装备一体化的方式

集装箱等集装设施的出现，也给储存带来了新观念，集装箱本身便是一栋仓库，不再需要传统意义上的库房，在物流过程中，也就省去了入库、验收、清点、堆垛、保管、出库等一系列作业，因而对改变传统仓储作业有很重要的意义，是仓储合理化的一种有效方式。

9. 采用虚拟仓库和虚拟库存

在网络经济时代，利用信息技术和网络技术实现虚拟库存，可以防止实际库存带来的一切弊端，以更经济、有效的方式实现仓储的各项功能，优化整个物流系统。

（资料来源：郭晖. 采购实务[M]. 北京：中国物资出版社，2006. 经作者整理）

任务四 盘点作业

在物流中心运行过程中，商品在库房中因不断地搬动和进出库，其库存账面数量容易与实际数量产生不符的现象。有些物品因存放时间过久、储存措施不恰当而变质、丢失等，造成损失。为了有效地掌握货品在库数量，需对在库货品的数量进行清点，即盘点作业。商品盘点是保证储存货物达到账、货、卡完全相符的重要措施之一。仓库的盘点能够确保货品在库数量的真实性及各种货品的完整性。

一、盘点作业的目的

1. 确认实际的库存数量

通过盘点可以查清实际库存数量，并确认库存货品实际数量与库存账面数量的差异。账面库存数量与实际库存数量不符的主要原因通常是收发作业中产生的误差，如记录库存数量时多记、误记、漏记；作业中导致的商品损坏、遗失；验收与出库时清点有误；盘点时误盘、重盘、漏盘等。如发现盘点的实际库存数量与账面库存数量不符时，应及时查清问题和原因，并做出适当的处理。

2. 查清库房账面损益

库存商品的总金额直接反映企业库存资产的使用情况，库存量过高，将增加企业的库存成本。通过库房盘点，可以定期核查企业库存情况，从而提出改进库存管理的措施。

3. 发现库房管理存在的问题

通过盘点查明盈亏的原因，可发现作业或管理中存在的问题，并通过解决问题来改善作业流程和作业方式。

二、盘点作业的内容

1. 查数量

通过盘点查明库存商品的实际数量，核对库存账面数量与实际库存数量是否一致。这是盘点的主要内容。

2. 查质量

检查库存商品的质量是盘点的另一项主要内容，主要检查在库商品的包装是否完好及是否超过有效期和保质期，是否有长期积压等现象，必要时要对商品进行技术检验。

3. 查保管条件

检查保管条件是否与商品要求的保存条件相符合，这是保证在库商品使用价值的一个基本条件。如堆码是否合理、稳固，库内温度、湿度是否符合要求，各类计量器具是否准确等。

三、盘点作业的步骤与流程

（一）盘点前的准备工作

盘点前的准备工作是否充分，直接关系盘点作业能否顺利进行，甚至关系盘点是否成功。盘点的基本要求是必须做到快速、准确。为了达到这一要求，盘点前的准备工作主要包括以下内容。

（1）确定盘点的具体方法和作业程序。

（2）配合财务会计做好准备。

（3）盘点、复盘、监盘人员必须经过训练。

（4）经过训练的人员必须熟悉盘点用的表单。

（5）盘点用的表格必须事先印刷完成。

（6）库存资料必须确实结清。

（二）盘点时间的决定

一般性货品就货账相符的目标而言，盘点次数越多越好，但因每次实施盘点必须投入人力、物力、财力，这些成本耗资很大，故也很难经常为之。事实上，导致盘点误差的主因是在于出入库的过程，可能是因出入库作业传票的输入、检查点数的错误，或是出入库搬运造成的损失，因此一旦出入库作业次数多时，误差也会随之增加。所以，以一般生产厂而言，因其货品流动速度不快，半年至一年实施一次盘点即可。但因物流中心货品流动速度不快，我们既要防止过久盘点对公司造成的损失，又碍于可用资源的限制，因而最好能视物流中心各商品的性质制定不同的盘点时间，例如，对于A、B、C等级的商品，我们建议：

（1）A类主要货品，每天或每周盘点一次。

（2）B类货品，每两三周盘点一次。

（3）C类较不重要货品，每月盘点一次即可。

另外，必须注意每次盘点持续的时间应尽可能短，全面盘点以2～6天内完成为好，盘点的日期一般选择在：① 财务结算前夕。通过盘点计算损益，以查清财务状况。② 淡季。因淡季储货较少，业务不太频繁，盘点较为容易，投入资源较少，且人力调动也较为方便。

（三）确定盘点方法

因盘点场合、要求的不同，盘点的方法亦有差异，为了应对不同状况的产生，盘点方法的决定必须明确以使盘点时不致混乱。

盘点分为账面盘点和现货盘点两种。账面盘点又称为"永续盘点"，就是把每天出入库商品的数量及单价记录在计算机或账簿的"存货账卡"上，并连续地计算汇总出账面上的库存结余数量及库存金额；现货盘点又称为"实地盘点"或"实盘"，也就是实际去库内查清数量，再依商品单价计算出实际库存金额的方法。

1. 账面盘点法

账面盘点法是将每一种商品分别设立"存货账卡"，然后将每一种商品的出入库数量及有关信息记录在账面上，逐笔汇总出账面库存结余数，这样随时可以从计算机或账册上查悉商品的出入库信息及库存结余量。

2. 现货盘点法

现货盘点法按时间频率的不同又可分为期末盘点和循环盘点。期末盘点是指在会计计算期期末统一清点所有商品的方法；循环盘点是指在每天、每周清点一部分商品，一个循环周期将每种商品至少清点一次的方法。

（1）期末盘点法。由于期末盘点是将所有商品一次盘点完，因此工作量大、要求严格。通常采取分区、分组的方式进行，其目的是明确责任，防止重复盘点和漏盘。分区就是将整个储存区域划分成一个个的责任区，不同的区由专门的小组负责盘点。因此，一个小组通常至少需要三个人：一人负责清点数量并填写盘点单；另一人复查数量并登记复查结果；第三人负责核对前两次盘点数量是否一致，对不一致的结果进行检查。待所有盘点结束后，再与电子计算机或账面上反映的数量核对。

（2）循环盘点法。循环盘点通常是对价值高或重要的商品进行盘点的一种方法。因为这些商品属于重要物品，对库存条件的要求比较高，一旦出现差错，不但会大大影响仓库的经济效益，而且会有损企业的形象。因此，在储存管理过程中，要对物品按其重要程度进行科学的分类，对重要的物品进行重点管理，加强盘点，防止出现差错。由于循环盘点只对少量商品盘点，所以通常只需保管人员自行对库存资料进行盘点即可，发现问题应及时处理。

目前，国内多数配送中心都使用计算机来处理库存账务，当账面库存数与实际库存数发生差异时，很难断定是记账有误还是实地盘点出现错误，所以，可以采取账面盘点与现货盘点相结合的方法进行盘点。

（四）盘点人员组训

为使盘点工作得以顺利进行，盘点时必须增添人员协助进行，至于由各部门增援的人员必须组织化并且施以短期训练，使每位参与盘点的人员能适当发挥其功能，而人员的组训必须分为以下两部分。

（1）针对所有人员进行盘点方法训练。其中对盘点的程序、表格的填写必须充分了解，工作才能得心应手。

（2）针对复盘与监盘人员进行认识货品训练。因为复盘与监盘人员对货品大多数并不熟悉，故而应加强货品的认识，以利于盘点工作的进行。

（五）储存场所清理

（1）在盘点前，对厂商交来的物料必须明确其所有数，如已验收完成属本中心，应即时整理归库，若尚未完成验收程序属厂商，应划分清楚避免混淆。

（2）盘点场所在关闭前应提前通知，将需要出库的商品提前做好准备。

（3）储存场所整理整顿完成，以便于计数盘点。

（4）预先鉴定呆料、废品、不良品，以便于盘点时鉴定。

（5）账卡、单据、资料均应整理以加以结清。

（6）储存场所的管理人员在盘点前应自行预盘，以便于提早发现问题并加以预防。

（六）盘点工作

盘点时，因工作单调琐碎，人员较难以持之以恒，为确保盘点的正确性，除了人员组训时加强宣传外，在工作进行期间应加强指导与监督。

（七）差异因素追查

当盘点结束后，发现所得数据与账簿资料不符时，应追查差异的主因，其着手的方向有以下几个。

(1) 是否因记账员素质不足，致使货品数目无法表达。
(2) 是否因料账处理制度的缺点，导致货品数目无法表达。
(3) 是否因盘点制度的缺点导致货账不符。
(4) 盘点所得的数据与账簿的资料差异是否在容许误差内。
(5) 盘点人员是否尽责，产生盈亏时应由谁负责。
(6) 是否产生漏盘、重盘、错盘等状况。
(7) 盘点的差异是否可以事先预防，是否可以降低料账差异的程度。
(8) 盘盈、盘亏的处理。

差异原因追查后，应针对主因进行适当的调整与处理，呆废品、不良品的部分应与盘亏的一并处理。

物品除了盘点时产生数量的盈亏外，有些货品在价格上会产生增减，这些变更在经主管审核后必须利用货品盘点盈亏及价目增减更正表修改。

当盘点数量误差率高，但盘点品项误差率低时，表示虽发生误差的货品品项减少，但每一发生误差品项的数量却有提高的趋势。此时应检查负责这些品项的人员是否尽责，这些货品的置放区域是否得当，是否有必要加强管理。相反，当盘点数量误差率低，但盘点品项误差率高时，表示虽然整个盘点误差量有下降趋势，但发生误差的货品种类却增多。误差品项太多将使后续的更新修改工作更为麻烦，还可能影响出货速度，因此要对此现象加强管制。

项目小结

本项目较为详细地阐述了储存作业管理概述、仓储管理与控制、仓储合理化和盘点作业。储存作业的主要任务是妥善保存物品，合理利用仓储空间，有效利用劳力和设备，安全和经济地搬运物品，对存货进行科学管理。盘点作业是为了有效地控制货品数量和质量，而对各储存场所进行数量清点的作业。

储存作业过程是仓储管理的重要内容，包括接收验收货物、入库安排、装卸搬运、保管保养、盘点作业、订单处理、备货作业、出库等一系列工作，正常合理的仓库保管工作为企业生产、销售提供了重要的保障。

同步练习

一、选择题

1. 仓储把生产单位的产品汇集起来，形成规模，然后根据需要分散发送到不同需求的客户。通过一集一散，衔接产需，均衡运输，提高物流速度，这种功能叫作（　　）。
　　A. 集散功能　　B. 物流功能　　C. 运输功能　　D. 仓储功能

2. 按验收业务流程、核对凭证等规定的程序和手续，对入库商品进行数量和质量检验的经济技术活动的总称叫作（　　）。
　　A. 商品出口　　B. 商品验收　　C. 商品入库　　D. 商品储存

3. 以某类库存物品品种数占总的物品品种数的百分比和该类物品金额占库存物品总金额的百分比大小为标准，将库存物品分为 A、B、C 三类，进行分级管理的方法叫作（ ）。

    A．经济管理法　　　　　　　B．一、二、三级管理法
    C．ABC 分类管理法　　　　　D．分级管理法

4. 调节和改变储存环境的空气成分，抑制被储存物品的化学变化和生物变化，抑制害虫生存及微生物活动，从而达到保持被储存物质量目的的方法叫作（ ）。

    A．缺氧储存法　B．充氮储存法　C．无氧储存法　D．气调储存法

二、问答题

1. 仓储的功能有哪些？
2. 什么是 80/20 法则？
3. 在仓储合理化过程中，一般应遵循哪些原则？
4. 什么叫定期订购控制法？
5. 盘点作业的目的有哪些？

三、实训题

1. 实训目的：使学生对仓储管理有个整体的认识。
2. 实训方式：组织学生到仓库进行参观学习。
3. 实训内容：

（1）使学生了解企业是如何保管商品的。
（2）使学生了解企业保管商品的方法有哪些。
（3）使学生了解商品在保管中应如何防虫、防霉。

四、案例分析

安科公司的库存管理

安科公司是一家专门经营进口医疗用品的公司，2016 年该公司经营的产品有 26 个品种，共有 69 个客户购买其产品，年营业额为 5 800 万元人民币。对于安科公司这样的贸易公司而言，因为进口产品交货期较长，库存占用资金大，因此，库存管理显得尤为重要。

安科公司按销售额的大小，将其经营的 26 个产品排序，划分为 A、B、C 三类。排序在前 3 位的产品占到总销售额的 97%，因此把它归为 A 类产品；第 4~7 种产品每种产品的销售额占总销售额的 0.1%~0.5%，把它们归为 B 类，其余的 21 种产品（共占销售额的 1%），将其归为 C 类。

对于 A 类的 3 种产品，安科公司实行了连续性检查策略，每天检查库存情况，随时掌握准确的库存信息，进行严格的控制，在满足客户需要的前提下维持尽可能低的经常量和安全库存量，通过与国外供应商的协商，并且对运输时间做了认真的分析，算出了该类产品的订货前置期为两个月（也就是从下订单到货物从安科公司的仓库发运出去，需要两个月的时间）。即如果预测在 6 月份销售的产品，应该在 4 月 1 日下订单给供货商，才能保证在 6 月 1 日可以出库。其订单的流程表如表 4-2 所示。

表4-2 订单的流程表

4月1日	4月22日	5月2日	5月20日	5月30日	6月30日
下订单给供应商（按预测6月份的销售数量）	货物离开供应商仓库，开具发票，已经算作安科公司库存	船离开美国港口	船到达上海港口	货物入安科公司的仓库，可以发货给客户	全部货物销售完毕

由于该公司的产品每个月的销售量不稳定，因此，每次订货的数量就不同，要按照实际的预测数量进行订货。为了预防预测的不准确和工厂交货的不准确，还要保持一定的安全库存，安全库存是下一个月预测销售数量的1/3。该公司对该类产品实行连续检查的库存管理，即每天对库存进行检查，一旦手中实际的存货数量加上在途的产品数量等于下两个月的销售预测数量加上安全库存时，就下订单订货，订货数量为第三个月的预测数量。因其实际的销售量可能大于或小于预测值，所以，每次订货的间隔时间也不相同。这样进行管理后，这三种A类产品库存的状况基本达到了预期的效果。由此可见，对于货值高的A类产品应采用连续检查的库存管理方法。

对于B类产品的库存管理，该公司采用周期性检查策略。每个月检查库存并订货一次，目标是每月检查时应有后两个月的销售数量在库里（其中1个月的用量视为安全库存），另外在途中还有一个月的预测量。每月订货时，再根据当时剩余的实际库存数量决定需订货的数量。这样就会使B类产品的库存周转率低于A类产品的库存周转率。

对于C类产品，该公司采用了定量订货的方式。根据历史销售数据，得到产品的半年销售量为该产品的最高库存量，并将其两个月的销售量作为最低库存量。一旦库存达到最低库存时，就订货，将其补充到最高库存量，这种方法比前两种更省时间，但库存周转率更低。

该公司实行了产品库存的ABC分类管理法以后，虽然A类产品占用了最多的时间、精力进行管理，但得到了满意的库存周转率。而B类产品和C类产品，虽然库存的周转率较慢，但相对于其很低的资金占用和很少的人力支出来说，这种管理也是个好方法。

在对产品进行A、B、C分类以后，该公司又对其客户按照购买量进行了分类。发现在69个客户中，前5位客户购买量占全部购买量的近75%，将这5个客户定为A类客户；到第25位客户时，其购买量已达到95%。因此，把第6~25位的客户归为B类，把第26~69位客户归为C类。对于A类客户，实行供应商管理库存，一直与他们保持密切的联系，随时掌握他们的库存状况；对于B类客户，基本上可以用历史购买记录做出他们的需求预测作为订货的依据；而对于C类客户，有的是新客户，有的一年也只购买一次，因此，只在每次订货数量上多加一些，或者用安全库存进行调节。这样一方面可以提高库存周转率，另一方面也提高了对客户的服务水平，尤其是A类客户对此非常满意。

（资料来源：徐源. 物控主管实务[M]. 广州：广东经济出版社，2015. 经作者整理）

问题：

ABC 分类管理法对企业的仓储管理有哪些作用？

分析提示：

通过安科公司的实例，可以看到将产品及客户分为 A、B、C 三类后，再结合其他库存管理方法，如连续检查法、定期检查法、供应商管理库存等，就会收到很好的效果。利用 ABC 分类管理法可以提高库存周转率，提高对客户的服务水平。

项目五　集货作业管理

任 务 目 标	技 能 目 标
1. 掌握订单处理的业务流程。 2. 掌握订单处理系统和不同订货方式的处理。 3. 了解备货的基本功能和紧急备货处理方式。	1. 学会订单处理的业务流程。 2. 能够结合企业实际构建和改善原有订单处理流程。

项目概述

在配送管理中,集货占据着非常重要的位置。这不仅是因为集货是配送系统的一个环节,更为重要的是,集货能给企业带来竞争优势,是配送的起点和重要保障。要做好配送管理,首先就应该做好集货工作。

随着企业经营理念的转变和信息技术的发展,传统的集货方法发生了很大的改变,涌现出了很多新趋势和新理念。集货增强了配送的竞争力,因而,越来越多的企业积极研究和探索如何最大限度地节约集货成本,提高集货的效率,保证集货的质量。

项目任务

导入案例

上海宝钢的采购管理

上海宝钢是中华人民共和国成立以来引进技术最多、装备水平最高的现代化超大型钢铁企业。宝钢原物资部和后来的物资贸易公司已做到:统一编制需用计划和采购供应计划,统一采购,由各专业采购部门对分管物资的供应承担最终责任;统一仓储,实行专业总库一级仓储体制;统一配送,完全实行送料到现场;统一物资的现场管理,并与使用单位合作,实行现场物资的动态管理;统一回收,包括余料退库与废旧物资的回收利用。与此相对应,原物资部连续3年推出一系列关键性的改革措施。

1．坚持送料到现场

作为改革的突破口，宝钢彻底取消了二级厂、部到物资管理部门去领料的制度，改由原物资部负责定点、定量、定时、定人送料到现场。供需双方协议，在全公司范围内设605个送料点；根据用户的计划需用量，填发送料单，凭单送料；根据用户使用物资的时间送料；固定专人快、准、好地完成送料。

2．供应站制订计划

申请用料计划完全由原物资部派驻的各地区供应站根据用户需要编制，突破了由用户做申请计划，层层审批核发的老框框。

3．一级仓储体制

原物资都取消了本部9个地区供应站管理的中间仓库（总面积达9 734平方米），实行专业总库直接面向现场的一级仓储体制，即由专业总库直接送料到现场，从而大大缩短和简化了物流流程。由于取消了地区中间库，当年就节约库存资金占用额780万元，节约利息支出166.8万元，撤销重复岗位51个，减员112人。

4．实行现场物资动态管理

做到各类机旁无多余备料，现场余料回收不超过两天，消除了账外物资，一举压缩流动资金1 300万元。与此同时，物资部门同各二级厂、部签订现场资材管理协议书，建立起双方共同参与的现场物资管理网络，聘请厂、部第一线的作业人员为网络的协调人员。物资部门设物资现场管理员，对生产现场使用的各种材料划定区域、挂牌，限定两天的用量。宝钢因此有效地实现了物资的动态跟踪管理，即计划跟踪、管理跟踪、信息跟踪、协调跟踪、服务跟踪，做到既确保供应，又促进增产降耗和生产现场整洁文明，至此，宝钢在各类物资的计划编制、采购、仓储、配送以及现场使用和回收等物资管理的主要环节上，以一竿子插到底的方式，真正实现了集中的、一贯到底的全过程管理。

（资料来源：王槐林．采购管理与库存控制[M]．北京：中国物资出版社，2015．）

任务一 订单处理

一、订单处理的含义

要使配送服务质量得到保证，订单处理是第一个环节。在订单处理过程中，订单的分拣和集合是重要的环节。订单处理的职能之一是填制文件，通知指定仓库将所订货物备齐，一般用订单分拣清单表明所需集合的商品项目，该清单的一联送到仓库管理人员手中。仓库接到产品的出货通知后，按清单拣货、贴标，最后将商品组配装车。因此，订单处理是配送中心调度、组织配送活动的前提和依据，是其他各项作业的基础。

订单是指客户发出的订货需求，通常包括客户的分布、所订商品的品名、商品特性和订货数量、送货频率和要求等内容。

订单处理是指通过对客户的分布、所订商品的品名、商品特性和订货数量、送货频率和要求等资料进行汇总和分析，最后输出显示所要配送的货物种类、规格、数量和配送的时间的拣货单、出货单的过程。

二、订单处理的过程

订单处理是与客户直接沟通的作业阶段,对后续的拣选作业、调度和配送产生直接影响。

订单处理的过程始于客户订货,以拣货单、送货单、缺货单为输出结果。整个订单处理的过程包括订单确认、存货查询、库存分配、生成出货单据等。

(一)订单确认

接收到客户的订单以后,第一步即要查核客户的财务状况,以确定其是否有能力支付该批订单的款额。客户可以分为已建立档案的客户和未建立档案的客户两种。

1. 对已建立档案的客户信用的确认

顾客的信用调查一般是由销售部门来负责的,但是有时销售部门为了争取订单,往往忽略此项审查工作,因而在订单进入订单处理的整个流程前对客户信用的审核是十分有必要的。

当输入客户代号名称资料后,订单处理系统即加以复核客户的信用状况,若客户的应收账款额已经超过其信用额度时,系统加以警示,以便订单输入员向主管报告,此时系统将对此笔订单资料加以锁定。若订单通过审核才能进入下一个处理步骤。

2. 对未建立档案的客户信用的确认

对于初次发出订单的客户的信用状况,销售部门都要经过严格的核查。在确认其基本信用状况后,业务人员才会与其接洽订货的具体事宜。因此对于通过销售部门核查的客户发出的订单,可以认为是客户信用状况通过审核的订单。如果客户没有经过销售部门而直接发出订单,则要对其信用状况进行全面核查。

对于通过核查的订单,要将客户的状况建立详细的客户档案,因为这样不但能让此次交易顺利进行,而且有益于后续合作的开展。

客户档案应包含订单处理需要用到的资料及与物流作业相关的资料,包括以下几个方面。

(1)客户姓名、代号、等级形态(产业交易性质)、信用额度。
(2)客户销售付款及折扣率的条件。
(3)开发或负责此客户的业务员。
(4)客户配送区域。
(5)客户收账地址。
(6)客户点配送路径顺序。
(7)客户点适合的车辆形态。
(8)客户接受地的特性。
(9)客户配送要求。
(10)过期订单处理提示。

(二)存货查询

确认是否有有效库存能够满足客户要求。库存文件一般包括货物名称、最小存货单位、产品描述、库存量、已分配库存、有效库存及进货周期。

输入客户订货商品名称、代号时，订单处理系统应核查存货信息，看此种商品是否缺货，若缺货则应该可以查询出此种商品资料或是否有在途运输库存等资料，便于订单处理员能与客户协调是否改订替代品或是允许延后出货等解决办法，以提高订单处理的效率。

小思考：订单与合同有哪些不同？

（三）库存分配

1. 存货的分配模式

订单资料输入系统，确认无误后，最主要的处理作业在于如何将大量的订货资料做最有效的汇总分类、调拨库存，以便后续的物流作业能有效进行。存货的分配模式可分为单一订单分配和批次分配两种。

（1）单一订单分配。此种情形多为在线即时分配，即在输入订单资料时，就将库存分配给该订单。

（2）批次分配。累计汇总数笔已输入的订单资料后，再一次分配库存。配送中心因订单数量多，客户类型等级多，且多为每天固定配送次数，因此通常采取批次分配以确保库存能做最佳的分配。

批次分配时，要注意订单的分批原则，即批次的划分方法。作业不同，各配送中心的分批原则也各不同，概括来说有下面几种方法，如表5-1所示。

表5-1 批次划分原则处理方法

批次划分原则	处 理 方 法
按接单时序	将整个接单时段划分成几个区段，若一天有多个配送时间段，可配合配送时间将订单按接单先后分为几个批次处理
按配送区域路径	将同一配送区域路径的订单汇总一起处理
按流通加工要求	将需加工处理或有相同流通加工处理的订单汇总一起处理
按车辆要求	若配送商品需要特殊配送车辆（如低温车、冷冻车、冷藏车）或客户所在地送货特性需特殊形态的车辆可汇总合并处理

然而，若以批次分配选定参与分配的订单后，如果这些订单的某些商品总出货量大于可分配的库存量，可以按如表5-2所示的原则来决定有限库存客户订购的优先性。

表5-2 有限库存客户订购的优先性

批次划分原则	处 理 方 法
具有特殊优先权者先分配	对于一些例外的订单，如缺货补货订单、延迟交货订单、紧急订单或远期订单，这些在前次即应允诺交货的订单，或客户提前预约或紧急要求的订单，应有优先取得存货的权利。因此，当存货已补充、交货期限到时，应确定这些订单的优先分配权
依客户等级来取舍	依客户等级来取舍，将客户等级程度高的作优先分配
依订单交易量或交易金额来取舍	依订单交易量或订单交易金额来取舍，将对公司贡献度大的订单作优先处理
依客户信用状况	依客户信用状况来取舍，将信用较好的客户订单作优先处理
依系统自定义	依系统自定义作优先处理

2. 分配后存货不足的处理

如果现有存货数量无法满足客户需求，且客户又不愿意以替代品替代时，则应依客户意愿与依公司政策来决定应对方式。

（1）依客户意愿而言。

① 客户不允许过期交货，则删除订单上不足额的订货，甚至取消订单。
② 客户允许不足额的订货，等待有货时间再予以补送。
③ 客户允许不足额的订货，留待下一次订单一起配送。
④ 客户希望所有订货一起配达。

（2）依公司政策而言。一些公司允许过期分批补货，但一些公司因为分批出货的额外成本不愿意分批补货，则可能宁愿客户取消订单，或要求客户延后交货日期。

配合上述客户意愿与公司政策，对于缺货订单的处理方式归纳如表5-3所示。

表5-3 缺货订单的处理方式

缺货订单的类别	缺货订单的处理方式
重新调拨	若客户不允许过期交货，而公司也不愿意失去此客户订单时，则有必要重新调拨分配订单
补送	若客户允许不足额的订货等待有货时再予以补送，且公司政策也允许，则采取"补送"方式；如果客户允许不足额的订单或整张订单留待下一次订单一起配送，则也可以采取"补送"处理。但需要注意，对这些等待补送的缺货品种需要先记录成档
删除不足额订单	如果客户允许不足额订单可等待有货时再予以补送，但公司政策不希望分批出货，则只好删除订单上不足额的订单；如果客户不允许过期交货，且公司无法重新调拨，则可考虑删除订单上不足额的订货
延迟交货	有时限延迟交货：客户允许一段时间的过期交货，且希望所有订单一起配送；无时限延迟交货：不论需要等待多长时间，客户都允许过期交货，且希望所有订货一起送达，则等待所有订货到达再出货。对于此种将整张订单延后配送，也需要将这些延迟的订单记录成档
取消订单	如果客户希望所有订单一次配达，且不允许过期交货，而公司也无法重新调拨时，则只有将整张订单取消

（四）生成出货单据

订单资料经由上述处理后，即可开始打印一些出货单据，以便展开后续的配送作业。

1. 拣货单（出货单）

拣货单据的产生，在于提供商品出库指示资料，作为拣货的依据。拣货资料的形式配合配送中心的拣货策略及拣货作业方式来加以设计，以提供详细且有效率的拣货资讯，便于拣货的进行。

拣货单应考虑商品储位，以减少人员重复往返取货，同时拣货的数量、单位也需要详细标识。随着拣货、储存设备的自动化，传统的拣货单据形式已不符要求，利用计算机等处理显示拣货资料的方式已取代部分传统的拣货表单。

2. 送货单

物品交货配送时，通常需附上送货单据给客户清点签收。因为送货单主要是给客户签收、确认出货资料，其正确性及明确性很重要。要确保送货单上的资料与实际送货资料相符，除了出货前的清点外，出货单据的打印时间及修改也需注意。

对于库存缺货商品，应提供依照商品的品名或供应商类别查询的缺货商品资料，以提醒采购人员紧急采购。对于缺货订单，应提供根据客户类别查询的缺货订单资料，以便人员处理。

三、影响订单处理时间的因素

订单处理过程的时间耗用，在企业看来通常理解为订单处理周期，而客户则通常将其定义为订货提前期。在保证时间耗用的稳定性前提下，努力减少时间耗费是争取更多订单的基础。每个企业都希望减少库存，减少商品的在途时间和资金。如果配送中心能够用尽量少的时间让客户提前订货，即减少客户的订货提前期，可使客户节约大量的进货成本和库存成本，从而减少其效益，这种效益的增加将使其更多地利用配送中心的配送服务，从而增加配送中心的经营效益和市场竞争力。以下为影响订单处理时间的因素分析。

（一）订单的种类

在传统订货方式中，都需要人工输入资料，在重复的订单信息输入与输出操作中，不仅会造成时间的浪费，并且有可能产生订单信息输入错误。因此在传统订货方式下订单处理的时间较慢。

在电子订货方式下，利用计算机等电子手段接受订单资料，并将订单信息利用通信网络传送，从而取代了传统人工书写、输入、传送的订货方式。因为订单的全部信息是客户直接输入到订单处理系统中的，真实反映订货情况，所以电子订货在很大程度上解决了订单处理延误和订单信息出错等问题，并且节省了传统订货方式下因下订单而产生的传递费用。

（二）订单的传递形式

自订单到达配送中心后，订单在配送中心内的传递方式，也影响订单的处理时间。

订单在内部的传递方式可分为串行和并联两种形式。在串行传递时，订单逐层逐级地流转于订单处理的各个环节。各个环节只有在订单到达时才能获得订单的相关信息，从而开展工作。这种方式在少量订单处理时，仍可开展工作，但当需要处理的订单骤增，由于不能事先做好前期准备工作，因此往往以延长订单处理时间为代价来解决。

在并联的订单传递形式下，各个部门可以同时获得订单的相关信息，因此可以对即将到来的订单处理工作做好准备，减少订单处理时间。这就需要配送中心信息网络系统的支持，在系统中建立一个分享数据库，并设定各处理部门的权限，各部门能够在权限内随时查阅订单信息，从而组织后续工作的开展。例如，运输部门在获知某一订单中的产品需要特种车辆运输时（冷藏车），就可以对车辆进行调度安排，防止到时无车可运，进而缩短客户订货提前期，提高客户满意度。

（三）配送中心的信息化水平

在刚刚提到的两种影响订单处理时间的因素中，电子订货方式和并联的订单传递方式都需要计算机等电子信息化手段支持。

采用信息化设备可以从一定程度加快订单处理速率，但是现代化的信息设备解决的只是输入效率的问题。订单在企业内部传递时,由于各部门之间又存在一定的信息屏障,所以当信息需要在部门之间传递时,它的载体是纸质票据订单,必须通过计算机打印出来,因此企业内部信息网络系统的建设显得尤为重要。通过内部信息网络的建设,订单只需要一次输入,就可以完成企业内部的各部门的需求,各部门只需要调用信息系统中的数据就可以完成订单信息查询的工作。

四、订单处理的作业流程

(一)订单处理的传递流程

从接到客户订单开始到着手准备拣货之间的作业阶段,称为订单处理。通常包括订单资料确认、存货查询、单据处理等内容。

订单处理分为人工和计算机两种形式。人工处理具有较大弹性,但只适合少量的订单处理,一旦订单数量较多,处理将变得缓慢且易出错。计算机处理则速度快、效率高、成本低,适合大量的订单处理,因此目前主要采取后一种形式。订单处理的传递流程如图 5-1 所示。

图 5-1　订单处理的传递流程

（二）订单处理的作业要求

1. 接受订货

订单处理的第一步是接单作业。随着流通环境的变化和现代科技的发展，接受客户订货的方式也渐渐由传统的人工下单、接单，演变为不同部门之间通过电子传运方式直接送收订货资料的电子订货方式。

2. 货物数量及日期的确认

货物数量及日期的确认是对订货资料项目的基本检查，即检查品名、数量、送货日期等是否有遗漏、笔误或不符合公司要求的情形。尤其当送货时间有问题或出货时间已延迟时，更需与客户再次确认订单内容或更正运送时间。同样地，若采用电子订货方式接单，也需对已接受的订货资料加以检验确认。

3. 客户信用的确认

不论订单是由何种方式传至公司，配送系统的第一步都要核查客户的财务状况，以确定其是否有能力支付该订单的货款。通常的做法是检查客户的应收账款是否已超过其信用额度。接单系统中一般采用以下两种途径来查核客户信用的状况。

（1）客户代号或客户名称输入。当输入客户代号名称资料后，系统即加以检查客户的信用状况，若客户应收账款已超过其信用额度，系统加以警示，以便输入人员决定是继续输入其订货资料，还是拒绝其订单。

（2）订购项目资料输入。若客户此次的订购金额加上以前累计的应收账款超过信用额度，系统应将此订单资料锁定，以便主管审核。审核通过后，此订单资料才能进入下一个处理步骤。

4. 订单形式确认

配送中心虽有整合传统批发商的功能以及有效率的物流信息处理功能，但在面对较多的交易对象时，仍需根据顾客的不同需要采取不同做法。在接受订货业务上，表现为具有多种订单的交易形式，因此物流中心应对不同的客户采取不同的交易及处理方式。

（1）一般交易订单。一般交易订单是指接单后按正常作业程序拣货、出货、发送、收款的订单。接单后，将资料输入订单处理系统，按正常的订单处理程序处理，资料处理完成后进行拣货、出货、发送、收款等作业。

（2）现销式交易订单。现销式交易订单是指与客户当场交易，直接给货的交易订单。如业务员在客户处巡货、补货所得的交易订单或客户直接到配送中心取货的交易订单。订单资料输入后，因货物此时已交给客户，故订单资料不再参与拣货、出货、发送等作业，只需记录交易资料即可。

（3）间接交易订单。间接交易订单是指客户向配送中心订货，直接由供应商配送给客户的订单。接单后，将客户的出货信息传给供应商由其代配。此方式需注意的是：客户的送货单是自行制作或委托供应商制作的，应对出货资料交易核对确认。

（4）合约式交易订单。合约式交易订单是指与客户签订配送契约的交易，如签订某期间内定时配送某数量的商品。在约定的送货日，将配送资料输入系统处理以便出货配送；或开始便输入合约内容的订货资料并设定各批次送货时间，以便在约定日期系统自动产生所需要的订单资料。

（5）寄库式交易订单。寄存式交易订单是指客户因促销、降价等市场因素先行订购一定数量的商品,往后视需要再要求出货的交易。当客户要求配送寄库商品时,系统应检核客户是否确实有此项寄库商品。若有,则出此项商品;否则,应加以拒绝。这种方式需注意交易价格是依据客户当初订货时的单价计算,而不是依现价计算。

5. 订单价格确定

不同的客户(批发商、零售商),不同的订货批量,可能对应不同的售价,因而输入价格时系统应加以核检。若输入的价格不符(输入错误或业务员降价接受订单等),系统应将交易锁定,以便主管审核。

6. 加工包装确认

客户订购的商品是否有特殊的包装、分装或贴标等要求,或是有关赠品的包装等资料系统都需加以专门的确认记录。

7. 设定订单号码

每一份订单都要有单独的订单号码,此号码一般是由控制单位或成本单位来指定,它除了便于计算成本外,还有利于制造、配送等一些相关工作。所有工作的说明单及进度报告都应附有此号码。

8. 建立客户档案

将客户状况详细记录,不但有益于此次交易的顺利进行,而且有益于以后的合作。

9. 存货查询和存货分配

(1) 存货查询。存货查询的目的在于确认库存是否能够满足客户需求。存货资料一般包括品项名称、号码、产品描述、库存量、已分配存货、有效存货及期望进货时间。

在输入客户订货商品的名称、代号时,系统应查核存货的相关资料,看是否缺货,若缺货则应提供商品资料或此商品的已采购未入库信息,以便接单人员与客户的协调,从而提高接单率及接单处理效率。

(2) 存货分配。订单资料输入系统,确认无误后,最主要的处理业务在于如何将大量的订货资料作最有效的分类、调拨,以便后续作业的顺利进行。存货分配模式可分为单一订单分配和批次分配。

10. 计算拣取的标准时间

对于每一份订单或每批订单可能花费的拣取时间就要事先安排,即要计算订单拣取的标准时间,有计划地安排出货时间。

11. 按订单排定出货时序及拣货顺序

前面已由存货状况进行了有关存货的分配,对于这些已分配存货的订单,应如何安排其出货时间及拣货先后顺序,通常应按客户需求和标准拣货时间等具体情况而定。

12. 订单资料处理输出

订单资料经上述处理后,即可开始印制出货单据,展开后续的配送作业。

(1) 拣货单。拣货单是拣货的依据,也是提供商品出库的指示资料。拣货资料的形式需配合配送中心的拣货策略及拣货作业方式来设计,以提供详细且有效率的拣货信息,以便于拣货的进行。

(2) 送货单。送货单是客户签收的确认出货资料的凭证,送货单书写的正确性十分重要。当配送中心向客户送货时,通常需附上送货单据给客户清点、签收。

五、订单处理系统

（一）订单处理系统的主要作业活动

订单处理系统主要包括两种作业，即客户的询价与报价，订单的接受、确认与输入。

1. 客户的询价与报价

企业经营的最终目的是对经济效益的追求。配送中心的客户在向配送中心下达订单前，需要对配送成本进行相应的了解，向配送中心询价即是其获得配送成本信息的方式。通常，配送中心将客户的询价信息输入中心的自动报价系统，通过自动报价系统对客户的要求进行综合评价、分析，选择与客户进行合作的方案。

2. 订单的接受、确认与输入

（1）订单的接受。配送中心接到客户订货的方式主要有传统订货方式和电子订货方式两大类。

（2）订单的确认。配送中心接到客户的订单后，需要对订单的内容进行确认并实施处理。处理内容包括：① 确认客户信用状况；② 确认需求品种、数量及日期；③ 确认订单价格；④ 确认加工包装（是否需要特殊的包装、分装或贴标签等）；⑤ 设定订单号码；⑥ 建立客户档案，将客户情况详细记录，以利于日后查询；⑦ 确定存货查询及按订单分配存货的方式；⑧ 输出订单资料。

（3）订单的输入。配货订单的传送方式多种多样，在接受订单时，配送中心需要考虑每笔订单的订购数据及法律效力等问题。

（二）订单处理系统的设计要点

（1）所需输入数据包括客户资料、商品规格资料、商品数量等。

（2）日期及订单号码、报价单号码（报价单号码由系统自动填写，但可修改）。

（3）具备按客户名称、客户编号、商品名称、商品编号、订单号码、订货日期、出货日期等查询订单内容的功能。

（4）具备客户的多个出货地址记录，可根据不同交货地点开立发票。

（5）可查询客户信用、库存数量、产能分配及设备工具使用状况、人力资源分配。

（6）具备单一订单或批次订单打印功能。

（7）报价系统具备由客户名称、客户编号、商品名称、商品编号、最近报价日期、最近订货数据等查询该客户的报价历史、订购出货状况和付款状况等资料，作为对客户进行购买力分析及信用评估的标准。

（8）可由销售主管或高层主管随时修改客户信用额度。

（9）具备相似产品、可替代产品资料，当库存不足无法出货时，可向顾客推荐替代品以争取销售机会。

（10）可查询未结订单资料，以利于对出货作业的跟催。

（三）配送中心订单处理系统的特点

与配送中心存货、补货、理货以及输配送系统相比，订单处理系统具有以下特点。

1. 配送中心订单处理系统是配送中心所有物流作业组织的开端和核心

一个配送中心的各个用户都要在规定时点以前将订货单或要货单通知给配送中心，

然后配送中心再将这些订单汇总，并以此来进一步确定需要配送货物的种类、数量以及配送时间。确定这些数据后，配送中心的其他子系统就可以开始工作了，如备货系统可以根据发出货物的数量种类确定需要补充的货物品种和数量，并组织采购；理货系统接到经订单处理系统确认和分配好的输出订单后，就开始拣货、配货了；理货系统任务完成后，输配送系统接下来可以进行货物的输送工作等。所以订单处理系统是配送中心物流作业组织的开端，是其他子系统开展工作的依据，订单处理系统工作效率的好坏直接影响其他后续子系统的工作。

2. 配送中心订单处理系统的作业范围超越了配送中心的内部作业范围

与其他功能子系统相比，配送中心订单处理系统的作业是配送中心与用户之间的互动作业。首先用户要进行订单准备，并将订单传输给配送中心。为了提高订单处理的效率，配送中心需要用户按照规定的时间和格式将订单传输给配送中心；随后配送中心还要进行接单、订单资料输入处理、出货商品的拣货、配送、签收、清款、取款等一连串的数据处理，这些活动都需要用户的配合。因此，配送中心订单处理系统的作业并不是配送中心单方面的内部系统作业，也不是配送中心单独的内部作业即可完成，而是配送中心与用户双方之间相关系统的一体化活动。这也意味着要提高配送中心订单处理系统的效率和顾客服务水平，必须重视与用户的沟通。

3. 配送中心订单处理系统的作业活动伴随整个配送活动的全过程

虽然一般认为配送中心处理的作业流程始于接单，经由接单所取得的订货信息，经过处理和输出，终止于配送中心出货物流活动，但在这一连串的物流作业中，订单是否有异常变动、订单进度是否如期进行也包括在订单处理范围内。即使配送出货，订单处理并未结束，在配送时还可能出现一些订单异常变动，如客户拒收、配送错误等，直到将这些异常变动状况处理完毕，确定了实际的配送内容，整个订单处理才算结束。

因此，配送中心订单处理系统的订单处理，需要对整个配送活动进行全程跟踪、调整，其处理过程将伴随整个配送活动的全过程。

4. 配送中心订单处理系统的电子化要求高

由于配送中心订单处理系统每天要面对大量的用户订单，为了提高订单处理的效率，减少差错，需要提升配送中心订单处理系统的电子化水平。实际上，大多数配送中心订单处理系统都是配送中心中电子化程度最高的部分，它们通过采用大量的电子化技术，如电子订货系统、联机输入、计算机自动生成存货分配、订单处理输出数据等技术，大幅提高了订单处理系统的效率，手工技术在这一领域正逐渐被淘汰。

（四）订单处理的合理化

配送中心订单处理周期效率的高低，对配送企业的竞争力和利润有着重要影响。一个高效率的订单处理系统能够给配送中心带来以下益处。

（1）持续降低平均订单处理前置时间。前置时间是指从订单发出到货物到达消费者这一段时间。

（2）改善顾客关系。有效的订单处理系统可以尽可能迅速地提供必要的顾客服务。

（3）降低运作成本。高效率的订单处理系统具备快速处理数据的能力，因此不仅能够减少订单检查相关成本，而且能够通过整个配送渠道的联系，有效地降低富余的存货以及运输相关成本。

（4）及时输出发货单和会计账目。有效的订单处理系统能够加快由订单出货形成的应收账目数据的转账，提高企业资金利用率。另外，有效的订单处理系统还可以通过订单出货的改善，降低发货不准确情况的发生。

六、订货方式与管理

随着流通环境的改变和计算机、网络技术的迅速发展，接受顾客订货的方式发生了质的变化。根据订货的手段不同，一般分为传统的订货方式和电子订货方式。

（一）传统的订货方式

传统的订货方式有以下七种。

1. 厂商补货

由供应商派送车辆依次给各订货方送货，缺多少补多少，这种方式适用于周转率较快的商品或新上市的商品。

2. 厂商巡货、隔日送货

供应商安排巡货人员前一天到各客户处查询需补充的货物情况，隔天再将需要补充的货物送达。这种方式的优势在于厂商可以利用巡货人员为店铺整理货架、贴标签、提供经营管理意见、促销新产品、将自己的产品放在最占优势的货架上等。但这种方式也有缺点，就是需要派遣大量的巡货人员，增加了人力成本。

3. 口头订货

订货人员以电话方式向厂商订货，如果客户每天需要订货的种类很多，数量又不确定时，会出现较高的错误率。

> **小思考**：口头订货常出现的问题在哪里？

4. 传真订货

客户利用传真机将缺货情况整理成书面资料发给供应商进行订货。利用传真机传送订货资料的优点是速度很快，但有因传送不清晰造成事后确认作业的缺点。

5. 邮寄订单

客户将订货单邮寄给供应商进行订货。这种方式的邮寄效率及品质已基本不能满足目前市场的需要。

6. 客户自行取货

客户自行到供应商处看货、补货，这种方式适合客户与供应商距离近的情况。

7. 业务员跑单接单

供应商派业务员到各客户处推销产品，而后将订单带回公司。

以上七种订货方式都是传统的作业方式，需要大量的人工输入、输出资料作业，在输入和输出之间常造成时间误差或是录入错误，导致无谓的浪费。由于个人消费的多样化，客户订货的方式逐渐从小频率、大批量订货转变成多频次、小批量订货的方式。这对订单处理提出了更加严格的考验，因而就产生了新的订货方式——电子订货。

（二）电子订货方式

电子订货是指不同组织之间采用电子传送方式进行的订货方式，传送的订货资料由书面资料转为电子资料，利用通信网络和终端设备以在线连接方式进行订货作业与订货信息交换。完成上述作业的系统称为电子订货系统（Electronic Order System，EOS）。电子订货方式有以下三种。

1. 订货簿或货架标签配合手持终端机及扫描器

订货人员携带订货簿及手持终端机巡视货架，若发现商品缺货则用扫描器扫描订货簿或货架上的商品标签，再输入订货数量，当所有订货资料皆输入完毕后，再利用数据机将订货资料传给供应商或总公司。

2. POS（Point of Sale，销售时点管理系统）

客户若有POS收银机则可在商品库存档里设定安全库存量，每当输入一笔销售商品资料时，计算机自动扣除商品库存，当库存低于安全库存时，即自动产生订货资料，将此订货资料确认后通过计算机网络传给总公司或供应商。

3. 订货应用系统

客户资讯系统里若有订单处理系统，就可将应用系统产生的订货资料经转换软件转成与供应商约定的共同格式，再在约定时间将资料传送出去。

电子订货方式是一种传送速度快、可靠性及正确性高的订单处理方式，它不仅可以大幅度提高客户服务水平，也可以有效地缩减存货及相关成本费用。但其运作费用较为昂贵，因此在选择订货方式时应视具体情况而定。

任务二　备货管理

一、备货的含义和内容

（一）备货的含义

备货是配送的基础工作，是配送中心根据客户的要求，为配送业务的顺利实施而从事的组织商品货源和进行商品储存的一系列准备活动。

配送中心接到客户的订单以后，必须拥有相应的商品保证配送，包括具体的商品种类、商品等级、商品规格及商品数量。若配送中心是大型或综合的存货式配送，可利用现有的商品满足顾客的需要，及时按单进行配送；若配送中心是小型的订单式配送，就必须立即组织备货人员联系供应商，组织客户所需要的商品货源。

在配送中心的经营活动中，拥有客户需要的商品是成功实现配送活动的重要内容。但由于配送中心的类型不同，商品的掌握状况也不尽相同。实施存货式配送的配送中心拥有一定的存储设备，日常可以存储一定数量的商品现货；而实施订单式配送的配送中心，由于没有存储商品的设施，必须建立广泛而密切的商品供应网络系统，一旦客户下达订单，就及时调货，以保证配送。

虽然各配送中心组织货源的方式不同，但各类配送中心的配货人员都必须掌握全面的商品专业知识和购进信息，熟悉各类商品的供货渠道和供货最佳时间，在进货指令下达后，能够及时购进或补充客户或仓库需要的商品种类、等级、规格和数量，保证配送合同的按期完成。

实施存货式配送的配送中心，其备货作业还需要备货人员掌握相应的货物存储专业知识，良好的养护和保管存储货物，保证存储商品的在库质量，不发生霉变与损坏现象；同时，运用科学的库存管理知识，测知各类库存商品数量，及时提出补充货源的建议，做到仓库商品先进先出，随进随出，既不过量库存商品，占压资金，又能存储足够量的商品，保证日常配送活动的需要。

（二）备货的内容

作为配送活动的准备环节，备货业务包括两个基本内容，即组织货源和储存货物。

1. 组织货源

组织货源又叫筹集货物或采购货物，是配送中心开展配送业务活动的龙头。

（1）组织货源的流程。组织货源流程是指配送中心选择和购买配送所需商品的全过程。在这个过程中，首先，配送中心要寻找相应的供应商，调查其产品在数量、质量、价格、信誉等方面是否满足购买要求；其次，在选定了供应商后，以订单方式向供应商传递购买计划和需求信息，并商定结款方式，以便供应商能够准确地按照配送中心的要求进行生产和供货；最后，要定期对货源的组织工作进行评价，以寻求提高备货效率的模式。

（2）选择供应商。配送中心若要顺利地开展配送业务，首先必须拥有高品质的商品。为保证配送货物的商品质量，备货人员要严格选择货物供应商。

2. 储存货物

储存货物是配送中心购货、进货活动的延续。在配送活动中，适量的库存可以保证客户的随时需要，使配送业务顺利完成。

配送中的货物储存有两种表现形式：一是暂时库存，即按照分拣、配货工序的要求，在理货场地储备少量货物；二是储备形态，即按照一定时期配送活动的要求和货源到货周期有计划地储备商品。储备形态是使配送持续运作的资源保证，其储备的合理与否直接影响配送的整体效益。进行商品的合理储存，通常要注意以下几个方面。

（1）商品储存的合理数量。商品储存的合理数量是指在一定的条件下，根据企业具体经营情况，为了保证正常的商品配送业务所制定的合理储存标准。确定商品储存的设立数量要考虑客户的需求量、配送中心的条件、配送过程的需要及配送企业的管理水平等因素的影响作用。

商品的储存量由经常储存和保险储存两部分构成。经常储存是指配送中心为了满足日常配送需要的商品储存；保险储存是指为防止因商品需求变动而造成影响，避免商品脱销，保证连续不断地配送而建立的商品储存。两种储存定量的确定，是在考虑各种影响因素的基础上，运用科学的定量方法计算出来的。

（2）商品储存的合理结构。商品储存结构是指不同品种、规格、花色的商品之间储存数量的比例关系。经由配送中心配送的商品品种多、数量大，特别是大型的综合配送中心，产品种类更是千差万别。社会对不同的商品需求量是不同的，并且各种需求不断地发生变化。

因此，配送中心在确定商品储存合理数量的同时，还要特别注意不同的商品储存数量之间的合理比例关系及其变化对商品储存数量和商品储存结构的影响。

（3）商品储存的合理时间。储存商品的目的是满足客户的订货需要，因此，配送中心在确定商品储存的合理时间时，要注意该种商品的生产周期和商品的物理、化学及生物性能，使商品既不脱销断档，又能在最大限度地减少商品损耗的前提下保证商品质量。

（4）商品储存的合理空间。商品储存的合理空间是指在库房内合理地摆布商品。商品在仓库内的摆布要有利于商品配送。拥有较大库存的配送中心一般规模较大，经营品种较多，有条件的配送中心可以建"高架自动仓库"，按不同类别、不同配送客户的需要设置多个出货点；在合理布置商品存放货架时，还要注意设计有利于仓储机械工作的通道，保证仓储安全的空间。

在货物存储期间，商品表面上是处于静止状态的，但从物理、化学及生物角度分析，商品内部是在不断地变化、运动着的，这种变化危害着商品的使用价值。同时，库房内的环境使得商品的内在运动易受到外界的促进而加速。因此，配送中心的备货人员在备货时要注意调整仓库的温度、湿度，防护和减少外界不利因素对商品的影响，延缓商品质量的变化过程，降低商品的损失和损耗。

二、备货的基本功能

（一）备货可使配送中心的配送活动得以顺利开展

作为配送中心实施经营活动的基础，备货作业是配送中心各项具体业务活动的第一关。任何配送活动，如果没有相应的货物作保证，再科学的管理方法，再先进的配送设施，也无法完成配送任务，可谓"巧妇难为无米之炊"。作为"炊中之米"，备货业务开展得好坏直接影响配送活动和后续业务活动的开展。如果备货人员业务不精，不熟悉供应商的情况，没有建立供货网络系统，接到订单后再接触供货商，与其洽谈供货价格、进货通道、进货时间等基本业务，势必使商品购进在途时间过长、占压资金过多，既浪费了时间，又增加了进货成本，进而导致配送总成本上升，若供货渠道不畅，还会使企业面临无货或缺货的尴尬境地，导致企业无法按期配送货物，丧失商业信誉，降低市场竞争力；如果备货人员拥有各类商品的供货网络系统，根据企业的需要补充库存，就可使企业的业务顺利开展下去，通过良好的配送服务赢得客户的首肯，进而赢得客户的信任和企业良好的服务信誉，为企业进一步拓展市场打下坚实的基础。

（二）备货可使社会库存结构合理，降低社会总成本

目前，"零库存"的概念已经被我国越来越多的企业所接受，"零库存"并不等于不设库存，而是将社会总体的库存结构进行合理调整，通过资源整合，形成库存集中化，即生产企业和商业零售组织不设库存或减少库存，由大型或综合性配送中心实施产品供、销、存业务。

生产企业的原材料、零部件及产成品由配送中心统一提供，可使生产企业用于购买原材料、零部件及进行销售的资金有所减少，进而降低企业的生产成本，使企业的产品在市场上更具竞争力，同时由于企业不再分出人力、物力用于原材料的购进和产品的储运，企业可以拥有更多的生产能力和市场销售能力，可以生产出更多更好的产品销售到更广泛的地区。

（三）备货可使配送中心节约库存空间，减少配送成本，增加经济效益

通过科学的备货方式，配送中心可以确定适当的库存商品数量、合理的库存结构。在

减少不必要库存占用的前提下，使库存成本下降，从而降低产品的配送成本。与此同时，由于调整了库存结构，剔除了不合理的库存占用，使企业拥有了扩展业务的空间；新业务的增加，既增加了适应市场变化的能力，又大大提高了企业的整体经济效益。

> **小思考**：在备货中应注意哪些问题？

三、应急备货方式

备货能够为配送中心以较高的满意度完成顾客的订单提供保障，但是由于顾客需求的不稳定性，也时常会造成库存不足的状况。因此应急备货应该纳入备货的日常管理中，建立起应急备货的流程，减少由于紧急订单、库存不足造成的客户订单损失。

应急备货方式有别于一般的备货方式。在一般的备货方式下，配送中心根据以往的数据统计，设置了安全库存，当库存水平下降到安全库存以下位置时，便启动了备货程序。按照事先设定的流程选择供应商、洽谈价格、成交、运输入库。但是由于应急备货方式产生的原因是紧急订单等突发事件，需求的物资要在较短时间内备齐，所以应急备货方式主要突出一个"急"字。

为了及时完成备货，应急备货方式要突破一般备货方式的程序，在一定的备货成本控制下尽可能快地完成任务。其基本流程为以下环节。

1. 应急备货申请

备货部门发现现有库存不能满足订单需求，又不能以一般备货方式来满足订单时，就要启动应急备货方案。首先需要向主管负责人提出应急备货申请。

2. 审批

主管负责人根据订单的重要程度决定采取延迟交货或者是应急备货。通过审批的应急备货才能进入下一环节。

3. 联系供应商

对于已经建立供应关系的供应商，一般允许紧急订货。这时主要洽谈的就是交货价格和交货时间两个问题。通常情况下，应急备货下的商品价格要高于一般备货下的商品价格，如果商品价格未高于设定的最高备货成本，为了完成应急备货目标是可以接受的。

4. 安排接收货物

通过应急备货方式采购的货物要事前做好接受准备，必要时可以选择交货速度较快的运输方式来缩短备货时间。

项目小结

本项目主要介绍了集货作业的两个物流活动：订单管理和备货管理。

订单管理作为配送服务的第一个环节，也是配送服务质量得以保证的根本。订单处理质量的好坏直接影响后续业务能否顺利开展。在订单管理一节中介绍了订单处理的含义和订单处理的过程，分析了影响订单处理时间的因素，最后通过对订单处理流程中各环节的分析，介绍了订单处理合理化的方向。

在备货管理一节中，首先就备货的含义和内容进行了介绍。备货是配送的基础工作，是配送中心根据客户的要求,为配送业务的顺利实施而从事的组织商品货源和进行商品储存的一系列准备活动。随后对备货的基本功能和应急备货方式进行了讲解。

同步练习

一、选择题

1. 拣货单据的产生,在于提供商品出库指示资料,作为拣货的依据。拣货资料的形式配合配送中心的拣货策略及拣货作业方式来加以设计,以提供详细且有效率的拣货资讯,便于（　　）的进行。

   A. 拣货　　　B. 存货　　　C. 分货　　　D. 出库

2. 对于通过核查的订单,要将客户的状况建立详细的（　　）,因为这样不但能让此次交易顺利进行,而且有益于后续合作的开展。

   A. 记录　　　B. 客户档案　　　C. 说明　　　D. 信息

3. （　　）是指与客户当场交易,直接给货的交易订单。

   A. 一般交易订单　　　B. 特殊交易订单
   C. 现销式交易订单　　　D. 合同交易订单

4. （　　）是指不同组织之间采用电子传送方式进行的订货方式,传送的订货资料由书面资料转为电子资料,利用通信网络和终端设备以在线连接方式进行订货作业与订货信息交换。

   A. 人工订货　　　B. 传统订货　　　C. 合同订货　　　D. 电子订货

5. 订单处理分为人工和（　　）两种形式。

   A. 计算机　　　B. 手工　　　C. 传统　　　D. 现代

二、问答题

1. 什么是订单处理?
2. 客户档案应包括哪些具体内容?
3. 一个高效率的订单处理系统能够给配送中心带来哪些好处?
4. 备货的基本功能有哪些?
5. 订单处理的作业要求有哪些?

三、实训题

1. 实训目的:熟悉集货作业管理,使学生对集货作业有个整体的认识。
2. 实训方式:到配送企业进行参观学习。
3. 实训内容:

（1）使学生了解集货作业管理对配送有哪些意义。

（2）使学生熟悉集货作业管理的业务主要有哪些,应如何加强对集货作业的管理。

（3）使学生了解配送企业应如何做好集货作业的管理,满足客户对配送的需求。

四、案例分析

丰田的集货物流

从起初的缩减供应商到现在的集货物流,丰田对自家物流整合的无限野心,只源于不想看见白花花的银子全扔在马路上!

2006年4月，天津一汽丰田发动机有限公司二厂正式开门纳客，新厂显然是带着期望登场的，不仅针对丰田高层，也包括它那些供应商兄弟们。丰田物流的平准化和对供应商的要求向来以严苛著称，这样的严苛让丰田尝到了降低库存和节省成本的甜头，显然，丰田并没有打算"点到为止"。对二厂来说，其创新的使命使它不再满足于供应商的100%上门服务，而是要另辟蹊径，自主玩起集货物流。

集货物流，很简单，就好像我们为了买一桶油去了超市，顺便带回来一瓶醋一样，既然顺路，何必要跑第二趟呢？丰田把这种买油带醋的把戏在自家的物流试验田里发挥得淋漓尽致。既然"顺路"，何不把所需货物集中采购并统一运输呢？

有必要集货吗？

"我们并不是要中止和供应商之间的物流服务合作，只是我们开始尝试主动地去供货商那里取货。"天津一汽丰田发动机有限公司生产管理负责人马洪发粉碎了丰田要抛弃供应商的谣言。

"过去，我们所需的货品由各个供应商给我们送，这样我们比较省心。但由供应商送货最大的问题就是成本太大，周转箱的浪费严重。以前，我们的货品需求比较低，管理也不完善，这样的成本和浪费还是可以接受的。随着新厂的建立，产量高了，一个月有18 000台的任务量，需求也大了多了。发动机的现调物品有130多个品种，涉及五六个供应商，那么费用就不能不考虑了。你想想，仅单程运输，我们的运输成本是多少？"马洪发反问道。"一个件、两个件都要单独送一次，这样的运输成本不能不考虑啊！"

的确，丰田自缩减供应商之后，在保证了大部分交货期的同时，运输成本似乎并没有预想中的大幅度减少。供应商为了避免惨遭淘汰，都规规矩矩地力求保质保量地完成对雇主的任务。以至于一个小的零部件，各供应商都24小时待命，随叫随到。

丰田供应商之一泽津进出口贸易有限公司的曹汉媛副总经理说："我们对丰田承诺，小到一个钉子，都随叫随到！"供应商如此态度无非是为了迎合丰田的要求，只是这样的"服务"丰田是要花钱的。

对于这样的"帝王"待遇，丰田更多得益于供应商的整合。给供应商预留合理的利润空间，是从被淘汰的供应商那边挤出来的。在这个整合的过程中，或许丰田的成本有所降低，但是对于重点环节的成本，丰田依旧束手无策。

"整合供应商对物流成本的降低是有帮助的，不过单程运输的费用不能忽视。在减少库存的前提下，要达到JIT的状态，供应商的随时上门服务是必要的。如果考虑供应商的成本，把货品统一送来，那丰田的库存又上去了。"马洪发显得颇为无奈。为了减少库存，就要有必要的运输成本，运输成本下来了，库存又不能保证。总之，背着抱着一样沉，在这样的权衡中，谁的钱都省不得。

马洪发给记者算了这样的一笔账：丰田四个小时收一次货，收货时间精确到几点几分。供应商用车把货品带来，返程的时候空车回去，像这样的情况一天出现三四次，够浪费了。

抛开运输成本不谈，周转箱的浪费也让丰田苦恼不已。过去的包装箱都是纸箱和木托盘，一次性用完后就浪费了。"一个纸箱的成本七八块钱，运一次货用5个纸箱就要白白扔掉三四十块钱，浪费多严重啊！"马洪发感慨道。

让丰田想在物流方面改变套路的因素还有供货商的交货期和货品的品质。在天津地区的供应商物品还能够按时送到，可是分布于上海、江浙地区的供应商由于路途远，一般采用配货运输，这样货品到达的时间不能保证，如果专门派车的话，成本又相当的高。

"在上海，供应商大都配货运输，为了不跑空车，车里什么货都有，配货车有的到山东放一次货，到河北放一次货，甚至到天津的西青、武清也要卸货，这样一路下来，货品到这边的时间就不能保证了。"马洪发说。

这样的"迟到"似乎是致命的。严重时会影响整个企业的生产计划。马洪发给我们举了这样的例子：有时由于产量的调整需要周六、周日加班，以保证出货量。供货商送货迟到，可能就因为一个件来不了，就没法加班，整个生产计划将被打乱。

另外，货品的品质也让这些高层们失望。按说留下来的供应商都是精英才对，不应该在品质上出现问题，但是，外地的供货商路程比较远，加之包装箱多是纸箱或木箱，所以货品很容易损坏。"一些远距离的供应商送来的货都是露天的，对发动机而言，防尘防止异物的要求相当高，露天运输过来的货品显然是没法投入生产的。"马洪发说。

"泼"出去白花花的银子，还有这么多顾虑。况且，泼银子事小，耽误了生产可是丰田所不能容忍的。于是，国内的丰田开始向日本的"兄弟"看齐，想想能不能自己来做，搞搞集货什么的。

"集货嘛！很简单，把东西集中一起运！"马洪发用几个字解释了这个新名词。货是集中了，谁运呢？"我们自己取呗！"马洪发说。

这样的说法倒是新鲜，供应商只管备货，丰田自己去取，听着还不如让供应商包揽物流合算。

马洪发坚决不这样认为。他告诉我们，集货物流首先改变的是包装箱。与过去的纸箱和木箱不同，集货物流里的包装箱是欧洲进口的EU箱。在丰田发动机的库房，记者见到了传说中可折叠的EU箱。

这是一种深灰色的规则塑料折叠箱，也叫欧洲箱。据说这种材料可以用5年。引起记者兴趣的却是它的尺寸规格。大小不一的箱子能可丁可卯地向上叠起。长宽的设计可以使不同规格的箱子上下码放整齐。

"现在容积率提高了，假如我们的车可容下10立方米，不规则的箱子可能只装5立方米。这种规则的EU箱可装8.5立方米，这样一来，同样的一次运输路程和成本，装的货多了。可以一次运的货品就不用分批装运了。而且，这种箱子耐用性强，可以用5年，可反复使用。比起以前的纸箱和木箱七八块钱的成本，现在的EU箱折算起来一箱包装成本也就几毛钱。你看，包装箱的浪费问题不就解决了吗！"马洪发对这种新的包装箱赞不绝口。EU箱的另一个好处就是密封设计，尤其对发动机的无尘特性而言，这样的密封是对货品品质的良好保证。"你看，单单是一个包装箱的改变，就比以前合算好多吧！"马洪发调侃道。

对集货物流来说，这还仅仅是题外话。马洪发称：与过去"整托"的物流方式不同，现在的集货物流是将几家供应商的部品进行混载实现小批量多频次的运输。

在天津地区，丰田派车对天津供应商的部品进行集中采购。"如天津有三个供应商，我们就派车去这三个供应商处取货，用EU箱装箱，统一运回来。这样，整车的空间都得以利用，一趟运输就可以完成的采购不用分批运，路费省了。"马洪发解释道。

丰田发动机厂落户天津，所以对于天津的供应商来说，这样的集货是可行的。那么，外地的供应商怎样享受这样的待遇呢？

同样，在外地，如果城市周边有供应商，丰田就会在这个城市建一个中继站。周边的供应商把部品运到中继站，然后丰田委托的物流公司派车去中继站取货。这样将辅助线路和主线路分离，同样实现了多频次高载货量的运输。

"在上海和广州等地，我们都有中继站。"马洪发介绍。"如在上海，一些浙江和上海周边的供应商会先把货运到上海的中继站，丰田的车再从中继站直接取货。如果在以前，有5个供应商送货，我们不仅要管理这5家供应商，还要承担这5家供应商的单程运输成本。一般而言，供应商直接送货，货送到卸货后，就空车回去了。有时运货过来的时候，也不是满车。这些运输成本都是要丰田付的。"

现在的运输颠覆了传统的运输模式。由于EU箱的重复使用，使它占据了空车的位置。也就是说，货运到后，承运车会带回一车EU箱备下次使用。

"我什么时候要，什么时候自己去拉，交货期不再是供应商的保证了。"马洪发估算，综合这些优势，集货物流估计每年会为丰田省下70万～160万元的车马费。

虽说集货物流看起来好处多多，但丰田的高层对这个"新玩意儿"不无担心，唯恐"吃"惯了日本料理的集货物流在中国水土不服。

马洪发透露，丰田发动机的高层对这一转变似乎并不看好。"首先，成本的降低是不是真的能平抑引进集货物流的支出。其次，EU箱会不会丢失。而且，似乎我们的钱都被物流公司赚走了。"

高层的想法不是没有道理，站在决策者的角度，有这样的担心是明智的。就降低成本而言，每个企业的物流整改都是为了减少库存降低成本，这是无可厚非的。但是这个降低成本的投入产出是否成正比通常会被忽略掉。

为此，2006年9月，丰田发动机厂就集货物流做了第一次空车试验。在不装物品的情况下，考虑路线、过桥等诸多问题，一辆空车由天津驶向山东、江苏南京、江苏无锡、上海等地，以正式运行的模拟状态计时计费，试验的结果是令人满意的。

但是，EU箱的丢失不仅考验着承运人的道德素质，作为甲方的丰田也没有什么奇招。看惯了"飞车党"事件，似乎这样的失货也并不是没有可能。一个箱子的成本一百多元，一车箱子如果丢了，损失也不小！"第三方把箱子拐走了，或者弄一两个箱子卖了，这种情况怎么避免呢？"

谈起这个问题，马洪发也没有办法。"对于这种不可规避的潜在成本风险，我们或许会有一些保护措施，不过，还是要靠道德来维系。"

2006 年的 11 月中旬,丰田发动机厂带着这一问题开始了集货物流的第二次带货试验。与第一次试验不同的是,这次试验带上了整车的 EU 箱。值得庆幸的是,箱子没丢。

负责丰田发动机引进集货物流的人员表示,在整个设计规划过程中,说服高层就用了相当长的时间。除了成本降低的幅度和 EU 箱的丢失风险,第三方承运人的利益让这些坐在"上面"的高层心有不甘。似乎这些上层人物有这样的心理:我的成本降低了可以,你第三方还不能赚得太多!

这样的想法未免有些强人所难。集货物流的整改确是使承运人的利益翻了几番,只是,这涨幅的空间是哪里来的呢?

马洪发给我们举了这样的例子:"以前供应商自己送货的时候,丰田折算的运输成本假定是 5 块钱。引入集货物流后,支付给第三方的成本是 3 块 5,节省下来的 1 块 5 里面有一块钱是物流公司赚的。而这一块钱在过去的物流运作模式中是几个承运人共同的利益。由此看来,物流公司的利润大了。可是对于丰田来讲,丰田并不赔,反而还有 5 毛钱的利润。就是这样。"

既能保证公司生产上的多重要求,同时还不赔反赚,别人多赚点也不无道理!况且在利润空间富裕的情况下,再分点羹也不无可能,就看丰田自己的本事了。

丰田在过去的物流模式中,一路走来似乎也是在平稳化过渡。对供应商的整合和本身供应链的梳理玩得不亦乐乎。从起初的缩减供应商到现在的集货物流,无不看出丰田对自家物流整合的无限野心。也难怪,哪个企业愿意看见白花花的银子全扔在马路上!

(资料来源:张理. 现代物流案例分析[M]. 北京:中国水利水电出版社,2015.)

问题:
丰田的案例体现了集货作业的哪些内容?

项目六　拣选配货作业管理

任 务 目 标	技 能 目 标
1. 掌握配送中心拣选作业的基本概念、分类、基本方法。 2. 掌握拣选作业的流程。 3. 了解配送中心在配货时应注意的原则。	1. 掌握配货的基本方式。 2. 会用各种拣选方法来拣选商品。

项目概述

拣选式配货是由负责理货的工人或理货机械巡回于货物的各个储货点，按理货单指令，取出所需货物，巡回一遍，则为一个客户将货配齐。配齐后的货物立即配装。拣选式配货可采取单一拣选和摘果式拣选。

每一个客户订单中都至少包含一项以上的物品，拣选作业的目的就是正确而迅速地集合客户所订购的物品。拣选作业在配送中心作业流程中扮演着重要的角色。目前大多数的配送中心任具有劳动密集型的特征，其中与拣选作业直接相关的人力成本占 50%以上，且拣选作业的时间投入也占整个配送中心的 30%~40%。由此可见，确定合适的拣选方法与策略，对日后配送中心的运作效率具有决定性的影响。

项目任务

导入案例

四川某石油设备加工企业采用精诚 EAS-WMS 条码仓储物资系统实现智能货位管理

四川某石油设备公司是一家专业从事石油钻采设备研究、设计、制造、成套和服务的大型民营企业。该公司总部拥有多个大型仓库，包括原料库、配件库、装备库和劳保用品库，而且随着企业规模的不断发展壮大，仓库也将不断地扩建才能满足企业物资存放需要。

为了能规范仓储物资管理，提高库房管理工作效率，该公司最终选择了精诚 EAS-WMS 仓储物资管理系统来控制整个生产过程，以使企业向生产制造柔性化和管理精细化方向发展，提高市场应对的实时性和灵活性，降低管理成本，改善库房管理水平，提高库房管理工作水平。

北京精诚软件公司凭借多年 WMS 条码系统的开发和实施经验、专业的咨询和软件实施服务团队，与该公司结成战略合作伙伴，是精诚 EAS-WMS 软件在机械加工行业的又一典型案例，双方本着互惠互利的原则，为共同促进民族产业发展而携手前进。

（资料来源：梁军，扬明. 物流采购与供应管理实训[M]. 北京：中国劳动社会保障出版社，2014.）

任务一　拣选作业管理概述

一、拣选的概念与分类

（一）拣选的概念

拣选作业是依据客户的订货要求或配送中心的送货计划，迅速、准确地将商品从其储位或其他区域拣取出来，并按一定的方式进行分类、集中，等待配装送货的作业过程。在配送作业的各环节中，拣选作业是非常重要的一环，它是整个配送中心作业系统的核心工序。《中华人民共和国国家标准——物流术语》对拣选下的定义为：拣选是按订单或出库单的要求，从储存场所选出物品，并放置指定地点的作业。拣选也是配送中心出货的第一道环节。

随着中国经济的高速发展及国内企业的迅速成长、扩张与并购，国内物流，特别是商业配送、邮政及快递行业对配送设施的建设越来越重视和关注。这些企业的管理层已经把物流配送作为企业核心竞争力的重要组成，而不仅作为传统的仓库作业模式。

作为配送设施的主要组成部分，拣选作业系统的合理设计和配置是至关重要的。

（二）拣选的分类

1. 按拣选的手段分类

（1）人工拣选。人工拣选是靠人力搬运，把所需的货物分别送到指定地点，或利用最简单的工具和手推车等，这种拣选方式在传统的仓库中最为常见，拣选作业劳动强度大，拣选效率也低。

（2）机械拣选。机械拣选是以机械为主要输送工具，由人工进行拣选作业的拣选方法。分拣作业人员只在附近几个货位进行拣选作业，传送运输带不停地运转，或分拣作业人员按指令将货物取出放在传送运输带上，或者放入传送运输带上的容器内。传送运输带运转到末端时把货物卸下来，放在已划好的货位上待装车发货。常见的拣选设备有链式输送机、辊式输送机、传送带等。这种作业方式投资不太高，但可以降低拣选作业人员的劳动强度，有效提高拣选效率。

（3）自动拣选。自动拣选是货物从进入自动分拣系统开始到指定的分配位置为止，都是按照人们的指令靠自动拣选装置来完成的拣选。自动分拣系统一般由控制装置、分类装置、输送装置以及分拣道口组成。控制装置的作用是识别、接收和处理分拣信号，根据分拣信号的要求指示分类装置按商品品种、按商品送达地点或按货主的类别对商品进行自动分类。分类装置的作用是根据控制装置发出的分拣指示，当具有相同分拣信号的商品经过该装置时，该装置运作，使改变在输送装置上的运行方向进入其他输送机或进入分拣道口。输送装置的主要组成部分是传送带或输送机，其主要作用是使待分拣商品鱼贯通过控制装置、分类装置，并输送装置的两侧，一般要连接若干分拣道口，使分好类的商品滑下主输送机以便进行后续作业。分拣道口是已分拣商品脱离主输送机进入集货区域的通道，一般由钢带、皮带、滚筒等组成滑道，使商品从主输送装置滑向集货站台，在那里由工作人员将该道口的所有商品集中后或是入库储存，或是组配装车并进行配送作业。 以上四部分装置通过计算机网络联结在一起，配合人工控制及相应的人工处理环节构成一个完整的自动分拣系统。自动拣选的拣选效率最高，可以很大程度地降低拣选作业人员的劳动强度，提高拣选的准确性。但是自动化拣选系统需要一次性投入巨大资金，并且拣选系统对商品外包装要求也高。

2. 按作业程序分类

（1）一人分拣法。由一个人从开始到结束全程负责分拣。

（2）分程传递法。拣货人员仅对自己所承担的货物或拣选任务进行拣选，然后分程传递给下一位拣货人员。

（3）区间分拣法。个人对所承担的货物进行分拣，然后分程传递给下一位分拣人员，然后将各区间的货物汇总起来。

（4）分类分拣法。按货物的形状、尺寸、重量进行分类保管，再按类别进行分拣。

二、拣选的基本方法

（一）纸张拣选

顾名思义，纸张拣选就是在处理客户的订单时，使用打印或者手写的方式在纸面上进行信息核对，与订单呈一一对应关系，这是最直观也是历史最悠久的一种拣选作业方式。纸张拣选具有投资小、灵活性高、易于操作等显著优点，但是由于所有数据的读取、记录、更改、查询都需要经过一个人为的过程，由此而产生的差错和失误可想而知，所以它的拣选准确度是拣选技术中最低的。而且在操作过程中，不可避免地需要投入更多的纸张和打印机及耗材。

（二）RF 拣选

RF 拣选（射频拣选）建立在条码扫描技术以及无线通信技术的基础上，具有快速读取数据和采集信息的功能。在拣选系统中，借助手持式或固定式无线数据采集终端（RF Terminal），操作员和系统可以通过识读流转单上的流水号条码、货品上的条码、货位条码等，快速获得相应信息。毋庸置疑，条码扫描极大地提高了拣选效率及准确性，一般而言，条码扫描拣选的准确率可达 99%以上（这里需要澄清：数据采集的准确率和订单履行的准确率是完全不同的概念）。然而，条码扫描并非终极解决方案，因为条码读取速度可能会受环境条件、光线、灰尘/污物和印刷质量等多方面因素的影响。

> **小思考**：拣选和配送有什么关系？

（三）小车拣选

拣选小车（Picking Cart）一般是根据需要拣选的产品的特性来设计的，每次可以完成一个或多个订单的拣选任务。拣选小车能结合纸张、无线终端 RF 和灯光拣选等技术实现应用，从而达到优化订单处理系统的效果。例如，在批次拣选中，配有一台无线扫描器和一台车载式射频无线终端机的拣选小车，可以通过无线终端接收到的指令一次完成多张订单的拣选。可以说，拣选小车实际上是一个带轮子的条码拣选系统。

（四）灯光拣选

数字亮灯辅助拣选（Pick to Light），也叫作电子标签辅助拣选，这里简称灯光拣选，是一个基于商品品规（SKU）管理的拣选方式。通常在每个货位安装一个灯作为该货位的提示单元，并配合条码技术实现订单信息在系统中的交互。在一个订单的驱动下，系统会使需拣选商品所在的货位的灯自动闪亮，指示操作员到哪个货位、拣取什么货品、数量是多少，并通过确认将拣选信息实时传送回系统，使得拣选工作方便、快速、有效。

灯光拣选一般有摘取式和播种式两种作业方式。摘取式电子拣货，每一种货物对应一个电子标签，控制计算机可根据货物位置和订单清单数据，发出出货指示并使货架上的电子标签亮灯。操作员根据电子标签所显示的数量及时、准确、轻松地完成"件"或"箱"为单位的商品拣货。对于多品规、高频度的大量拣选的应用场合，可以考虑这种系统。播种式电子拣货，类似于逆向的摘取式电子拣货，显示屏告诉操作员将在哪儿"播种"商品，而不是告诉操作员"摘取"哪些商品。在典型配置中，每一货位代表一张订单，均设置一个电子标签。操作员扫描产品条码后，电子标签将显示哪些货位需要该产品以及所需的数量，操作员只需根据电子标签灯号与显示数字将货品配给相应货位即可。此种方式适用于商品品规较少、配送门店相对较多的拣货作业环境。

（五）语音拣选

语音辅助拣选（Voice Picking），简称语音拣选，是一种利用语音的播报和识别并且调动操作人员的听觉达到自动拣选的作业方式。引进语音技术，从操作员角度看，双手、双眼获得全面解放，从而使整个拣选流程更为顺畅，并且改善了工作环境；从管理角度看，能够规范工作流程，减少人员培训工作量，并且实现有效的绩效评估。

语音拣选易于操作，可以简单地分为三个步骤：首先，操作员给系统一个提示，表示已经准备就绪，等待系统发送拣货指令；其次，语音指令给出一个巷道号和货位号，系统要求操作员说出校验号，在操作员把这个校验号读给系统听后，如果系统确认无误，便会立即提示需要拣货的数量；最后，操作员把相应货物拣出，向系统发出"完毕"的语音信号。此时，一个拣选过程结束，操作员等待系统发出下一个拣货指令。

成熟的语音拣选系统绝不是单纯的语音识别技术的应用，而需要在不同的工业环境中实现，并能方便地匹配各种操作流程。语音拣选具有灵活性好、效率高、准确率高的特点，并且有不同的软硬件配置可供选择。此项技术在欧洲、美洲、澳洲等地已应用多年，不乏大量的成功案例。目前,德马泰克语音技术已实现了中文版,语音技术必将成为企业物流管理拣选环节的明日之星。

(六)机器人、AGV 拣选

机器人和 AGV(自动导引车)是提高仓库或配送中心自动化程度的重要标志。机器人一般都配备机器视觉系统(相当于机器人的"眼睛"),使用复杂的图像处理算法,通过对产品形状、颜色等特征的分析完成对相应货物的精确分拣。机器人虽能大大提高拣选工作效率和准确率,终究受到购买与维护成本高、维护人才紧缺等因素的影响,不能得到广泛应用。AGV 可实现仓库或配送中心全部或局部自动化,与各类拣选技术结合,能做到兼顾效能与成本两个重要的因素。如语音技术与 AGV 集成的拣选方案,一旦操作员登入系统,AGV 即启动,并根据系统指示到达所需工作的货位。与传统的采用叉车运送货物方式相比,采用 AGV 可以使拣选人员只专注于拣选工作本身,而无须驾驶、上下叉车,大大节省了拣选员在各个区域内行走的时间,提高了工作效率,并减轻了工作负荷。另外,AGV 在系统的实时监控下,可以得到最大化的利用,避免闲置从而降低运行成本。

上面介绍了几种常见的拣选方式,值得注意的是,在具体的应用环境中,并非仅使用其中的某一种,更多的情况则是上述几种技术的协同配合、综合使用,以便最大限度地提高系统效率,为用户节省成本。以下是拣选方式广泛应用的一些领域,着重介绍其在零售、医药、制造业等领域的应用。

首先是在零售业领域。近年来,随着商品种类的极大丰富,居民购买力持续增强,中国消费品市场营业额年增长上万亿元。零售业的兴旺,使得支撑零售企业快速发展的配送中心大量涌现。零售企业对拣选、配送的要求越来越高。通常,连锁零售企业经营商品多达十几万种,门店众多;总的配送量很大,而且要货的频率高、批量小,开箱拆零日渐频繁;要货时间十分紧迫,必须限时限期送到。另外,在零售企业配送中心,一个拣选错误可能增加巨大的额外成本。所以,对于高等物动量的货品,提高拣选效率、避免拣选错误非常关键;对于中等物动量或低等物动量的货品,则需要结合考虑成本及效率的因素。因此,零售行业配送中心几乎囊括了所有的常用拣选技术,包括纸张拣选、RF 拣选、灯光拣选、语音拣选、AGV 拣选、机器人拣选等。值得一提的是,在国外零售企业配送中心,语音拣选大量代替了 RF 拣选和纸张拣选,成为一种更准确、更有效而灵活的拣选方式。

其次是在医药行业领域。与零售业配送相比,医药行业的配送除了满足连锁药店零售配送的需求外,还有其独特的需求。如何减少药品流通环节,有效控制经营成本,实实在在为终端客户降低药价,是医药企业不可回避的话题。随着国家对药品监管力度的不断加强,医药公司必须严格执行药品的生产日期、有效期等批次管理,拣选药品时更需考虑先进先出等因素。根据药品的储存条件,一般医药配送中心配备有常温库、阴凉库、超低温库,还有完全独立于一般药品库的特殊库。应根据各类药品的特殊要求,配备各种不同的拣选技术与软硬件。例如,在电子标签拣选区域,拣货员只需用激光扫描枪扫描周转箱上的条码,货架上的电子标签就会显示出拣选位置和数量,拣货员完成相应操作后即可开始下一个订单的拣选。每个作业指令与信息库中的数据都保持一致。除了上面提到的灯光拣选技术外,RF、语音、自动传输与分拣等结合条码或者 RFID(射频识别)技术,也在医药配送中心有广泛的应用。选用合适的拣选技术,能有效地提高拣选效率,减少仓库人员的工作时间，降低药品的物流成本，大大缩短药品配送的时间，尤为重要的是，可以确保药品拣选的准确率。

最后是在制造业领域。以钢材制造企业来说，钢铁产品有大量的品规，尺寸和形状各异，有时凭借肉眼很难鉴别类似产品之间的差异，例如两根钢管的长度差异，或者类似材质之间的差异等。自动拣选技术在差异性小的产品中的应用就显得十分关键。对制造企业来说，库存数量的准确性和可用性也很重要，如果在客户需要时正好缺少某种产品，可能会丢失客户。拣选技术配以信息管理系统，能提供更好的库存能见度，进而促进销售。目前，制造企业使用最多的是纸张和RF配合条码等拣选方式。随着技术的发展，RFID、语音等拣选技术越来越多地受到关注。

 相关链接

蒙牛乳业自动化立体仓库

内蒙古蒙牛乳业泰安有限公司乳制品自动化立体仓库，是蒙牛乳业公司委托太原刚玉物流工程有限公司设计制造的第三座自动化立体仓库。该库后端与泰安公司乳制品生产线相衔接，与出库区相连接，库内主要存放成品纯鲜奶和成品瓶酸奶。库区面积8 323平方米，货架最大高度21米，托盘尺寸1 200毫米×1 000毫米，库内货位总数19 632个。其中，常温区货位数14 964个；低温区货位46 687个。入库能力150盘/小时，出库能力300盘/小时。出入库采用联机自动。

1．工艺流程及库区布置

根据用户存储温度的不同要求，该库划分为常温和低温两个区域。常温区保存鲜奶成品，低温区配置制冷设备，恒温4℃，存储瓶酸奶。按照生产—存储—配送的工艺及奶制品的工艺要求，经方案模拟仿真优化，最终确定库区划分为入库区、储存区、托盘（外调）回流区、出库区、维修区和计算机控制室6个区域。

入库区由66台链式输送机、3台双工位高速梭车组成。负责将生产线码垛区完成的整盘货物转入各入库口。双工位穿梭车则负责生产线端输送机输出的货物向各巷道入库口的分配、转动及空托盘回送。

储存区包括高层货架和17台巷道堆垛机。高层货架采用双托盘货位，完成货物的存储功能。巷道堆垛机则按照指令完成从入库输送机到目标的取货、搬运、存货及从目标货位到出货输送机的取货、搬运、出货任务。

托盘（外调）回流区分别设在常温储存区和低温储存区内部，由12台出库口输送机、14台入库口输送机、巷道堆垛机和货架组成，分别完成空托盘回收、存储、回送，外调货物入库，剩余产品和退库产品入库、回送等工作。

出库区设置在出库口外端，分为货物暂存区和装车区，由34台出库输送机、叉车和运输车辆组成。叉车司机通过电子看板、RF终端扫描来叉车完成装车作业，反馈发送信息。

维修区设在穿梭车轨道外一侧，在某台穿梭车更换配件或处理故障时，其他穿梭车仍旧可以正常工作。

计算机控制室设在二楼,用于出入库登记、出入库管理和联机控制。

2．设备选型及配置

（1）货架。

① 主要使用要求和条件,托盘单元载重能力:850/400千克(常温区/低温区);存储单元体积:1 000(运行方向)毫米×1 200(沿货叉方向)毫米×1 470(货高含托盘)毫米;库区尺寸9 884(平方米),库区建筑为撕开屋顶,最高点23米。

② 根据使用要求和条件,结合刚玉公司的设计经验,经力学计算和有限元分析优化,确定采用具有异形截面,自重轻,刚性好,材料利用率高,表面处理容易,安装、运输和维修方便的双货位横梁式组合货架。其中,货架总高度分别有21 000毫米、19 350毫米、17 700毫米、16 050毫米、14 400毫米和12 750毫米。货架规模:常温区有14 964个;低温区有4 668个。

③ 货架主材。主柱:常温区选用刚玉公司自选轧制的126型异型材,低温区采用120型异型材。横梁:常温区选用刚玉公司自轧制异型材,55BB区采用5BB型异型材。天、地轨:地轨采用30千克/米钢轨;天轨采用16#工字钢。

④ 采用的标准、规范。JB/T 5323—1991立体仓库焊接式钢结构货架技术条件;JB/T 9018—1999有轨巷道式高层货架仓库设计规范;CECS 23:90钢货架结构设计规范和Q/140100GYCC001—1999货架用异型钢材。

⑤ 基础及土建要求。仓库地面平整度允许:仓库980米长,允许偏差±10毫米;在最大载荷下,货架区域基础地坪的沉降变形应小于1/1 000。

⑥ 空间。货架北部有400毫米空间,200毫米安装背拉杆,200毫米安装消防管道。

（2）有轨巷道堆垛机。

① 主要技术参数。堆垛机高度:21 000毫米、19 350毫米、17 700毫米、16 050毫米、14 400毫米和12 750毫米;堆垛机额定载重量:850/400千克;载货台宽度:1 200毫米;结构形式:双立柱;运行速度:5~100米/分(变频调速);起升速度:4~40米/分(变频调速);货叉速度:3~30米/分(变频调速);停准精度:超升、运行≤±10毫米,货叉≤±5毫米;控制方式:联机自动、单机自动、手动;通信方式:远红外通信;供电方式:安全滑触线供电;供电容量:20kw、三相四线制380v、50Hz。

② 设备配置。有轨巷道堆垛超重机主要由多发结构、超升机构、货叉取货机构、载货台、断绳案例保护装置、限速装置、过载与松绳保护装置以及电器控制装置等组成。

驱动装置:采用德国德马格公司产品,性能优良、体积小、噪音低、维护保养方便。变频调整:驱动单元采用变频调速,可满足堆垛机出入库平衡操作和高速运行,具有起动性能好、调速范围宽、速度变化平衡、运行稳定并有完善的过压、过流保护功能。堆垛机控制系统:先用分解式控制,控制单元采用模块式结构,当某个模块发生故障时,在几分钟内便可更换备用模块,使系统重新投入工作。案例保护装置:堆垛机超升松绳和过载、娄绳安全保护装置;载货台上、下极限位装置;运行及超升强制换速形状和紧急限位器;

货叉伸缩机械限位挡块；位虚实探测、货物高度及歪斜控制；电器连锁装置；各运行端部极限设缓冲器；堆垛机设作业报警电铃和警示灯。

③ 控制方式。**手动控制**：堆垛机的手动控制是由操作人员通过操作板的按钮和万能转换形状，直接操作机械运行，包括水平运行、载货台升降、货叉伸缩三种动作。

单机自动：单机自动控制是操作人员在出入库端通过堆垛机电控柜上的操作板，输入入（出）库指令，堆垛机将自动完成入（出）库作业，并返回入（出）库端待令。

在线全自动控制：操作人员在计算机中心控制室，通过操作终端输入入（出）库任务或入（出）库指令，计算机与堆垛机通过远红外通信连接将入（出）库指令下达到堆垛机，再由堆垛机自动完成入（出）库作业。

（3）输送机。

① 主要技术参数。额定载荷：850/400 千克（含托盘）；输送货物规格：1 200 毫米×1 000 毫米×1 470 毫米（含托盘）；输送速度：12.4 米/分。

② 设备配置。整个输送系统由两套 PLC 控制系统控制，与上位监控机相连，接收监控机发出的作业命令，返回命令的执行情况和子系统的状态等。

（4）双工位穿梭车。

系统完成小车的高度，其中一工位完成成品货物的接送功能，另一工位负责执行委员会的拆卸分配。主要技术参数有：安定载荷：1 300 千克；接送货物规格：1 200 毫米×1 000 毫米×1 470 毫米（含托盘）；拆最大空托盘数：8 个；空托盘最大高度：1 400 毫米；运行速度：5~160 米/分（变频调速）；输送速度：12.4 米/分。

（5）计算机管理与控制系统。

依据蒙牛乳业泰安立库招标的具体需求，考虑企业的长远目标及业务发展需求，针对立库的业务实际和管理模式，为本项目定制了一套适合用户需求的仓储物流管理系统。主要包括仓储物流信息管理系统和自动化立体仓库控制与监控系统两部分。仓储物流信息管理系统实现上层战略信息流、中层管理信息流的管理；自动化立体仓库控制与监控系统实现下层信息流与物流作业的管理。

① 仓储物流信息管理系统。

入库管理：实现入库信息采集、入库信息维护、脱机入库、条形码管理、入库交接班管理、入库作业管理、入库单查询等。

出库管理：实现出库单据管理、出库货位分配、脱机出库、发货确认、出库交接班管理、出库作业管理。

库存管理：对货物、库区、货位等进行管理，实现仓库调拨、仓库盘点、存货调价、库存变动、托盘管理、在库物品管理、库存物流断档分析、积压分析、质保期预警、库存报表、可出库报表等功能。

系统管理：实现对系统基础资料的管理，主要包括系统初始设置、系统安全管理、基础资料管理、物料管理、业务资料等模块。

配送管理：实现车辆管理、派车、装车、运费结算等功能。

质量控制：实现出入库物品、库存物品的质量控制管理。包括抽检管理、复检管理、质量查询、质量控制等。

批次管理：实现入库批次数字化、库存批次查询、出库发货批次追踪。

配送装车辅助：通过电子看板、RF终端提示来指导叉车进行物流作业。

RF信息管理系统：通过RF实现入库信息采集、出库发货数据采集、盘点数据采集等。

② 自动化立体仓库控制与监控系统。

自动化立体仓库控制与监控系统是实现仓储作业自动化、智能化的核心系统，它负责管理高度仓储物流信息系统的作业队列，并把作业队列解析自动化仓储设备的指令队列，根据设备的运行状况指挥协调设备的运行。同时，本系统以动态仿真人机交互界面监控自动化仓储设备的运行状况。

系统包括作业管理、作业高度、作业跟踪、自动联机入库、设备监控、设备组态、设备管理等几个功能模块。

3．结论

自动化立体仓库项目验收后，各项技术参数和性能指标均达到设计要求，经过试运行及投产运行，全库设备运行稳定，得到用户的良好评价。

（资料来源：泰勒．全球物流与供应商管理案例[M]．胡克，译．北京：中信出版社，2013．）

任务二　拣选作业流程及模式

一、拣选作业的基本流程、基本原则及系统的设计思路

（一）拣选作业的基本流程

拣选作业的基本流程如图6-1所示。

图6-1　拣选作业的基本流程

1．生成拣选作业信息

在拣选作业开始前，首先要核对客户出库信息，因为客户信息的传递速度和准确程

度受仓库信息化程度的影响。有的信息是手工录入的,即对出库凭证进行审核后手工录入;有的信息是通过条码识别录入的。不论哪一种信息传递的方法,拣选信息都是在客户出库信息的基础上生成的。随着配送中心信息化水平的提高,信息的传递速度和准确性将会大幅度提高。目前很多配送中心的拣选作业都是根据订单处理系统输出的拣货单进行拣选。

2. 行走和搬运

拣选时,拣选作业人员或机器必须直接接触并拿取货物,因此形成拣选过程中的行走与货物的搬运。缩短行走和货物搬运距离是提高配送中心作业效率的关键。拣选作业人员可以步行或搭乘运载工具到达货物存储的位置,也可以由自动分拣系统完成。

3. 拣取

选择完合适的拣选方法后就可以进行具体的拣选作业了。在实施拣选作业时,首先要准确找到货位,确认物品,然后将物品挑选、搬运到指定地点。

4. 分类和集中

配送中心在收到多个客户的订单后,根据不同的客户需求或送货路线分类集中,有些需要进行流通加工的商品还需要根据加工方法分类,加工完毕后再按一定的方式分类出货。多品种分货的工艺流程较为复杂,难度也大,必须在统筹安排的基础上,提高作业的准确性。

从以上四个环节可以看出,拣选作业不仅工作量大、工艺过程复杂,而且作业要求时间短、准确度高、服务质量高。因此,在拣选过程中,必须根据配送中心的业务范围和服务特点来对拣选作业做出合理的设计和科学的安排。

(二)拣选作业的基本原则

拣选作业除了自动化设备的应用外,一大部分是靠人工劳力的密集作业,因此在设计拣选作业系统时,使用工业工程方法相当普遍。通过长时间的实践总结出的拣选基本原则,可以在拣选作业系统设计时加以应用。

(1)不要等待——零闲置时间。

(2)不要拿取——零搬运(多利用输送带、无人搬运车)。

(3)不要走动——动线的缩短。

(4)不要思考——零判断业务(不依赖熟练工人)。

(5)不要寻找——储位管理。

(6)不要书写——免纸张。

(7)不要检查——利用条形码由计算机检查。

(三)拣选作业系统的设计思路

在设计配送中心的分拣系统时,首先需要考虑的是商品的特性、分拣能力的要求、需要配置分拣格口的数量、和上游拣选系统末端输送的无缝衔接。为了能够清楚地获知预期的处理能力水平,需要对整个物料流程进行完整的分析,应考虑以下因素:处理物品的类型、客户业务波动所引起的系统/设备处理流量水平的波动、如何将物品导入系统、在输入/输出点物流系统能否与分拣系统的速度相匹配、在发货程序中产品分组能否避免不必要的延迟从而降低销售点的存货。在收集并评估了所有相关数据后,可通过系统仿真来验证不同的可选方案，并找出潜在的瓶颈。最后可得出配有流量要求的流程图，并在此时才进行设备选型，以提供最有效的解决方案。

多种技术应用会带来不同效果的多种解决方案。例如，超高的作业水平需要储备额外的存货，以避免存货不足的困境；极短的交货时间需要具备能在紧急情况下灵活插入订单的高效系统。要找到适合自己的解决方案，用户需要着眼于自己的战略性业务计划。作为系统集成商，应当在提供系统解决方案前，帮助客户归纳其业务驱动因素，以确保解决方案适用。

下面对最佳效果拣选系统解决方案的实现方法进行介绍。

1. 减少拣选员的行走距离与时间

为了加快拣选员完成订单拣选任务而必须满足的行进速度，可以考虑选择包括使用托盘搬运车、叉车、多层拣选模块、载人堆垛机，以及无线设备与设计合理的存储系统一同使用，以提高工作效率并加快订单周转率。

可使用流利式货架来设计拣选面。与静止货架不同，流利式货架是一种动态的存储设备，存放在上面的货物通过倾斜的流利轨道自动流向订单拣选员，从流利架后面进行补货。当从流利架上拿走一件货物后，后续货物可以平稳地滑到拣选位置，从而确保产品获得性。流利式货架系统保证了货物的自动流转，这在货物的上架时间有限的情况下非常重要。因为每种品规所需存储空间的宽度和高度比产品或包含产品的纸箱略大，并且不存在交叉巷道，流利式货架系统的空间利用率很高。采用这种形式的货架一般最多可将拣选面的长度降低80%，减少每次拣选之间的行走距离和补货的距离。托盘流利式货架可为以单元（托盘）形式存储的货物提供相同的优点。

此外，"集中拣选"技术能被应用在"货到人"的拣选模式中。通过"货到人"方式，消除了在拣选任务间浪费的走动时间，这也是提高订单拣选效率和处理量的一种有效的方法。例如，采用旋转和垂直升降货柜、多层穿梭车、托盘/料箱应用自动化立体库。

"货到人"技术除了具有减少走动时间这一明显的优点外，还能提高人工订单拣选的人性化程度。当与电子标签系统一同使用时，可大大提高工作效率。该方案一般应用在高处理能力要求的系统中，并与自动化立体库（AS/RS）相连，自动化立体库将货物送到操作员前端，供他们拣选订单所需要的数量，然后将货物返回到仓库中。

2. 一次拣选多个订单

当多个订单要求相同的货物时，可通过订单分组的方法大大减少与拣选这些货物相关的走动时间。订单分组能允许多个订单的所有货物同时进行拣选，然后再按照每个订单的数量拆分。该方法在整箱拣选情况下称为"批次拣选"，在拆零拣选情况下称为"集中拣选"。集中拣选允许多个订单在一次作业中完成拣选。一般情况下，集中拣选采用无线导引小车的形式，使用电子标签显示器指示出放入每个装载容器的物品数量。随着订单数量增多、订单额减少的趋势，一种集中拣选的形式正变得越来越重要，就是多单料箱（MOPT）。MOPT允许多个小额订单被拣入一个料箱的多个货格中，这是一种处理单行拆零订单的绝佳方法。

3. 采用半自动化拣选解决方案提高效率

电子标签、无线射频、语音导引拣选都属于人工的、半自动化的拣选系统解决方案。在选择人工拣选方式的情况下，通过配备输送设备来进行批次拣选，可实现非常高的整箱拣选工作效率和处理量。使用无线或语音设备的集中拣选，对于拆零订单有同样的效果。无线射频、RFID 语音指示的无纸化操作可减少失误，改善职业健康安全环境，提高工作效率，并提供从收货到发货的追踪和追溯功能。

实时的无线数据网络用于配送中心内的数据传输，已成为当今众多配送中心的标准配置。而语音指示的操作优点在于，语音引导的订单拣选以清晰的口头指令向操作员提出一系列任务。这些指令通过与用户的主机平台（一般为 WMS 或 ERP 系统）连接的无线射频（RF）系统进行传输。操作员只需头戴一个小型耳机，腰带上附一个轻型的便携式语音计算机，就可以将双手解放出来，自由地拣选物品。同时，不需要他们浪费时间读取屏幕或拣选清单上的数据。

与传统的无线射频技术相比，语音引导操作的主要优点是不需要太多的培训。操作员只需要打开耳机和语音计算机，花大约 15 分钟的时间让计算机一次性熟悉他的声音，然后马上就可以开始工作了。这在配送中心的运作管理中十分有用，因为配送中心通常会在繁忙季节雇用大量的临时工。

4. 采用自动化拣选系统

随着物流技术的不断进步和用户需求的改变，自动化拣选正在成为一种新的应用趋势。自动化拣选具有如下优点：节省空间，降低建筑成本；提高工作效率和处理量；更高效的物料流；减少存货；精确无误的操作；降低产品折损率；更安全、更清洁的操作环境；更少的人力配置，降低成本（人力、维护、电力），增加安全性；更高的投资回报率，更低的生命周期成本等。

二、拣选作业模式

（一）按订单拣选

按订单拣选又叫单一拣选。这种作业模式是按照每一张订单的品种和数量的要求，依次将客户所需要的商品由存放位置挑选出来的模式。一般来说，按订单拣选的准确度较高，很少发生差错，而且这种拣选方式可以根据用户要求调整拣选的先后次序，对于紧急需求，可以集中力量快速拣选。一张货单拣选完毕后，物品便配置齐备，配货作业与拣选作业同时完成，简化了作业程序，有利于提高作业效率。按订单拣选的处理弹性比较大，临时性的生产能力调整较为容易，适合订单大小差异较大、订单数量变化频繁、季节性强的商品配送，如化妆品、家具、电器、百货和高级服饰等。

1. 优点

按订单拣选的优点是：作业方法简单；实施弹性大；拣选后不用进行二次分拣；拣选人员责任明确；相关文件准备时间较短，且容易组织实施。

2. 缺点

按订单拣选的缺点是：拣选效率较低，大量时间用于行走；拣选区域大时，补货及搬运的系统设计困难。

（二）批量拣选

把多张订单汇集成一批，按商品类别及品种将数量相加后先进行初次拣选，然后再按照单一订单的要求将货品分配至每一张订单。与按订单拣选相比，批量拣选由于将各用户的需求集中起来进行拣选,所以有利于进行拣选路线规划,减少不必要的重复行走。但也因其计划性较强,规划难度较大,容易发生错误。批量拣选适合订单变化较小,订单数量稳定的配送中心采用。此外,需要进行流通加工的商品也适合批量拣选,再批量加工,然后分类配送。

1. 优点

批量拣选的优点是:拣选效率较高;可以缩短行走距离;可以适用于订单重复性高的数量庞大的系统。

2. 缺点

批量拣选的缺点是:组织实施较复杂;对订单无法快速反应,有一定的停滞等待时间;需要进行二次分拣,增加了人工搬运成本。

任务三　配货作业

在配送业务中,配货作业的具体工作步骤是:当配送管理部门接到配送订单后,首先由管理人员进行订单分析处理,将配送需求指示转换成配货单,然后向有关的作业人员传递下达配货指令。配货作业人员则根据配货单上的内容说明,按照出货优先顺序、储位区号、配送车辆车次号、客户号、先进先出等方法和原则,把出货商品分拣、组配,整理出来,经复核人员确认无误后,放置到暂存区,准备装货上车。

一、配货的含义

所谓配货,是指将配送中心存入的多种类产品按多个用户的多种订货要求取出,并分放在指定货位,完成各用户配送之前的货物准备工作的一系列活动。

小思考:配货和配送的区别在哪里?

配货在配送中心的工作中占有十分重要的位置,因为配货工作的好坏直接影响分放、配装、送货等一系列后续工作的质量,在一定程度上代表了一个配送中心的实力和声誉,但另一方面配货又是一件复杂、工作量大的工作,尤其是在多用户、多品种的情况下更是如此,所以配货管理是十分重要的。

总的来说,配货作业环节工作量大,工艺过程复杂,而且作业要求时间短,准确度高,服务质量好,因此,加强对配货作业的管理非常重要。在对配货作业的管理中,根据顾客订单所反映的商品特性、数量多少、服务要求、送货区域等信息,对配货作业系统进行科学的规划与设计,并制定出合理高效的作业流程,是配货作业系统管理的关键。此外,为了防止分拣错误的发生,提高配送中心内部储存管理账物相符率,以及顾客满意度,必须规范拣货过程的操作。影响拣选作业效率的因素很多,因此,对不同的订单需求采取不同的拣选策略。

配货管理的基本要求有以下几点。

首先，配货的准确程度。这是对配送中心的基本要求，但现实是需要配货的品种、规格复杂且变化很大，这就需要我们采取适当的管理方法，例如选择有效的分货和拣选方式配货，来提高配货的准确程度。

其次，配货的速度。随着准时物流概念的产生以及配送企业之间竞争的加剧，配送的速度显得日益重要，已成为影响配送中心发展的关键因素。解决这个问题，主要是选择合适的设备、工艺以及运输路线。

最后，配货的成本。配送中心产生的原因之一就在于它能有效节约经营成本，因此在保证配货速度、准确程度的同时更要考虑配货成本，选择适当的配货方式，在此消彼长的均衡过程中实现物流企业效益的最大化。

配货工作的基本任务是保证配送业务中所需的商品品种、规格、数量在指定的时间内组配完全并装载完毕。

二、配货的原则

为了顺利完成配货任务，在配货过程中须遵循以下原则。

1. 准时性原则

准时性原则是保证配送企业利益及客户需求都得以满足的双赢原则。按照客户的要求准时进货、准时发货，对配送企业来说不需占用大量的库存和资金，可保持库存的合理周转；对客户来说，能够保证货物的及时到位，既不耽误生产或销售，又可使企业不存在库存，节约库存费用。

2. 准确性原则

配送企业货物品种繁多，数量巨大，每天有大量的货物进出，为了保证作业质量，在配货中必须遵循准确性原则，将正确的货物、品种、数量及时送到客户手中。

3. 可靠性原则

在配货过程中，货物的装卸作业、分货过程中的机械振动和冲击及其他意外事故、作业人员的素质等都可能损坏货物，因此要坚持可靠性原则，确保货物在配货过程中保持完好的质量。

4. 方便性原则

在配送商品中，有些商品是常需产品或畅销产品，有些商品则生产周期或需求周期比较长。配送企业在摆放商品时，要根据配送商品的配送规律，合理进行摆放，以方便配货为前提，做到将常需商品和畅销商品摆放到靠近配货作业的通道旁边，以便于理货人员进行理货作业时的商品存取，节约理货时间。

5. 优先性原则

对于下列客户，配送企业可以优先进行配货：①具有优先权的客户；②依客户等级划分，重要性程度比较高的客户；③依订单交易量或交易金额划分，对公司贡献大的订单；④依客户信用状况划分，信用较好的客户。

6. 经济性原则

企业运作的基本目标是实现一定的经济利益，所以，配货不能仅满足客户的要求，提供高质量及便捷的服务，同时还必须提高效率，加强成本管理与控制。

二、配货的基本方式

(一) 拣选式配货

拣选式配货又称拣选式工艺,是指拣选人员或拣选工具巡回于各个储存点将所需的物品取出,完成货物配备的方式。拣选配货的基本过程是:储物货位相对固定,而拣选人员或工具相对运动,所以又称作人到货前式配货。形象地说,又类似于人们进入果园,在一棵树上摘下熟了的果子后,再转到另一棵树前去摘果,所以又形象地称之为摘果式或摘取式配货。拣选式配货常用于便利店的配送作业。

拣选式配货的特点是:拣选工艺采取按单拣选,一单一拣方式,这和目前的仓库出货方式是很类似的,因此,在工艺上与现行方式可以不做太大改变就可以实施。由于采用按单拣选,所以这种配货工艺准确程度较高,不容易发生货差等错误。这种工艺还有机动灵活的特点,其表现在以下几个方面。

(1) 由于一单一拣,各用户的拣选互相没有牵制,可以根据用户要求调整配货的先后次序。

(2) 对紧急需求可以采取集中力量快速拣选方式,有利于配送中心开展即时配送,增强对用户的保险能力。

(3) 拣选完一个货单,货物便配齐。因此,货物可不再落地暂存而直接放到配送车辆上,有利于简化工序,提高效率。

(4) 其灵活性还表现在对机械化没有严格要求,无论配送中心的设备多少、水平高低,都可以采取这种工艺。

(5) 用户数量不受工艺的限制,可在很大范围波动。

(二) 分货式配货

分货式配货又称分货式工艺,是指分货人员或分货工具从储存点集中取出各个用户共同需要的货物,然后巡回于各用户的货位之间,将这一种货物按用户需要量分放下,再集中取出共同需要的第二种,如此反复进行直至用户需要的所有货物都分放完毕,同时完成各个用户的配货工作。

分货式配货的特点是:分货式工艺采取集中取出共同需要的货物,再按货物货位分放,这就需要在收到若干个用户配送请求之后,在可以形成共同的批量之后,再对用户共同需求做出统计,同时要安排好各用户的分货货位,才开始陆续集中取出进行反复的分货操作。所以,这种工艺难度较高,计划性较强,也容易发生分货的错误。

这种工艺计划性较强,若干用户的需求集中后才开始分货,直至最后一种共同需要的货物分放完毕,各用户需求的配货工作才同时完成。之后,可同时开始对各用户的配送送达工作,这也有利于考虑车辆的合理调配、合理使用和规划配送路线。和拣选式工艺相比,可综合考虑,统筹安排,利用规模效益,这是分货式工艺的重要特点。

(三) 直起式配货

直起式配货是人到货前,即拣选式配货的一种特殊形式。当用户所需种类很少,而每种数量又很大时,送货车辆可直接开抵储存场所装车,随时送货,而不需单设配货工艺。这种方式实际上将配货与送货工艺合为一体,减少了几道工序。

在我国，尤其是大宗生产资料配送，直起式配货也是一种很重要的方式。

（四）自动分拣式配货

自动化分拣系统的分拣作业与上面介绍的传统分拣系统有很大差别，可分为三大类：自动分拣机分拣系统、机器人分拣系统和自动分拣系统。

1. 自动分拣机分拣系统

自动分拣机，一般称为盒装货物分拣机，是药品配送中心常用的一种自动化分拣设备。这种分拣机有两排倾斜的放置盒状货物的货架，架上的货物用人工按品种、规格分别分列堆码；货架的下方是皮带输送机；根据集货容器上条码的扫描信息控制货架上每列货物的投放；投放的货物接装进集货容器，或落在皮带上后，再由皮带输送进入集货容器。

2. 机器人分拣系统

与自动分拣机分拣相比，机器人分拣具有很高的柔性。

3. 自动分拣系统

当供应商或货主通知配送中心按订单发货时，自动分拣系统在最短的时间内可从庞大的存储系统中准确找到要出库的商品所在的位置，并按所需数量、品种、规格出库。自动分拣系统一般由识别装置、控制装置、分类装置、输送装置组成，需要自动存取系统支持。

总之，拣选与配货不仅是配送不同于其他物流形式的功能要素，而且是关系配送成败的一项重要的支持工作。它是完善送货、支持送货的准备性工作，是不同配送企业在送货时进行竞争和提高自身经济效益的必然延伸。因此，也可以说拣选作业与配货作业是送货向高级形式发展的必然要求，正确地选择与实施拣选作业、配货作业是配送中心提高整体送货服务水平的必然途径。

 相关链接

电子标签拣货系统在日用品行业中的应用

第三方物流公司采用电子标签拣货系统在日用品配送应用中的解决方案

合作双方为：

吉林省某物流公司——第三方物流提供者

长春市现代物流技术咨询有限责任公司——致力于第四方物流

客户为：西安一家日化用品公司驻吉林分公司

产品为：日化洗涤用品，数量少于100种

仓储面积为：5 000平方米

用户使用面积为：200平方米

配送要求：有干线运输配送和市内配送，有整箱配送和零拣商品配送。

工作流程如下。

1. 销售分公司的工作人员把需要配送的店名、产品条形码、数量这三项数据按照固定的时间段、固定的格式，采用 Office 软件中的 Excel 软件，使用电子标签拣货系统可以导入的格式做成拣货文件，通过互联网把此文件发送给配送中心，或者通过远程控制软件直接登录到配送公司计算机中，把文件传输到指定的文件夹中。

2．配送中心的工作人员打开销售公司所发来的文件，由于电子标签拣货系统直接可以导入此文件，打开后，首先进行自动核对操作，看此次的所有订单汇总的数量与仓库内产品比较，看库存是否足够今日配送，如果系统提示可以配送，就可以点亮仓库内的电子标签，如果不够配送，可采用越库管理的方法，从产品供应商处直接为销售商供货，不需要经过配送中心的二次运输，节省物流成本。采用这样的文件传输方式无须二次输入即可以拣货，既节省了时间，又避免了二次输入出错误的机会。

3．仓库工作人员按照电子标签拣货系统的工作指令进行工作，按以下流程进行。

一听：当拣货单打开以后，工作人员首先听到扬声器中的提示声音："工作人员开始拣货，工作人员可以拣货。"

二看：此时工作人员看货架前面的通道灯，哪个通道灯闪亮，说明哪个通道需要拣货；按照此通道向前走，哪个货位电子标签闪亮即为哪种产品需要拣货；看标签显示的数量，按照此数量进行拣选，前两位数字为绿色显示的是整箱的数量，后两位数字为红色显示的是零拣的数量，工作人员不需要计算零拣与整箱之间的换算数据即可进行拣货作业（降低对工作人员的素质要求，降低拣错率，从而间接降低人力成本）。

三拣：按照电子标签所显示的数量进行拣选。

四按：拣完货物后，按下确认键，即可完成此产品的拣货工作。

五听：当此单据的所有的货物拣选完毕后，此时所有的通道灯熄灭，扬声器中发出"此单拣选完毕，请准备下一个单据"。这时工作人员就可以把拣选的货物送到分货区进行分拣，或者送到检验区进行二次校验，如果拣选无误，即可以配送货物。

六打印：打印配送清单。

电子标签拣货系统可以提供批量分拣功能，可同时分拣 20 家分店的货物。具体分拣流程为以下环节。

（1）把 20 家分店的订单进行汇总后，执行合并出库。

（2）把同时拣出的 20 家店的商品送到分货检验区。

（3）扫描其中一种产品的条形码，系统立即点亮门店电子标签，标签直接显示出门店所要的此种产品的数量。

（4）工作人员按照数量进行分货，分货的同时也是二次校验的过程，多了的产品可直接送回货区，少了的产品直接到拣货区取出，要保证从配送中心出去的商品数量与订单上的商品数量完全一致。避免造成下一个流程发生错误。

（5）拣货和分货是同时工作的，没有间歇过程，这样可以节省物流配送时间。保证物流配送的及时性，提高物流中心的工作效率。

4．配送完货物后，当日进行盘点工作，打开电子标签拣货系统的盘点功能，点亮所有的电子标签，电子标签所显示的数量就是库存的理论值。

以上的流程方案和技术方案，改变了现有的供应链流程，优化了管理结构，使得物流中心内部实现了无纸化操作，通过互联网使得配送中心与销售公司之间实现了电子商务，进一步实现了销售公司对库存商品的有效管理。

通过以上的设计方案，第三方物流公司充分发挥了仓储与配送的优势，进而达到第四方物流公司、第三方物流公司和最终用户的三赢的圆满结局。

（资料来源：刘会亚．现代物流管理[M]．北京：中国农业出版社，2012．）

 项目小结

本项目对配送中心业务流程中的拣选配货作业进行了分析介绍，主要内容包括：拣选的概念与分类、拣选的基本方法、拣选作业的基本流程、拣选作业模式、配货的含义和原则、配货的基本方式等。

拣选配货作业一直被物流专业人士认为是配送流程中最关键的功能之一。作为收货、存放、存储、包装、装运、订单处理和客户要求的汇合点，拣选配货作业对资源提出了最高要求，是各种配送中心仓储功能中最具客户敏感性的部分。在仓库直接劳动力预算中，拣选作业可能占40%~60%。因此，设施中的劳动力及其对订单拣选环境变化做出积极反应的能力，使其成为一个关键的经济成本和生产效率指标。即使是自动化程度最高的仓库也需要操作员，才能高效、准确地运转。

同步练习

一、选择题

1.（　　）是依据客户的订货要求或配送中心的送货计划，迅速、准确地将商品从其储位或其他区域拣取出来，并按一定的方式进行分类、集中、等待配装送货的作业过程。在配送作业的各环节中，拣选作业是非常重要的一环，它是整个配送中心作业系统的核心工序。

A．拣选作业　　B．配送作业　　C．集货作业　　D．送货作业

2.（　　）是货物从进入自动分拣系统开始到送到指定的分配位置为止，都是按照人们的指令靠自动拣选装置来完成的拣选。

A．人工拣选　　B．自动拣选　　C．机械拣选　　D．计算机拣选

3.（　　）就是在处理客户的订单时，使用打印或者手写的方式在纸面上进行信息核对，与订单呈一一对应关系，这是最直观也是历史最悠久的一种拣选作业方式。

A．机械拣选　　B．自动拣选　　C．纸张拣选　　D．随机拣选

4.（　　）是指将配送中心存入的多种类产品，按多个用户的多种订货要求取出，并分放在指定货位，完成各用户配送之前的货物准备工作的一系列活动。

A．送货　　　　B．收货　　　　C．存货　　　　D．配货

5．自动分拣系统一般由控制装置、分类装置、输送装置及（　　）组成。

A．分拣道口　　B．出口　　　　C．进口　　　　D．识别装置

二、问答题

1. 拣选是如何分类的?
2. 拣选的基本方法有哪些?
3. 对于哪些客户,配送企业可以优先进行配货?
4. 拣选式配货的特点有哪些?
5. 为了顺利完成配货任务,在配货过程中须遵循哪些原则?

三、实训题

1. 实训目的:熟悉拣选配货作业管理,使学生对拣选配货业务有个整体的认识。
2. 实训方式:到配送企业进行参观学习,也可进行短期顶岗实践。
3. 实训内容:

(1) 使学生了解企业是如何进行拣选配货作业管理的。

(2) 使学生熟悉拣选配货的业务主要有哪些,应如何加强对企业拣选配货作业的管理。

(3) 使学生了解配送企业应如何做好拣选配货作业,满足客户对配送的需求。

四、案例分析

塔捷特商店的快速反应

塔捷特商店(Target Stores)十分热心于在零售业推行快速反应。塔捷特在美国有500多家大型商店,每年还保持大约 15%的数量增长。塔捷特商店经营服装、家庭用品、电器、卫生、美容品以及日常消费品。塔捷特是一个折扣商,与凯马特、沃尔玛和西尔斯等商店竞争。

塔捷特经营的全部商品都有条码,并且所有交易中的 POS 销售终端数据被采集。每日数据于当晚经由卫星通信传输到总部,某种商品的每日销售与库存数据和参与快速反应的重要供应商共享,塔捷特不允许完全自动补货,但向供应商保证每周订货。因为供应商了解整个企业的库存目标、现有存货和实际销售数据,所以很容易把握订货数量,并利用这些信息制订自己的生产与分销计划。

每周一次的订货确定后,供应商在一周内将产品送至塔捷特的 6 个配送中心。一旦货到配送中心,塔捷特的管理部门在考虑到下一周的销售情况后,向每个商店配送。所以,商店每周接受每个品类的补充送货,相对于供应商而言,是两周为一个周期。

在这个系统中,塔捷特首要的目的不是减少商店总的库存,相反,塔捷特的营销理念是消费者喜欢,也希望商店是"丰富"的,即顾客想要的每个品类均能在商店找到且随手可得。因此,商店的所有存货应该陈列出来,而不是放在顾客看不见的库房里。货架设计要使顾客能轻易看到所供商品的丰富性。现货可获得性的标准定得相当高,塔捷特希望达到 95%的现有率。在这里,"现有"意味着"设计最大库存量的至少 40%是在货架上"。利用这个标准,传统的缺货百分比实际上为零。为支持此标准,塔捷特依靠快速反应方法,提高补充送货的"合适度"。补充供应体系的目标是补充每个品类可能 100%地接近货架设计容量,而不产生多余的存货,否则,需要额外的存储场地。这部分后备库存是不愿出现的,因为它们没有陈列,所以不直接创造效益,且由于频繁搬运货物进出储存场所，既增加费用，又极易丢失、损坏或被盗。

塔捷特发现其快速反应系统取得了显著成效，成为企业取得成功的一个重要因素。在体系中的重要供应商也从订货的稳定性以及销售与库存数据共享带来的那些订货的可预见性增加上获益。塔捷特的利益从供应商、配送中心、商店的较高商品可获得性中得到。由于频繁地补货，配送中心的周期订货量较低，因为预测期缩短，安全库存较低。当然，这些会带来较高的运输成本，增加数据系统费用。通过在配送中心的库存成本节约和系统带来的补充订货的"合适度"提高，大大节省了商店的货物处理费用，这可以补偿那些增加的成本。此外，系统运转所需的销售数据对有效的商品经营极为有用，与供应商的密切联系使得价格下降并节省了其他采购费用。总之，塔捷特致力于其快速反应系统，并积极扩展系统至更多更重要的供应商，以实现在所有大销量的品类上100%的快速反应目标。

（资料来源：赵家俊. 仓储与配送管理[M]. 北京：科学技术出版社，2015．）

问题：

塔捷特商店的快速反应给自身带来了哪些竞争优势？

项目七　流通加工管理

任　务　目　标	技　能　目　标
1．掌握流通加工的含义。 2．掌握流通加工的管理和优化。 3．了解流通加工的类型。	1．熟知流通加工的合理化。 2．会结合不同的企业流通加工构建合适的过程。 3．掌握流通加工与生产加工的区别。

项目概述

流通加工属于物流的一个环节，其加工实施地一般选择在与其相关的仓库内或仓库附近，而且由仓库管理者来进行经营管理，或者说这项业务多是由仓库经营者开办的。流通加工是对物品的外形或组合状态进行简单作业，使之流通更方便、用户更满意，提高资源利用率。

近年来，人们进一步认识到现代生产引起的产需分离来自多个方面，其中有一种重大的分离就是生产及需求在产品功能上的分离。大生产的特点之一便是"少品种、大批量、专业化"，产品的功能（规格、品种、性能）往往不能和消费需求密切衔接。弥补这一分离的方法就是流通加工。所以，流通加工的诞生是现代生产发展的一种必然结果。

项目任务

导入案例

流通加工的作用及其现实意义

阿迪达斯公司在美国有一家超级市场，市场内设立了组合式鞋店，鞋店里摆放着做鞋用的半成品，款式花色多样，有6种鞋跟、8种鞋底，均为塑料制造的，鞋面的颜色以黑、白为主，款式有百余种，顾客进来可任意挑选自己所喜欢的各个部位，交给职员当场进行组合。只要10分钟，一双崭新的鞋便可组合成功。

这家鞋店昼夜营业,职员技术熟练,鞋子的售价与成批制造的价格差不多,有的还稍便宜些。所以顾客络绎不绝,销售金额比邻近的鞋店多十倍。

(资料来源:刘北林. 物流配送管理[M]. 北京:化学工业出版社,2016. 经作者整理)

任务一 流通加工概述

一、流通加工产生的原因

流通加工的出现,反映了物流理论的发展,反映了人们对物流、生产分工与观念的变革,它是大生产发展的必然。流通加工产生的背景及观念变化反映在以下几个方面。

(一)与现代生产方式有关

现代生产的发展趋势之一是生产规模大型化、专业化。依靠单品种、大批量的生产方法,降低生产成本,获取较高的经济效益。这样就出现了生产相对集中的趋势,这种规模大型化、专业化程度越高,生产相对集中的程度也越高。生产的集中化进一步引起产需之间的分离,即生产与消费不在同一个地点,有一定的空间距离;生产及消费在时间上不能同步,存在着一定的"时间差异";生产者与消费者并不处于一个封闭圈内,某些人生产的产品供给成千上万人消费,而某些人消费的产品又来自许多生产者。弥补上述分离的手段则是流通加工。

(二)与消费的个性化有关

消费的个性化和产品的标准化之间存在着矛盾,使本来就存在的产需分离变得更严重。本来弥补这种分离可以采取增加一道生产工序或消费单位加工改制的方法,但在个性化问题十分突出之后,采取上述弥补措施将会使生产及生产管理的复杂性和难度增加,按个性化生产的产品也难以组织高效率、大批量流通。所以,消费个性化的新形势及新观念为流通加工开辟了道路。

(三)与人们对流通作用的观念转变有关

在生产不太复杂、生产规模不大时,所有的加工、制造几乎全部集中于生产及再生产过程中,而流通过程只是实现商品价值及使用价值的转移过程。在社会生产向大规模、专业化生产转变之后,社会生产越来越复杂,生产的标准化和消费的个性化的出现,使生产过程中的加工制造常常满足不了消费的要求;由于流通的复杂化,生产过程中的加工制造也常常不能满足流通的要求。于是,部分加工活动开始由生产及再生产过程向流通过程转移,在流通过程中形成了某些加工活动,这就是流通加工。

(四)效益观念的树立也是促使流通加工形式得以发展的重要原因

20世纪60年代以后,效益问题逐渐引起了人们的重视。过去人们盲目追求高技术,导致了燃料、材料的投入大幅度上升,结果新技术、新设备的采用却往往得不偿失。20世纪70年代初,第一次石油危机的发生证实了效益的重要性,使人们牢牢树立了效益观念。流通加工可以以少量的投入获得很大的效果,是高效益的加工方式,自然得以促进和发展。

所以，流通加工，从技术上来讲，可能不如生产技术复杂，但这种方式是现代观念的反映，在现代社会再生产过程中起着重要作用。

二、流通加工的概念

流通加工是为了提高物流效率和物品利用率、降低生产及物流成本，在物品进入流通领域后，按物流的需要与客户的要求进行的加工活动。流通加工是物品在从生产地到使用地的过程中，根据需要施加包装、分割、计量、分拣、刷标志、拴标签、组装等简单作业的总称。流通加工是商品流通中的一种特殊形式，是物流系统的构成要素之一。它可以促进销售、维护产品质量和提高物流效率，是在流通领域对产品进行的简单再加工。

一般来说，生产的职能是使一件物品产生某种形态而具有某种使用价值，而流通的主要职能是在保持商品的已有形态中完成商品所有权的转移，不是靠改变商品的形态而创造价值。物流的主要作用是实现商品的空间移动，在物流体系中的流通加工不是通过"保护"流通对象的原有形态而实现这一作用的，而是和生产一样，是通过改变或完善流通对象的原有形态来实现流通作用的。

流通与加工本来不属于同一范畴。流通是改变产品的空间、时间状态和所有权性质，是商业行为；加工是改变物质的形状和性质，使原料成为产品，是工业行为。流通加工则是为了弥补生产加工的不足，更有效地满足用户的需求，将一部分加工放在物流过程中完成，而成为物流的一个组成部分，是生产活动在流通领域的延伸，是流通职能的扩充。流通加工在现代物流系统中主要担负的任务是提高物流系统对于用户的服务水平，有提高物流效率和使物流活动增值的作用。

小思考：为什么要进行流通加工？流通加工对商品有增值作用吗？

在后工业化时代，生产和流通的进程逐渐趋于一体化，物流领域的流通加工也使消费者的需求出现多样化，消费的个性化使本来就存在的产需分离变得更严重。生产过程中的加工制造则常常满足不了消费的要求，如果采取增加生产工序的方式，将会使生产的复杂性增加，并且按个性化生产的产品难以组织高效率、大批量流通。于是，加工活动开始部分地由生产过程向流通过程转移，促使在流通领域开展流通加工，从而在流通过程中形成了某些加工活动。目前，在世界许多国家和地区的物流中心或仓库经营中都大量存在着流通加工业务。

三、流通加工的特点和作用

（一）流通加工的特点

流通加工和一般的生产加工不同，虽然它们在加工方法、加工组织、生产管理方面并无显著区别，但在加工对象、加工程度方面差别较大，其主要差别有以下几个方面。

（1）流通加工的对象是进入流通过程的商品，具有商品的属性。以此来区别多环节生产加工中的一环。流通加工的对象是商品，生产加工的对象不是最终产品，而是原材料、零配件、半成品。

(2) 流通加工大多是简单加工，而不是复杂加工。一般来讲，如果必须进行复杂加工才能形成人们所需的商品，那么，这种复杂加工应专设生产加工过程，生产过程理应完成大部分加工活动，流通加工则是对生产加工的一种辅助及补充。特别需要指出的是，流通加工绝不是对生产加工的取消或代替。

(3) 从价值观点看，生产加工的目的在于创造价值及使用价值，而流通加工则在于完善其使用价值，并在不做大改变的情况下提高价值。

(4) 流通加工的组织者是从事流通工作的人，能密切结合流通的需要进行这种加工活动，从加工单位来看，流通加工由商业或物资流通企业完成，而生产加工则由生产企业完成。

(5) 生产加工是为交换和消费而生产的，流通加工的一个重要目的是消费（或再生产）所进行的加工，这一点与生产加工有共同之处。但是流通加工在有的时候是以自身流通为目的，纯粹是为流通创造条件，这种为流通所进行的加工与直接为消费进行的加工，从目的来讲是有区别的，这又是流通加工不同于一般生产加工的特殊之处。

流通加工有效地完善了流通。流通加工在实现时间和场所两个重要效用方面，虽然不能与运输和仓储相比，但它也是不可轻视的，它能起到运输、仓储等其他功能要素无法起到的作用。所以，流通加工的地位可以描述为是提高物流水平、促进流通向现代化发展的不可缺少的形态。

（二）流通加工的作用

(1) 提高原材料利用率。利用流通加工，可将生产厂直接运来的简单规格的产品按照使用部门的要求进行集中下料，例如，将钢板进行剪板、切裁；钢筋或圆钢裁制成毛坯；木材加工成各种长度及大小的板、方等。集中下料可以优材优用、小材大用、合理套裁，有很好的技术经济效果。

(2) 进行初级加工，方便用户。对于用量小或有临时产生需要的单位，因缺乏进行高效率初级加工的能力，依靠流通加工便可使这些使用单位省去进行初级加工的投资、设备及人力，从而搞活供应，方便用户。

(3) 提高加工效率及设备利用率。建立集中加工点，可以采用效率高、技术先进、加工量大的专门机具和设备。这样做的好处：一是提高了加工质量；二是提高了设备利用率；三是提高了加工效率，使加工费用及原材料成本降低。

(4) 充分发挥各种输送手段的最高效率。流通加工环节将实物的流通分成两个阶段。一般来说，由于流通加工环节设置在消费地，因此从生产厂到流通加工这一阶段输送距离长，而从流通加工到消费环节的这一阶段距离短。第一阶段是在数量有限的生产厂与流通加工点之间进行定点、直达、大批量的远距离输送，可以采用船舶、火车等大量输送的手段；第二阶段则是利用汽车和其他小型车辆来输送经过流通加工后的多规格、小批量的产品。这样可以充分发挥各种输送手段的最高效率，加快输送速度，节省运力和运费。

(5) 通过流通加工，可以使物流过程减少损失、加快速度，因而可能降低整个物流系统的成本；还可以提高物流对象的附加价值，着眼于满足用户的需要来提高服务水平，使物流系统成为新的"利润中心"。

相关链接

上海联华生鲜食品加工配送中心

上海联华生鲜食品加工配送中心是我国国内目前设备最先进、规模最大的生鲜食品加工配送中心,总投资6 000万元,建筑面积35 000平方米,年生产能力20 000吨,其中肉制品15 000吨、生鲜盆菜、调理半成品3 000吨,西式熟食制品2 000吨,产品结构分为15大类约1 200种生鲜食品;在生产加工的同时配送中心还从事水果、冷冻品以及南北货的配送任务。连锁经营的利润源重点在物流,物流系统好坏的评判标准主要有两点:物流服务水平和物流成本。联华生鲜食品加工配送中心在这两个方面都做得比较好。

生鲜商品,按其秤重包装属性可分为定量商品、秤重商品和散装商品;按物流类型可分为储存型、中转型、加工型和直送型;按储存运输属性可分为常温品、低温品和冷冻品;按商品的用途可分为原料、辅料、半成品、产成品和通常商品。生鲜商品大部分需要冷藏,所以其物流流转周期必须很短,以节约成本;生鲜商品保值期很短,客户对其色泽等要求很高,所以在物流过程中需要快速流转。

(资料来源:刘北林. 物流配送管理[M]. 北京:化学工业出版社,2016. 经作者整理)

任务二 流通加工的形式与内容

一、流通加工的形式

按加工目的的不同,流通加工有以下几种形式。

1. 为弥补生产领域加工不足的深加工

有许多产品在生产领域的加工只能到一定程度,这是由于许多因素限制着生产领域不能完全实现终极的加工。例如,钢铁厂的大规模生产只能按标准规定的规格生产,以使产品有较强的通用性,使生产能有较高的效率和效益。

2. 为满足需求多样化进行的服务性加工

需求存在着多样化和多变化的特点,为满足这种要求,经常是用户自己设置加工环节。

3. 为保护产品所进行的加工

在物流过程中,直到用户投入使用前都存在对产品的保护问题,应防止产品在运输、储存、装卸、搬运、包装等过程中遭到损失,以保障使用价值能顺利实现。

4. 为提高物流效率,方便物流的加工

有些产品本身的形态使之难以进行物流操作,进行流通加工可以使物流各环节易于操作。

5. 为促进销售的流通加工

流通加工可以从若干方面起到促进销售的作用,如将零配件组装成用具、车辆等以便于直接销售;将蔬菜、肉类洗净切块以满足消费者要求等。这种流通加工可能是不改变

"物"的本体而只进行简单改装的加工,也可能是组装、分块等深加工。

6. 为提高加工效率的流通加工

许多生产企业的初级加工由于数量有限或加工效率不高,也难以投入先进科学技术。流通加工以集中加工的形式,克服了单个企业加工效率不高的弊病。以一家流通加工企业代替了若干生产企业的初级加工工序,促使生产水平有一个发展。

7. 为提高原材料利用率的流通加工

流通加工利用其综合性强、用户多的特点,可以实行合理规划、合理套裁、集中下料的办法,有效提高原材料利用率,减少损失和浪费。

8. 衔接不同运输方式,使物流合理化的流通加工

在干线运输及支线运输的节点设置流通加工环节,可以有效解决大批量、低成本、长距离干线运输与多品种、小批量、多批次末端运输和集货运输之间的衔接问题。在流通加工点与大生产企业之间形成大批量、定点运输的渠道,又以流通加工中心为核心组织对多用户的配送。也可在流通加工点将运输包装转换为销售包装,从而有效衔接不同目的的运输方式。

9. 以提高经济效益、追求企业利润为目的的流通加工

流通加工的一系列优点可以形成一种"利润中心"的经营形态,这种类型的流通加工是经营的一环,在满足生产和消费的基础上取得利润,同时在市场和利润的引导下使流通加工在各个领域中能有效地发展。

10. 生产—流通一体化的流通加工形式

依靠生产企业与流通企业的联合,或者生产企业涉足流通,或者流通企业涉足生产,形成对生产与流通加工进行合理分工、合理规划治理组织,统筹进行生产与流通加工的安排,就是生产—流通一体化的流通加工形式。这种形式可以促成产品结构和产业结构的调整,充分发挥企业集团的经济技术优势,是目前流通加工领域的新形式。

二、流通加工的内容

(一) 生产资料的流通加工

1. 商品混凝土的加工

水泥的运输与使用以往习惯上以粉状水泥供给用户,由用户在建筑工地现制现拌混凝土使用。而现在将粉状水泥输送到使用地区的流通加工据点(集中混凝土工厂,或称生混凝土工厂),在那里搅拌成生混凝土,然后供给各个工地或小型构件厂使用。这是水泥流通加工的另一种重要方式,它具有很好的技术经济效果,因此,受到许多工业发达国家的重视。

这种流通加工的形式有以下几个方面的优点。

(1) 提高生产效率和混凝土质量。将水泥的使用从小规模的分散形态改变为大规模的集中加工形态,可以充分应用现代化的科学技术组织现代化的大生产,可以发挥现代设备和现代管理方法的优势,大幅度地提高生产效率和混凝土质量。

集中搅拌可以采取准确的计量手段和最佳的工艺;可以综合考虑添加剂、混合材料的影响,根据不同需要大量使用混合材料拌制不同性能的混凝土;又能有效控制骨料质

量和混凝土的离散程度，可以在提高混凝土质量、节约水泥、提高生产率等方面获益，具有大生产的一切优点。

（2）有利于环境保护。在相等的生产能力下，集中搅拌的设备在吨位、设备投资、管理费用、人力及电力消耗等方面较分散搅拌都能大幅度降低。由于生产量大，可以采取措施回收使用废水，防止各分散搅拌点排放洗机废水导致的污染，有利于环境保护。由于设备固定不动，还可以避免因经常拆建所造成的设备损坏，延长设备的寿命。

（3）能使水泥的物流过程更加合理。采用集中搅拌的流通加工方式可以使水泥的物流更加合理。在集中搅拌站（厂）与水泥厂（或水泥库）之间可以形成固定的供应渠道，这些渠道的数目远少于分散使用水泥的渠道数目，在这些有限的供应渠道之间，就容易采用高效率、大批量的输送形态，有利于提高水泥的散装率。在集中搅拌场所内，还可以附设熟料粉碎设备，直接使用熟料，实现熟料粉碎及拌制生混凝土两种流通加工形式的结合。

另外，采用集中搅拌混凝土的方式也有利于新技术的推广应用；大大简化了工地材料的管理，节约了施工用地等。

2. 水泥熟料的加工

成品水泥呈粉状，粉状水泥的运输、装卸需要采用多种措施，才能减少损耗及污染。在需要长途运输水泥的地区，可以从水泥厂购入水泥半成品，即水泥熟料，运输比较方便，然后在本地区的磨细工厂把熟料磨细，并根据当地资源和需求情况加入混合材料及附加剂，加工为成品水泥。

在需要经过长距离输送的情况下，以熟料形态代替传统的粉状水泥有很多优点，具体如下。

（1）可以大大降低运费，节省运力。

（2）可以按照当地的实际需要大量掺加混合材料。

（3）容易以较低的成本实现大批量、高效率的输送。

（4）可以大大降低水泥的输送损失。

（5）能更好地衔接产需，方便用户。采用长途输送熟料的方式，水泥厂就可以和有限的熟料粉碎工厂之间形成固定的直达渠道，能实现经济效果较优的物流。

3. 金属板材的剪切

由于钢铁生产企业是规模生产，只能按规格进行生产，以使产品有较强的通用性，使生产有较高的效率，一般不可能实现用户需求的终极加工。而流通企业为了方便用户和提高自身的经济效益，可以按用户要求进行加工，如物资流通企业对钢板和其他金属板材的剪切加工等，就颇受中、小用户的欢迎。

剪板机在流通领域可用于平板材和卷板的剪裁，其工作过程主要通过剪板机的上刀刃与下刀刃的作用，把整块的板材剪开分离。剪板机一般是直线剪切，剪切时一般是下剪刀固定不动，上剪刀向下运动。普通剪板机由机身、传动装置、刀架、压料器、前挡料架、后挡料架、托料装置、刀片调整装置、灯光对线装置、润滑装置、电气控制装置等部件组成。按工艺用途分类，剪板机可以分为摆动剪板机、多用途剪板机、多条板材滚剪机、圆盘剪切机和振动剪切机等；按传动方式分类，剪板机可以分为机械传动式剪板机和液压式剪板机。

钢板剪板及下料的流通加工有以下几项优点。

（1）由于可以选择加工方式，加工后钢材的金相组织较少发生变化，可以保证原来的交货状态，有利于高质量的保证。

（2）加工精度高，可以减少废料、边角料，也可以减少再进行机加工的切削量，既可以提高再加工效率，又可以减少消耗。

（3）由于集中加工可以保证批量及生产的连续性，可以专门研究此项技术并采用先进设备，从而大幅度提高效率和降低成本。

（4）使用户能简化生产环节，提高生产水平。

4. 木材加工和集中下料

在流通领域可以将原木锯截成各种规格的锯材（如板材、方木），同时将碎木、碎屑集中加工成各种规格板。这种加工可以提高效益，方便用户。过去用户直接使用原木，不但加工复杂、占用场地、加工设备多，而且资源浪费大，木材利用率不到50%，出材率不到40%。实行集中下料，按用户要求供应规格料，可以把原木利用率提高到95%，出材率提高到72%左右。

木工加工机械主要是木工锯机和抛光器具等，构造一般都比较简单。木工锯机是由有齿锯片、锯条或带锯链条组成的切割木材的设备。按刀具的运动方式分类，锯机可分为三种：刀具往复运动的锯机，如狐尾锯、线锯和框锯机；刀具连续直线运动的锯机，如带锯机和链锯；刀具旋转运动的锯机，如各种圆锯机。

5. 平板玻璃的切割下料

按用户提供的图纸对平板玻璃套材开片，向用户提供成品玻璃，用户可以将其直接安装在采光面上。这不但方便了用户，而且可以提高玻璃材料的利用率。玻璃的切割机械有多种，自动切割机是一种常用的设备。玻璃自动切割机由切桌、切割桥、控制箱、供电柜等主要部件组成。

6. 工业用煤的流通加工

（1）除矸加工。除矸加工是以提高煤炭纯度为目的的加工形式。企业为了不运矸石，多运"纯物质"，提高运力，降低成本，采用除矸的流通加工排除矸石。

（2）为管道输送煤浆进行煤浆加工。一般的煤炭运输方法损失浪费较大。管道运输是近代兴起的一种先进技术。在流通的起始环节将煤炭磨成细粉，便有了一定的流动性，再用水调和成浆就可以像其他液体一样进行管道输送了。

（3）配煤加工。不同的工业生产需用不同的煤质，如果发热量太大，则造成热能的浪费；如果发热量太小，则不能满足使用要求。从煤矿运出的一般都是品种单一的煤炭，不能满足用户多样性的需求。流通企业根据用户的具体要求，将各种煤和一些其他发热物质，按一定的配方进行掺配混合加工，生产出各种不同发热量的燃料。

（4）天然气、石油气等气体的液化加工。由于气体输送、保存都比较困难，天然气及石油气往往只好就地使用，如果当地资源充足而使用不完，往往就地燃烧掉，造成浪费和污染。两气的输送可以采用管道，但因投资大，输送距离有限，也受到制约。在产出地将天然气或石油气压缩到临界压力之上，使之由气体变成液体，就可以用容器装运，使用时机动性也较强。

（二）消费资料的流通加工

1. 机电产品的分割和组装加工

自行车及中小型机电产品的运输配送、储存保管具有一定困难，主要原因是不易进行包装，如进行防护包装则成本过大，并且运输装卸困难，效率也较低，容易丢失。这些货物有一个共同特点，即装配比较简单，技术要求不高，不需要进行复杂的检验和调试。因此，可采用半成品（部件）高容量包装，在消费地拆箱组装，组装后随即进行市场销售。

有些大型整体设备的体积很大，运输装卸困难，也可按技术要求进行分割，分为体积较小的几部分进行运输，到达目的地后再连接起来，恢复原型。

2. 货物的捆扎

捆扎机械是利用带状或绳状捆扎材料将一个或多个包装紧扎在一起的设备。利用机械捆扎代替传统的手工捆扎，不仅可以加固包件，减小体积，便于装卸搬运和储存保管，确定运输配送安全，还可以大大降低捆扎的劳动强度，提高工效，因此它是实现包装机械化、自动化必不可少的机械设备。

由于包件的大小、形状、捆扎要求不同，捆扎机类型较多，但各种类型的捆扎机的结构基本类似，主要由导轨与机架、送带、紧带机构、封接装置、控制系统组成。

3. 粘贴货物标签

为了方便识别和验收，往往要在货物上面粘贴标签和其他标识单据，可用粘贴机作业。粘贴机的主要作用是采用粘贴剂将标签贴在包件或产品上，粘贴机基本上由供签装置、取签装置、打印装置、涂胶装置和连锁装置等几部分组成。

> **小思考**：粘贴货物标签时应防止出现哪些问题？

（三）食品的流通加工

1. 易腐物品的防腐处理

所谓易腐物品，主要是指肉、鱼、蛋、水果、蔬菜、鲜活植物等品类的物品。这些物品在流通过程中容易腐败变质，要进行一些加工处理以保持原有的使用价值。

（1）冷冻加工和低温冷藏。动物性食品腐坏的主要原因是微生物的作用，温度与微生物的生成、繁殖和呼吸作用有密切关系。所以对肉、鱼类食品可采用冷冻加工，使微生物的繁殖速度减缓或停止，避免腐烂变质。

温度对水果、蔬菜呼吸强度的影响也极为显著，温度降低，呼吸作用也随之减弱。但温度过低也会使水果蔬菜中的水分冻结而停止其呼吸作用，失去对细菌的抵抗能力而腐败。因此，对于水果蔬菜不能冷冻处理，适宜采用低温冷藏的方法。

（2）其他防腐加工方法。防腐的方法除了低温冷藏外，还有一些其他的方法，如糖泡、盐腌、晾干和制成各种罐头等。这些措施大多由生产企业完成，流通企业也可采用。

2. 生鲜食品的流通加工

（1）冷冻加工。为了解决鲜肉、鲜鱼在流通中保鲜及搬运装卸的问题，通常会采取低温冷冻方式的加工，这种方式也用于某些液体商品、货品等。

（2）分选加工。农副产品规格、质量离散情况较大，为了获得一定规格的产品，采取人工或机械分选的方式加工，称作分选加工。这种形式广泛用于果类、瓜类、谷物、棉毛原料等。

（3）精制加工。农、牧、副、渔等产品精制加工是在产地或销售地设置加工点，不但大大方便了购买者，而且还可以对加工的淘汰物进行综合利用。例如，鱼类的精制加工所剔除的内脏可以制成某些药物或饲料，鱼鳞可以制高级黏合剂，头尾可以制鱼粉等；蔬菜的加工剩余物可以制饲料、肥料等。

（4）分装加工。许多生鲜食品零售起点较小，为了保证高效输送出厂，包装则较大，也有一些是采用集装运输方式运达销售地区。这样为了便于销售，在销售地区按所要求的零售起点进行新的包装，即大包装改小包装或散装，运输包装改销售包装，这种方式也称分装加工。

三、流通加工与生产加工的区别

流通加工和一般的生产型加工在加工方法、加工组织、生产管理方面并无显著区别，但在加工对象、加工程度方面差别较大，其差别主要体现在以下几个方面。

（一）加工对象不同

流通加工的对象是进入流通过程的商品，具有商品的属性，而生产加工的对象不是最终产品，而是原材料、零配件、半成品。

（二）加工程度不同

流通加工程度大多是简单加工，而非复杂加工。一般来讲，如果必须进行复杂加工才能形成市场所需的商品，那么，这种复杂加工应专设生产加工过程，生产过程理应完成大部分加工活动。流通加工对生产加工则是一种辅助及补充。特别需要指出的是，流通加工绝不是对生产加工的取消或代替，它只是根据客户需要，对生产加工的一种完善。

（三）价值不同

从价值观点看，生产加工的目的在于创造价值及使用价值，而流通加工的目的则在于完善其使用价值，并在不做太大改变的情况下提高其价值。

（四）加工者不同

流通加工的组织者是从事流通工作的人，能密切结合流通的需要进行流通加工；从加工单位来看，流通加工由商业或物资流通企业完成，而生产加工则由生产企业完成。

（五）加工目的不同

商品生产是以交换和消费为目的的，流通加工的一个重要目的也是消费（或再生产），这一点与商品生产有共同之处。但是流通加工有时也是以自身流通为目的的，纯粹是为流通创造条件。这种为流通所进行的加工与为消费所进行的加工从目的来讲是有区别的，这是流通加工不同于一般生产加工的特殊之处。

相关链接

汽车钢板加工流通中心

由鞍钢集团、长春第一汽车集团和日本三井物产公司三家合资的汽车钢板加工流通中心主要生产、加工汽车用钢材及各种加工流通服务。

为建立该加工流通中心,鞍钢集团、长春第一汽车集团和日本三井物产公司三方合资组建了长春一汽鞍钢钢材加工流通有限公司,鞍钢集团占公司股份的 50%,长春第一汽车集团和日本三井物产公司各占 25%。

鞍钢方面称,钢厂、商社、汽车厂合作建设钢材加工流通中心,是目前世界上先进的物流管理模式,它有利于汽车生产厂降低库存、降低成本、提高产品质量。下游行业通过与钢厂建立更紧密的合作关系,以获得更稳定的原料供给。汽车制造钢板用量大,品种规格复杂,对厂家来说,单家工厂下料、剪裁的过程中,由于难以形成批量下料,造成材料的浪费很大,而且,生产效率低下,难以满足生产的需要,也不利于提高生产效率。因此,该流通中心的主要业务环节是,根据汽车厂的生产计划安排,从鞍钢组织钢板的进货,流通中心下料剪裁加工、流通运输。

(资料来源:曹泽州. 物流配送管理[M]. 北京:清华大学出版社,2017.)

任务三 流通加工管理概述

一、流通加工管理的分类

流通加工管理,从其本质来说,和生产领域的生产管理一样,是在流通领域中的生产加工作业管理。所不同的是,流通加工管理既要重视生产的一面,更要着眼于销售的一面,因后者是它的主要目的。流通加工管理工作包括计划管理、生产管理、成本管理和销售管理等。

(一)计划管理

计划管理就是对流通加工的产品必须事先制订计划,如对加工产品的数量、质量、规格、包装要求等,都要按用户的需求做出具体计划,按计划进行加工生产。

要实现现代生产的计划管理,首先要改变管理意识,将生产部门的管理工作从过去仅重视成品生产量导入到重视物料管理、重视生产计划交货期和掌握库存控制技术、搞好质量管理和现场管理的意识上来。其次,应规范生产计划制度,加大力度推行年度计划和季度计划,落实月生产计划。最后,应实施各项管理制度。车间实行生产计划管理和物料管理制度,并建立管理规范和操作规范,要求生产系统管理人员随时监控计算机中的数据正确与否;同时又要求制定可行的订货原则、安全库存量、物料消耗指标、生产能力指标等管理数据,使各车间的加工处于受控制的状态。

(二)生产管理

生产管理主要是对生产过程中的工艺管理(如生产厂房、车间的设计)、生产工艺流程的安排、原材料的储存供应、产成品的包装和入库等一系列的工艺流程的设计,看其是否科学、合理与现代化。

生产管理的制度化、程序化和标准化是科学管理的基础。只有在合理的管理体制、完善的规章制度、稳定的生产程序、一整套科学管理方法和完整、准确的原始数据的基础上,才能使生产管理产生一个新的飞跃,并为计算机管理奠定一个良好的基础。

(三)成本管理

在流通加工中,成本管理也是一项非常重要的内容。一方面,加工是为了方便用户,创造社会效益;另一方面,加工也是为了扩大销售,增加企业效益,所以必须详细计算成本,不能进行亏本的加工。

成本计算必然涉及流通加工费用。流通加工费用包括流通加工设备费用、流通加工材料费用、流通加工劳务费用以及流通加工其他费用。对流通加工费用的管理必须注意以下几点。

(1)合理确定流通加工的方式。流通企业应根据服务对象选择适当的加工方法和加工深度,因为不同的加工方法与加工深度的费用支出是不同的。

(2)合理确定流通加工的能力。流通加工费用与加工的批量、加工的数量存在着正比关系,应根据物流需要和加工者的实际能力确定加工批量和数量,避免出现加工能力不足或加工能力过剩的现象。

(3)流通加工费用的单独核算。为了检查和分析流通加工费用的使用、支出情况,分析流通加工的经济效益,要求对流通加工费用单独管理,进行单独核算。

(4)制定反映流通加工特征的经济指标,如反映流通加工后单位产品增值程度的增值率,反映流通加工在材料利用方面的材料出材率、利用率等指标,以便更好地反映流通加工的经济效益。

(四)销售管理

流通部门的主要职能是销售,加工也应该主要是为此目的服务的。因此,在加工之前,要对市场情况进行充分的分析调查。只有广大顾客需要的,加工之后有销路的产品,才能组织加工,否则,顾客不需要或销路不好的,就不能进行徒劳的加工。

二、不合理的流通加工形式

流通加工是在流通领域中对生产的辅助性加工,从某种意义上来讲,它不仅是生产过程的延续,而且是生产本身或生产工艺在流通领域的延续。这个延续可能有正、反两方面的作用,即一方面可能有效地起到补充完善的作用,但是,也必须估计到另一个可能性,即对整个过程的负效应。各种不合理的流通加工都会产生抵消效益的负效应。几种不合理的流通加工形式如下。

(一)流通加工地点设置得不合理

流通加工地点设置,即布局状况,是整个流通加工是否有效的重要因素。一般而言,为衔接单品种大批量生产与多样化需求的流通加工，加工地设置在需求地区，才能实现大批量的干线运输与多品种末端流通的物流优势。

如果将流通加工地设置在生产地区，其不合理之处在于以下两个方面。

（1）多样化需求要求的产品多品种、小批量由产地向需求地的长距离运输会出现不合理。

（2）在生产地增加了一个加工环节，同时增加了近距离运输、装卸、储存等一系列物流活动。

所以，在这种情况下，不如由原生产单位完成这种加工，而无须设置专门的流通加工环节。一般而言，为了方便物流的流通加工环节应设在产出地，设置在进入社会物流之前，如果将其设置在物流之后，即设置在消费地，则不但不能解决物流问题，又在流通中增加了一个中转环节，因而也是不合理的。

（二）流通加工方式选择不当

流通加工方式包括流通加工对象、流通加工工艺、流通加工技术、流通加工程度等。流通加工方式的确定实际上是与生产加工的合理分工。分工不合理，本来应由生产加工完成的，却错误地由流通加工完成，本来应由流通加工完成的，却错误地由生产加工去完成。

流通加工不是对生产加工的代替，而是一种补充和完善。所以，一般而言，如果工艺复杂，技术装备要求较高，或可以由生产加工解决的，都不宜再设置流通加工，尤其不宜与生产加工争夺技术要求较高、效益较高的最终生产环节，更不宜利用一个时期市场的压迫力使生产者变成初级加工或前期加工，而流通企业完成装配或最终形成产品的加工。如果流通加工方式选择不当，就会出现与生产夺利的情况。

（三）流通加工作用不大，形成多余环节

有的流通加工过于简单，或对生产及消费者作用都不大，甚至有时流通加工的盲目性，同样未能解决品种、规格、质量、包装等问题，相反却实际增加了环节，这也是流通加工不合理的表现。

（四）流通加工成本过高，效益不好

流通加工之所以能够有生命力，是因为有较大的产出投入比，因而有补充完善的作用。如果流通加工成本过高，则不能实现以较低投入得到更高使用价值的目的。除了一些必需的、从政策要求即使亏损也应进行的加工外，都应看成是不合理的。

三、流通加工合理化

流通加工合理化的含义是实现流通加工的最优配置，不仅做到避免各种不合理，使流通加工有存在的价值，而且做到最优的选择。为了避免各种不合理现象，对是否设置流通加工环节，在什么地点设置，选择什么类型的加工，采用什么样的技术装备等，需要做出正确抉择。目前，国内在进行这方面合理化的考虑中已积累了一些经验，取得了一定成果。

要实现流通加工合理化主要应考虑以下几个方面。

1. 加工和流通结合

这是将流通加工设置在流通点中,一方面按流通的需要进行加工,另一方面加工又是流通业务流程中分货、拣货、配货的重要一环,加工后的产品直接投入配货作业,这就无须单独设置一个加工的中间环节,使流通加工有别于独立的生产,而使流通加工与中转流通巧妙结合在一起。同时,由于流通之前有加工,可使流通服务水平大大提高。这是当前对流通加工做合理选择的重要形式,在煤炭、水泥等产品的流通中已表现出较大的优势。

2. 加工和配套结合

在对配套要求较高的流通中,配套的主体来自各个生产单位,但是,完全配套有时无法全部依靠现有的生产单位。进行适当流通加工,可以有效促成配套,大大增强流通的桥梁与纽带作用。

3. 加工和合理运输结合

前文已提到过流通加工能有效衔接干线运输与支线运输,促进两种运输形式的合理化。利用流通加工,在支线运输转干线运输或干线运输转支线运输这本来就必须停顿的环节,不进行一般的支转干或干转支,而是按干线或支线运输合理的要求进行适当加工,从而大大提高运输及运输转载水平。

4. 加工和合理商流相结合

通过加工有效促进销售,使商流合理化,也是流通加工合理化的考虑方向之一。加工和流通的结合,通过加工,提高了流通水平,强化了销售,是加工与合理商流相结合的一个成功的例证。

此外,通过简单地改变包装加工,形成方便的购买量,通过组装加工解除用户使用前进行组装、调试的难处,都是有效促进商流的例子。

5. 加工和节约相结合

节约能源、节约设备、节约人力、节约耗费是流通加工合理化的重要考虑因素,也是目前我国设置流通加工,考虑其合理化的较普遍的形式。

对于流通加工合理化的最终判断,看其是否能实现社会的和企业本身的两个效益,而且是否取得了最优效益。对流通加工企业而言,与一般生产企业一个重要不同之处是,流通加工企业更应树立社会效益为第一的观念。只有在以补充完善为己任的前提下才有生存的价值。如果只是追求企业的微观效益,不适当地进行加工,甚至与生产企业争利,这就有违流通加工的初衷,或者其本身已不属于流通加工的范畴了。

四、流通加工的技术经济指标

衡量流通加工的可行性,对流通加工环节进行有效的管理,可考虑采用以下两类指标。

(一)流通加工建设项目可行性指标

流通加工仅是一种补充性加工,规模、投资都必须远低于一般生产性企业。其投资特点是:投资额较低、投资时间短、建设周期短、投资回收速度快且投资收益较大。因此,投资可行性可采用静态分析法。

(二）流通加工环节日常管理指标

由于流通加工的特殊性，不能全部搬用考核一般企业的指标。例如，八项技术经济指标中，对流通加工较为重要的是劳动生产率、成本及利润指标。此外，还有反映流通加工特殊性的指标，具体如下。

1. 增值指标

增值指标反映经流通加工后单位产品的增值程度，以百分率表示。其计算公式为

$$增值率 = \frac{产品加工后价值 - 产品加工前价值}{产品加工前价值} \times 100\%$$

增值率指标可以帮助管理人员判断投产后流通加工环节的价值变化情况，并以此观察该流通加工的寿命周期位置，为决策人提供是否继续实行流通加工的依据。

2. 品种规格增加额和增加率

品种规格增加额和增加率反映某些流通加工方式在满足用户、衔接产需方面的成就，增加额以加工后的品种、规格数量与加工前之差决定。品种规格增加率的计算公式为

$$品种规格增加率 = \frac{品种规格增加额}{加工前品种规格} \times 100\%$$

3. 资源增加量指标

资源增加量指标反映某些类型流通加工在增加材料利用率、出材率方面的效果。这个指标不但可提供证实流通加工的重要性数据，而且可具体用于计算微观经济效益及宏观经济效益。其具体指标分为新增出材率和新增利用率两项，计算公式为

$$新增出材率 = 加工后出材率 - 原出材率$$
$$新增利用率 = 加工后利用率 - 原利用率$$

项目小结

流通加工是对物品的外形或组合状态进行简单作业，使之流通更方便、用户更满意，提高资源利用率。

流通加工的出现使流通过程明显地具有了某种"生产性"，改革了长期以来形成的"价值及使用价值转移"的旧观念，这就从理论上明确了"流通过程是可以主动创造价值的"，而不单是被动地"保持"和"转移"价值。因此，人们必须研究流通过程中孕育着多少创造价值的潜在能力，这就有可能通过努力在流通过程中进一步提高商品的价值和使用价值，同时以很小的代价实现这一目标。这样，就引起了流通过程从观念到方法的巨大变化，流通加工则是为适应这种变化而诞生的。

同 步 练 习

一、选择题

1. 大生产的特点之一便是"少品种、大批量、专业化"，产品的功能（规格、品种、性能）往往不能和消费需求密切衔接。弥补这一分离的方法就是（　　）。
   A．流通加工　　B．流通运输　　C．流通管理　　D．机械加工

2. 在生产不太复杂、生产规模不大时,所有的加工、制造几乎全部集中于生产及再生产过程中,而流通过程只是实现商品价值及(　　)的转移过程。

A. 流通价值　　B. 使用价值　　C. 经济价值　　D. 商品价值

3. 流通加工是在流通领域中对生产的辅助性加工,从某种意义上来讲,它不仅是生产过程的延续,还是生产本身或生产工艺在(　　)的延续。

A. 加工领域　　B. 商品领域　　C. 流通领域　　D. 经济领域

4. 流通加工合理化的含义是实现流通加工的(　　),不仅做到避免各种不合理,使流通加工有存在的价值,而且做到最优的选择。

A. 合理配置　　B. 最优组合　　C. 最优结合　　D. 最优配置

5. 从价值观点看,生产加工的目的在于创造价值及使用价值,而流通加工则在于完善其使用价值,并在不做大改变的情况下(　　)。

A. 提高价值　　B. 降低价值　　C. 保存价值　　D. 提高效益

二、问答题

1. 什么叫流通加工?
2. 流通加工的作用有哪些?
3. 不合理的流通加工形式有哪些?
4. 实现流通加工合理化应主要从哪几个方面考虑?
5. 什么叫流通加工管理?

三、实训题

1. 实训目的:使学生对流通加工有个整体的认识。
2. 实训方式:组织学生到流通加工企业进行参观学习。
3. 实训内容:

(1)使学生了解流通加工的具体业务。

(2)使学生了解流通加工企业的管理方法。

(3)使学生了解流通加工应该如何为流通服务。

四、案例分析

广东流通怎么"通"

1. 广东流通产业毛病颇多

说起广东的零售业,形式颇多,小至几十平方米的便利店,大至 15 万~16 万平方米,集购、食、娱、游于一体的购物中心,中间还包括百货商店、超级市场、大型综合超市、专卖店、仓储式商店以及无店铺销售的电视直销、网上商店,几乎涵盖所有国内外最先进的商业零售业态结构,是民营化比重最大的行业之一。然而,广东零售业问题也不少,企业组织散、规模小、实力弱,其零售实力远低于上海、北京,甚至不如江苏和浙江,此外,结构发展不平衡也影响广东零售企业的竞争力,地区之间、城乡之间、业种业态之间存在较大差异,不少零售企业基础差、底子薄、负债率高、资金严重匮乏,竞争力实在有限。

批发代理业主要是传统的国有批发企业,这些企业曾经风光一时,在商品流通流域中充分发挥了主渠道的作用。但 20 世纪 90 年代以后,传统国有批发企业或沉溺于体制转型期的暂时性行业优势，或放弃本业，把大量资源投向市场的热点行业，失去了自身变革的最佳时期，经营日益萎缩、每况愈下。从其他经济成分的批发企业来看，由于受到政策或资源、人才、技术等方面的限制，目前真正上规模的也还不多。因此，广东批发代理业的经营处于十分严峻的局面。

物流业是发展较晚的一种流通业态。尽管广东已出现了像广东"宝供"、深圳"招商"等一批有一定规模的物流企业。但由于旧体制下物流各要素长期独立发展，管理"条块分割"，社会意识淡薄，对物流现代化对经济发展的影响缺乏认识，造成政府对物流业的发展规划、指导、投入不足，企业对大物流的建设缺少实力和积极性，物流业的"第三利润源泉"作用远未得到挖掘。

目前，广东物流业总体上还比较落后，物流规模小，效率低，服务项目有限。物流系统化、标准化、专业化、共同化、现代化远没有形成。最大的物流企业年营业额也只有三四亿元，与广东年产值超过1万亿元产品的流通及经济的发展水平很不相称。可以说，广东物流业已成为国民经济发展的"瓶颈"，成为流通现代化的主要制约因素之一。

广东是最早接触特许经营这一概念的地区之一，但至今仍处于起步阶段，存在许多阻碍性因素，如认识偏差、经验不足、相关法律欠健全等。许多人士依然存在"宁做鸡头，不做凤尾"的狭隘思想，使得特许经营的吸引力不如西方那样强烈。因此，广东特许经营要实现一个突破性的发展是相当困难的。

2．入世对广东流通产业的冲击

中国加入世界贸易组织（以下简称"入世"）后，批发代理中除了盐和烟不开放，其余所有商品"入世"后逐步开放；"入世"对广东零售业的冲击相对较弱，因为目前广东零售业开放程度较高，外商占社会消费品零售总额的比重还很低，零售市场还有比较大的开放空间；而且外商的进入将是渐进的，不会在短期内形成强烈的"冲击波"；零售业也有相对固定的商圈，外商要在零售市场中扩大份额，不可能一蹴而就，这将大大降低他们的扩张速度。但是，就某些业态和地区而言，可能会受到较大的冲击甚至致命的打击，容易出现"开了一家大卖场，死了周围一大片"的现象。

批发代理业将受到最为严重的冲击。因为批发市场发展空间和潜力十分巨大，是外商加快进入广东市场的最好方式。另外，"入世"后中外合资生产企业允许建立自己的销售公司和网络，将使国内批发企业销售机会减少。因此，"入世"后广东批发业将受到外资企业的严峻挑战，其竞争对手不仅是国外商业，而且还包括中外合资生产企业。

从物流业来看，物流企业的发展面临着观念、技术、体制、资金、人才等一系列严峻的挑战。而我国物流领域扩大对外开放，将与我国加入WTO（世界贸易组织）的对外承诺中有关运输服务和分销领域的开放同步进行。所以，在短时间内，广东省物流企业，尤其是第三方物流企业要实现"强身健体"是有困难的。因此，加入WTO对广东省刚刚发展起来的十分幼稚的第三方物流企业将形成巨大的压力和冲击。

从特许经营来看，"入世"后，无疑将会有越来越多优秀的跨国特许经营母体进入广东省寻求发展。这些企业的到来将网罗众多的中小企业,进而控制整个流通渠道,影响广东的流通企业。不仅如此,上游的生产、供应企业也将受到严重的影响(如商品价格),最终形成"挟天子(流通企业)以令诸侯(生产企业)"的态势。

(资料来源:曹泽州. 物流配送管理[M]. 北京:清华大学出版社,2017. 经作者整理)

问题:

通过阅读以上资料,你认为广东流通业应采取哪些对策?

项目八　出库作业管理

任 务 目 标	技 能 目 标
1. 掌握发货、补货、退货作业流程。 2. 掌握发货路线的选择及车辆配装方式。	1. 学会进行发货、补货、退货的相关操作。 2. 熟悉出库应注意的问题。

项目概述

货物出库发运是货物储运阶段的终止，也是仓库作业的最后一个环节，是仓库根据业务部门或存货单位开出的货物出库凭证（提货单、调拨单），从对出库凭证审核开始，进行拣货、分货、发货检查、包装，直到把货物点交给要货单位或发运部门的一系列作业过程。

货物出库要求仓库准确、及时、安全、保质保量地发放货物，出库货物的包装也要完整牢固、标志正确、符合运输管理部门和客户单位的要求。做好货物出库管理的各项工作，对完善和改进仓库的经营管理、降低仓库作业成本、实现仓库管理的价值、提高客户服务质量等具有重要的作用。货物出库业务，是仓库根据业务部门或者客户单位（货主单位）开出的提货单、调拨单等货物出库凭证，按照货物出库凭证所列的货物名称、编号、型号、规格、数量、承运单位等各个具体的项目，组织货物出库的一系列工作的总称。货物出库意味着货物在储存阶段的终止，因此货物出库管理是仓库作业的最后一个环节。货物出库也使得仓库的工作与运输、配送单位，与货物的使用单位直接发生了业务联系。在任何情况下，仓库都不能够擅自动用或者外借库存的货物。

项目任务

导入案例

安徽省某乳业有限公司冰激凌厂火灾

2015年8月2日上午10时，某乳业（集团）股份有限公司在安徽省马鞍山市的冰激凌生产线项目发生重大火灾,起火地点为公司北库(成品库),随后火势蔓延至该公司南库(缓冲间)。马鞍山市消防支队先后调集五个消防中队,四个企业专职消防队共 25 辆消防车、142 人,经过 7 个多小时的艰苦奋战,终将大火完全扑灭,在搜救火场被困公司员工过程中,因冷库钢结构房顶突然坍塌,奋不顾身救人的郑飞、管志彦、叶晓辉 3 名年轻的战士英勇牺牲,事故发生后,安徽省消防总队立即组成专家组对火灾原因进行调查,现已查明火灾系冷库内照明电气线路短路所致,火灾造成的直接经济损失约 300 万元。

(资料来源:刘北林. 物流配送管理[M]. 北京:化学工业出版社,2016.)

任务一 货 物 出 库

一、货物出库准备

为了做好货物出库工作,必须事先做好相应的准备,按照一定的作业流程和管理规章组织货物出库。在实践工作中,仓库工作人员要坚决杜绝凭口头、凭信誉、凭白条发货,否则极易发生差错事故甚至法律纠纷。遇到抢险救灾等紧急情况,发生非常规的货物出库,也要符合仓库的有关管理规定。业务部门或者客户单位开出的提货单、调拨单等货物出库凭证,其格式会不尽相同。但是,无论采用什么格式,都必须是符合财务和业务管理制度要求的具有法律效力的凭证。通常,仓库与业务部门在货物出库管理规定中,或者与客户单位在仓储管理合同中,要明确规定有效的出库凭证格式等内容。

表 8-1 和表 8-2 分别是某生产厂家内部业务部门向仓库开出的物资调拨单和某家电企业向仓储企业开出的提货单。

表 8-1 物资调拨单

开单日期: 年 月 日　　　　　　　　　　　　调拨单号:
调拨期限: 年 月 日
领用单位:　　　　　　　　　　　　　　　　　取料仓库:

序号	物资编号	名称	规格	型号	单位	数量	重量	备注

批准:　　　　记账:　　　　　　领用:　　　　　　　　制单:

表 8-2 提货单

提货单位:　　　　　联系方式:　　　　　　　　提货单号:
提货仓库:　　　　　仓库地址:
提货方式:　　　　　结算方式:　　　　　　　　开单日期: 年 月 日

序号	货物编号	名称	规格	型号	单位	数量	重量	单价	总价	备注

续表

序　号	货物编号	名　称	规　格	型号	单位	数　量	重　量	单　价	总　价	备　注

主管：　　　　　财务：　　　　　提货人：　　　　　制单：

二、货物出库的基本要求和依据

（一）货物出库的基本要求

货物出库时要做到"三不""三核""五检查"的基本要求。"三不"就是"未接单据不登账，未经审单不备货，未经复核不出库"；"三核"即在发货时要"核对凭证，核对账卡，核对实物"；"五检查"，即对单据和实物要进行品名检查、规格检查、包装检查、件数检查和重量检查。

具体来讲，货物出库要严格执行出库业务程序，依据正式的出库凭证进行，准确及时地将货主所需货物送达，使客户满意。

（二）货物出库的依据

货物出库的主要依据是有关单位开具的正式出库凭证。出库凭证的具体格式可以不同，但不论采用哪种格式，都必须是符合财务制度要求且具有法律效力的凭证。

货物出库必须符合有关规定和要求，对商品出库业务的基本要求如下。

1. 凭证出库

出库业务必须依据正式的出库凭证进行，任何非正式的凭证均视为无效凭证，不能作为出库的依据。

2. 严格执行出库业务程序

出库业务程序是保证出库工作顺利进行的基本保证，为防止出现工作失误，在进行出库作业时，必须严格履行规定的出库业务工作程序，使出库业务有序进行。

3. 准确

所谓准确，是指按照商品出库凭证所列的商品编号、品名、规格、等级、单位、数量等，做到准确无误地出库。一般情况下，由于仓库储存品种较多，发货时间比较集中，业务比较繁忙，为了做到出库商品准确无误，必须加强复核工作，要从审核出库凭证开始直到把商品交接为止，每一环节都要进行复核。

4. 及时

所谓及时，是指当接到出库凭证以后，按规定的交货日期及时组织商品出库。办理出库手续，应在明确经济责任的前提下，力求手续简便，提高发货效率。为此，一方面要求作业人员具有较高的业务素质，全面掌握商品的流向动态，合理地组织出库业务；另一方面，还要加强与业务单位的联系，提前做好出库准备，以达到迅速及时地完成出库业务。

 相关链接

某企业物资出库的规定

1. 物资出库必须准确

准确是工作质量的一个重要标志，没有准确就没有质量，没有准确，出库工作就变得毫无意义。所谓准确，是指按照出库凭证所列的物资编号、品名、规格、质量、等级、单位数量等，准确无误地进行点交，做到单货相符，避免差错。

2．物资出库必须及时

发货及时是保证生产建设和人民需要的重要条件。因此，发货时在手续健全的前提下，力求简便，加快速度及时组织好物资出库作业。

3．物资出库必须安全

所谓出库安全，是指在出库搬运点交时注意安全操作，防止物资震坏、摔伤、破损、变形，以保证物资出库时的质量完好。

4．物资出库的原则

（1）先进先出。为避免物资长期在库存放而超过其储存期限或增加自然损耗，必须坚持"先进先出、后进后出"的原则。

（2）凭证发货。物资"收有据、出有凭"是物资收发的重要原则。所谓凭证发货，是指出库必须凭正式单据和手续，非正式凭证或白条一律不予发放（国家或上级指令的、紧急抢险救灾物资除外）。

5．物资出库方式

（1）自提：即提货单位持出库凭证（提货单）自行到仓库提货，保管员根据提货单上所列的名称、规格、数量当面点交给提货人员。

（2）送货：仓库受提货单位委托，将其所需物资按提货单所列内容运送到使用单位，并在使用单位当场点交。

（3）代运：仓库受外埠用户委托，按单将货配齐后通过铁路、水运、航空、邮寄等方式，将货发至用户所在地的车站、码头、机场、邮局提货。此种出库形式的交接是与铁路、水运等运输部门进行的，仓库按规定程序办理完托运手续并取得运输部门的承运凭证，将应发货物全部点交承运部门后，责任才开始转移。

（资料来源：刘北林．物流配送管理[M]．北京：化学工业出版社，2016．）

三、货物出库的方式、作业流程及常见问题处理

（一）出库方式

1．送货

送货是指仓库根据客户订单需求，组织人力物力将货物备齐，送到客户所需地点的一种出库方式。送货具有"预先付货、按车排货、发货等车"的特点。这样仓储部门可以预先安排作业，缩短发货时间。

2．自提

自提是指由货主单位凭有效出库凭证，自备运输工具到仓库提取货物的一种方式。

3．过户

过户就是一种就地划拨的形式，货物虽未出库，但是货物的所有权已从原存货户转移到新存货户。仓库必须根据原存货单位开出的正式过户凭证，才予以办理过户手续。

4. 移库

移库就是货物存放地点的变动。某些货物由于业务上的需要，或由于货物特性的原因要更换储存场所，从一个仓库转移至另一个仓库储存时，必须根据有关部门开具的货物移库单来组织货物出库。

（二）货物出库作业的流程

由于各种类型的仓库具体储存的货物种类不同，经营方式不同，货物出库的程序也不尽相同，但就其出库的操作内容来讲，一般的出库业务程序包括核单备货—复核—包装—点交—登账—清理等过程。

1. 核单备货

发放货物必须有正式的出库凭证，严禁无单或白条发料。保管员接到出库凭证后，应仔细核对，审核出库凭证的合法性、真实性、有效期限及货物品名、型号、规格、单价、数量、收货单位等信息。

核对完凭证，开始备货工作，做到迅速、准确。备货后要及时变动货卡余额数量，填写实发数量和日期等。

2. 复核

为了防止差错，备货后应立即进行复核。复核内容主要包括品种数量是否准确、货物质量是否完好、配套是否齐全、技术证件是否齐备、外观质量和包装是否完好等。除此之外，在发货作业的各道环节上，都贯穿着复核工作。例如，理货员核对单货，门卫凭票放行，财务核对单账等，这些分散的复核形式起到分头把关的作用，都十分有助于提高仓库发货业务的工作质量。

3. 包装

出库的货物如果没有符合运输方式所要求的包装，应进行包装。根据货物外形特点，选用适宜包装材料，其重量和尺寸应便于装卸和搬运。出库货物包装，要求干燥、牢固，如有破损、潮湿、捆扎松散等不能保障货物在运输途中安全的，应负责加固整理，做到破包破箱不出门。此外，各类包装容器，如外包装上有水湿、油迹、污损等，均不许出门。另外，在包装中，严禁互相影响或性能互相融合的货物混合包装。包装后，要写明收货单位、到站、发货号、本批总件数、发货单位等，也可以将装箱明细贴在箱外。

4. 点交

货物经复核后，将货物和单据当面点交给提货人，办清交接手续。

5. 登账

点交后，保管员应在出库单上填写实发数、发货日期等内容，并签名。然后将出库单连同有关证件资料及时交货主，以使货主办理货款结算。保管员把留存的一联出库凭证交实物明细账登记人员登记做账。同时将已空出的货位标注在货位图上，以便安排货物。

6. 清理

清理工作包括清理财务和清理货场。

清理财务是指货物发出后要清理单据、核对账目，出现盘亏的要办理盈亏手续，确保账、卡、物三样相符。清理后的单据、资料、货物档案要装订保存和归档备查。清理货场包括清理库存货物、库房、场地、设备和工具等。

在整个出库业务流程中，复核和点交是两个最为关键的环节。复核是防止差错的重要和必不可少的措施，而点交则是划清仓库和提货方两者责任的必要手段。

（三）货物出库的常见问题处理

货物出库过程中出现的问题有很多，应分别对待并及时处理。

1. 出库凭证问题的处理

（1）出库凭证有假冒、复制、涂改等情况，或者情况不清楚有疑点，应及时与仓库保卫部门及与出具出库单的单位或部门联系，妥善处理。

（2）出库凭证有效期超过提货期限，客户前来提取货物，必须先办理手续，按规定缴足逾期的仓储保管费用，然后方可发货。

（3）提货时，客户发现规格开错，保管员不得自行调换规格发货，必须通过制票员重新开票方可发货。

（4）如顾客遗失提货凭证时，必须由客户单位出具证明，到仓储部门制票员处挂失，原制票员签字作为旁证，然后到仓库出库业务员处报案挂失；如果挂失时，货已被提走，仓储部门不负任何责任，但有义务协助破案；如果货物还没有被提走，经业务员查实后，凭上述证明，做好挂失登记，将原凭证作废，缓期发货。

2. 串发货和错发货问题的处理

所谓串发货和错发货，主要是指发货人员对货物种类规格不很熟悉的情况下，或者由于工作中的疏漏，把错误规格、数量的货物发出库的情况。收到客户投诉，发现串发货或错发货后，应及时逐步排查，查明情况后应及时解决。

3. 包装问题处理

包装问题一般是指在发货过程中，因货物包装破损，造成货物渗漏、裸露等问题。因要求仓储部门在发货时，凡原包装经挤压，装卸搬运不慎造成的破损、污损都需重新整理或更换包装，才能出库。所以出现此类客户投诉，一般造成的原因是在运输途中货物遭到碰撞、挤压，应及时与运输部门协商，由运输部门（物流公司）解决此问题。

4. 漏记账和错记账问题的处理

漏记账是指在货物出库作业中，由于没有及时核销货物明细账造成账面数量大于或少于实存数的现象。错记账是指在货物出库后核销明细账时没有按实际发货出库的货物名称、数量等登记，从而造成账物不相符的情况。不论是漏记还是错记，一经发现，除及时向有关领导如实汇报情况外，同时还应根据原始出库凭证查找原因调整账目，使之与实际存货相符。

5. 退货问题的处理

凡属产品内在质量问题，客户要求退货和换货时，应由质检部门出具质量检查证明、试验记录等书面文件，经货物主管部门同意后，方可以退货或换货。同时，按照退换货处理流程进行处理。

 相关链接

传统钢材仓储业要敢于创新

上海复闽仓储有限公司是一个传统型的仓储企业，为钢贸企业提供钢材存储服务，然而，这里的经营理念却与众不同，"传统型仓储，现代物流理念"，正是上海复闽仓储公司与其他同行最大的不同之处，也正是这一现代物流理念，给传统型复闽仓储公司注入了活力和动力，赢得了广大钢材贸易商的青睐和好评。

仓储作为传统物流的重要组成部分和现代物流增值服务的平台，将随着社会经济的发展而发生巨大变革，并在变革中获得更多的发展机会。上海复闽仓储公司正是以现代物流的理念，对传统型仓储进行改革。它们坚持24小时不间断服务、根据客户需求提供库存报告、水路陆路货运代理等增值服务业务，向客户承诺"一小时内提货完成"；始终贯彻"出库为先，入库置后"的方针，宁愿牺牲公司效益也要确保客户提货速度。

这一切正是上海复闽仓储公司经营决策层的现代物流理念引入传统型仓储所带来的效应。它印证了董事长王耀国的话："传统型企业也要有创新、有突破，才是企业成功的必然。"

上海复闽仓储公司的实践告诉人们，传统型仓储一旦引入了现代物流理念，坚持创新，它必然赢得广大钢材贸易商。这会让钢贸公司感到放心，在客户的满意过程中不断发掘企业的效益增长点。

钢材流通业中的现代物流，发展前景十分广阔，潜在的市场极其巨大。目前，中国大约有16万家物流服务公司，行业产值超过390亿元。然而，我国居高不下的货物运输成本需引起高度重视。我国的货物运输成本比西方发达国家高出3倍。物流费用占货品总成本的比例高达30%。在信息流、资金流和物流成为一个国家参与全球化竞争的重要战略因素情况下，落后的物流水平已成为中国企业发展的关键"瓶颈"之一。无疑，这是放在传统型仓储企业的一个重大课题。而复闽仓储公司的王董事长及其决策层早已意识到这一点，而且率先运用现代物流理念，探索出一条传统型企业向现代物流业管理转变的创新之路。

时下，王董事长和他的复闽仓储一班人正在思索下一步的发展模式。

（1）专业物流与共同配送形成规模的专业物流企业，探索一种追求合理化配送的配送形武，提高物流效率，降低物流成本。

（2）形成以信息技术为核心，以信息技术、运输技术、配送技术、装卸搬运技术、自动化仓储技术、库存控制技术、包装技术等专业技术为支撑的现代化物流装备技术格局。

（3）通过互联网加强企业内部、企业与供应商、企业与消费者、企业与政府部门的沟通、相互协调及相互合作。人们相信上海复闽仓储公司运用现代物流的理念，经过新一轮的创新和变革，明天的复闽仓储将以全新的面貌，为钢材贸易商提供更好、更大的增值服务，成为钢材经营者的放心仓储。

王耀国提出，传统型仓储要按照现代的物流模式来办，在管理上，要与时俱进。于是，王董事长亲自抓现代化物流管理，对进货、出货、收费、账目周转等仓储全过程实施计算机化管理，自主开发具有复闽特色的储存软件。公司从订合同、调度作业、货物装卸、入库验证、盘点保管到货库验证，都有一整套规章制度。上海复闽仓储公司还建立了便捷安全的库存信息处理系统和资金管理系统，做到面向市场，随机应变，在第一时间为客户提供信息。

"发货快,卸货快,以发货为先""一小时内提货完成",这是上海复闽仓储公司向客户做出的承诺。用王董事长的话说:"要安全地保管好客户的财产,要用最短的时间将货物交至客户的手中,最大限度地优化和平衡库存。"这正是现代物流理念的核心。

"只有让客户不定期在复闽存储钢材感到放心,才能吸引客户,巩固客户,扩大经营量。"王董事长就是这样告诫自己的员工的,上海复闽仓储公司的员工也正是以现代物流的理念经营传统型钢材仓储的。

一次,中国五矿公司委托上海复闽仓储公司堆放 3 000 吨带钢,要求堆放高度不得超过 3 叠,否则会因堆得太高而使卷筒变形,影响带钢的质量。复闽仓储公司运用一套科学合理的堆存方法,将这批 3 000 吨带钢的堆放高度提高了,而没有一卷带钢卷筒变形,确保了客户的利益。

后来,客户到复闽仓储公司现场验收,看到场地上堆放得整齐有序的一卷卷带钢。对上海复闽仓储公司的现代物流的管理颇为赞赏。

正是上海复闽仓储公司按照现代物流理念经营,赢得了众多钢厂和钢材流通企业的青睐,上海复闽仓储公司现在拥有一大批良好的客户群,包括宝钢集团下属的各商贸公司和上海各大金属材料贸易公司,代理的水路货运客户遍及大江南北,客户满意率达到100%。

如今,上海复闽仓储公司的现代物流理念早已深入每一位员工心中,"一小时内提货完成"这一目标成为复闽仓储员工的工作方向。

(资料来源:刘北林. 物流配送管理[M]. 北京:化学工业出版社,2016.)

四、货物出库时相关问题的处理

(一)出库凭证问题的处理

(1)出库凭证有假冒、复制、涂改等情况,应及时与保卫部门联系,妥善处理。

(2)出库凭证有疑点,或者情况不清楚时,应及时与制票员联系,及时查明或更正。

(3)出库凭证超过提货期限,用户前来提货时,必须先办理手续,按规定缴足逾期仓储保管费,然后方可发货。

(4)提货时,若用户发现规格开错时,发货业务员不能自行调换规格进行发货,必须通过制票员重新开票方可发货。

(5)如顾客遗失提货凭证时,必须由用户单位出具证明,到仓储部门制票员处挂失,原制票员签字作为旁证,然后到仓库出库业务员处报案挂失;如果报案时,货已提走,仓储部门不负任何责任,但有义务协助破案;如果货品还没有被提走,经业务员查实后,凭上述证明,做好挂失登记,将原凭证作废,缓期发货。而后发货员应时刻警惕,防止有人持作废凭证要求发货,一旦发现类似情况时,应立即与保卫部门联系处理。

(二)出库后有关问题的处理

(1)发货后,用户反映规格混串、数量不符等问题,如确属发货差错,应及时纠正并致歉;如不属发货差错,应耐心向用户解释清楚,请用户另找妥善的办法解决。

(2)凡属易碎商品,发货后用户要求调换时,应以礼相待,婉言谢绝。如果用户要求帮助解决易碎配件,仓储业务部门要积极协助联系解决。

(3)凡属用户原因,型号规格开错时,经制票员同意方可退货。发货业务员应按入库验收程序重新验收入库,如果发现包装损坏或产品损坏时,入库业务员不予办理退货。待修复后,再按入库质量要求重新办理入库手续。

(4)凡属产品内在质量问题,用户要求退货和换货时,应由质检部门出具质量检查证明、试验记录等书面文件,经货品主管部门同意后,方可以退货或换货。

(5)退货或换货的货品必须达到验收入库的标准,否则不准入库。

(6)商品入库后,若发货员发现账实不符时,应及时查明原因,当确认发货有错时,要及时与提货人取得联系,进行核查,双方协商解决,以免造成损失。

五、发货作业流程

发货作业是指利用配送车辆把客户订购的物品从制造厂、生产基地、批发商、经销商或配送中心,送到客户手中的过程。发货是一种短距离、小批量、高频率的运送形式,它以服务为目标,以尽可能满足客户需求为宗旨。发货也称送货,是配送的最后一道环节,如何有效管理发货作业是物流企业不可忽视的问题,所以在发货作业环节中,不仅要对送货人员的工作时间、发生的重要情况作管理,而且还要加强对车辆利用的监控。

发货作业是借助运力在空间上发生的位置移动,是对人和物的载运及输送,其基本流程如图8-1所示。

图8-1 发货作业流程图

1. 车辆调度

车辆调度是在货物配好以后,根据分配任务进行运输调度与装卸作业,也就是根据配送计划所确定的配送货物数量、特性、服务客户地址、送货路线、行驶趟次等内容,指派车辆与装卸、运送人员,下达运送作业指示和车辆配载方案,安排具体的装车与送货任务,并将发货明细单交给送货人员和司机,送货人员根据调度人员的送货指示(出车调派单)来执行送货作业。当发货人员接到出车指示后,将车辆开到指定的装货地点,然后与保管、出货人员清点分拣配组好的货物,由装卸人员将已理货完毕的货物配载上车。

车辆调度具有计划性和权威性的特点。车辆调度工作,必须以生产经营计划,特别是运行作业计划为依据,要围绕完成计划任务来开展调度业务。同时,调度人员要不断总结经验,协助计划人员提高生产经营计划的编制质量。另外,调度工作必须高度集中统一。要建立一个强有力的生产调度系统,各级调度部门是同级生产指挥员的有力助手。他们应按照计划和临时生产任务的要求,发布调度命令,下一级生产部门和同级有关职能部门必须坚决实行。各级领导人员应当维护调度部门的权威。

车辆调度总体要求各级调度应进行运力和运量的平衡，合理安排运输，直接组织车辆运行并随时进行监督和检查，保证配送计划的实现；根据运输任务和运输计划，编制车辆运行作业计划，并通过作业运行计划组织企业内部的各个生产环节，使其形成一个有机的整体，进行有计划的生产，最大限度地发挥汽车运输潜力；掌握货物流量、流向、季节性变化，全面细致地安排运输，并针对运输工作中存在的主要问题，及时反映，并向有关部门提出要求，采取措施，保证运输计划的完成。

2．车辆配装

车辆配装是发货的一项主要工作，要加强现场管理和运行车辆的调度指挥，根据调运情况，组织合理配装，以最少的人力、物力完成最多的配装任务，认真贯彻配装制度，保证运行车辆能按时完成配装任务，严禁超载，维护车辆技术状况完好。

3．运送

运送是指按照配送计划所确定的最优路线，在规定的时间内及时准确地将货物运送到客户手中，在运送作业环节中，运输车辆的考核和管理占重要作用。

4．送达服务与交割

当货物送达指定地点后，发货人员应协助收货单位做好货物的装卸工作，把货物放到指定地点，并与收货人一起清点货物，并填写送货签收回单，做好送货完成确认工作，如果出现退货、调货等现象，则应随车带回退调商品，并完成有关单证手续。

5．费用结算

费用结算是物流企业经营活动目的最终能得以实现的重要保证，送货单在得到客户的签字确认后，可根据送货单据制作应收账单，并将账单转入会计部门作为收款凭据。配送部门的车辆按照指定的计划完成配送工作后，即可通知财务部门进行费用结算。

六、发货检查

发货检查是根据用户信息和车次，把拣选货物按照出货单逐一核对货品的品项及数量，同时还必须核查货品的包装和质量。发货检查作业是货物分拣、配货后，进行检查、核对的一项工作。发货检查作业内容如图 8-2 所示。

图 8-2　发货检查作业内容

发货检查属于确认拣货作业是否产生错误的处理作业，因耗费时间及人力，在效率上也是值得考虑的问题。发货检查最简单的做法就是人工检查，也就是将货品一个一个点数并逐一核对出货单，再查验出货的品质。常见的检查方法有商品条形码检查法、声音输入检查法和重量计算检查法三种。

（一）商品条形码检查法

商品条形码是随着货品移动的，检查时用条形码扫描器阅读条形码内容，计算机会自动将信息与发货单对比，从而检查商品数量和号码是否有误。这种方法的基础就是要导入条码，让条码跟着货物跑。

（二）声音输入检查法

声音输入检查法是一项新的技术，当作业人员发声读出商品名称、代码和数量之后，计算机接收声音并自动做出判断后，转变成资料信息再与发货单进行对比，从而判断是否有误。利用此方法，作业人员只用嘴巴读取资料，手脚仍可做其他工作，自由度较高，但要注意的是，声音的发音要准，且每次发音字数有限，否则计算机辨识困难，可能产生错误。

（三）重量计算检查法

重量计算检查法是利用自动加总出货单上的货品质量，而后将拣出的货物用计重器秤出总重，再将两者互相比对的检查方式。如果能利用装有重量检核系统的拣货台车拣货，则在拣取过程中就能利用此法来做检查，拣货员每拣取一样货物，台车上的计重器就会自动显示起重量做查对，这样可以进一步提高工作的效率和准确性。

七、路线选择和车辆配装

（一）路线选择

每辆车负责配送的具体客户确定之后，如何以最快的速度完成对这些货物的配送，也就是如何选择配送距离短、配送时间短、配送成本低的线路，这需要根据客户的具体位置、沿途交通情况等因素做出选择和判断。此外，还必须考虑有些客户或其所在地环境对送货时间、车型等方面的特殊要求。配送路线是否合理，直接影响配送的速度与成本，影响经济效益，因此采用科学合理的方法确定配送路线，是配送活动中一项非常重要的工作。

选择最佳配送路线，首先必须满足客户的配货要求（如品种、规格、数量、时间等）；其次，必须在配送中心配货能力范围之内；再次，配货路线的配货量不超过车载容限；最后，应该最大限度地节约配送时间，就配送路线选择而言，其目的主要是实现最大限度地节约里程、合理的车辆配载和配送时效。

配送路线合理与否对配送速度、成本、效益影响颇大，因此，采用科学的合理的方法确定配送路线是配送活动中非常重要的一项工作。确定配送路线可以采取各种数学方法以及在数学方法的基础上发展和演变出来的经验方法。无论采用何种方法,首先应建立试图达到的目标,再考虑实现此目标的各种限制因素,在有约束的条件下寻找最佳方案,实现试图达到的目标。

1. 确定路线选择要达到的目标

配送的具体要求,配送中心的水平、实力及客观条件决定路线选择的目标,常见的路线选择要到达的目标有以下几种。

(1) 效益最高化。效益是企业整体经营活动的综合体现,在选择效益为目标时,一般是以企业当前的效益为主要考虑因素,同时兼顾长远的效益。效益通常可以用利润来表示,因此,在计算时是以利润的数值最大化为目标值。但是,由于效益是综合的反映,在拟定数学模型时,很难与配送路线之间建立函数关系,一般很少采用这一目标。

(2) 路程最短化。如果成本和路程相关性较强,而和其他因素是微相关时,可以采取路程最短的目标,这可以大大简化计算,也可以避免许多不易计算的影响因素。需要注意的是,有时路程最短并不见得成本就最低,如果道路条件、道路收费影响了成本,单以最短路程为最优解则不合适了。

(3) 成本最低化。计算成本比较困难,但成本和配送路线之间有密切关系,在成本对最终效益起决定作用时,选择成本最低为目标实际上就是选择了效益为目标,但却有所简化,比较实用,因此是可以采用的。

(4) 吨公里最低化。吨公里最低是长途运输时常作为目标选择的,在多个发货站和多个收货站的条件下,而又是在整车发货的情况下,选择吨公里最低为目标是可以取得满意结果的。在配送路线选择中一般情况是不适用的,但在采取共同配送方式时,也可用吨公里最低为目标。

(5) 准时性最高化。准时性是配送中重要的服务指标,以准时性为目标确定配送路线就是要将各用户的时间要求和路线先后到达的安排协调起来,这样有时难以顾及成本问题,甚至需要牺牲成本来满足准时性要求。当然,在这种情况下成本也不能失控,应有一定的限制。

(6) 运力利用最合理化。在运力非常紧张,运力与成本或效益又有一定的相关关系时,为节约运力,充分运用现有运力,而不需外租车辆或新购车辆,此时也可以运力安排为目标,确定配送路线。

(7) 劳动消耗最低化。以油耗最低、司机人数最少、司机工作时间最短等劳动消耗为目标确定配送路线也有所应用,这主要是在特殊情况下(如供油异常紧张、油价非常高、意外事故引起人员减员、某些因素限制了配送司机人数等)必须选择的目标。

2. 确定配送路线的约束条件

以上目标在实现时都受到许多条件的约束,必须在满足这些约束条件的前提下取得成本最低或吨公里最低的结果。一般的配送,约束条件有以下几项。

(1) 满足所有收货人对货物品种、规格、数量的要求。

(2) 满足收货人对货物发到时间范围的要求。

(3) 在交通管制允许通行的时间（如城区公路白天不允许货车通行）中进行配送。

(4) 各配送路线的货物量不得超过车辆容积及载重量的限制。

(5) 在配送中心现有运力允许的范围之中。

3. 常见的确定配送路线的方法

（1）VSP 网络图方法。

在有很多配送去向的情况下，使用多少车辆，各车辆按照什么路线运行才能使整个运行距离最短，或使配送费用最低，这是配送路线优化的问题。解决配送路线优化问题，最有代表性的方法是 VSP（Vehicle Scheduling Program）网络图。VSP 可称为车辆安排程序法。

网络图的基础是节约的概念，如果以 P 为配送中心，向 A 和 B 两个配送地点配送货物，如图 8-3（a）所示，从 P 分别向 A、B 两点往返运输，其配送距离应为 2PA+2PB。可是如图 8-3（b）所示，从 P 出发，再从 A 到 B 巡回运输，其配送距离为 PA+PB+AB，2PA+2PB=2×8+2×7=30，而 PA+AB+PB=8+3+7=18。因此，采用第二种路线比采用第一种路线距离节约 30-18=12，称为节约量。

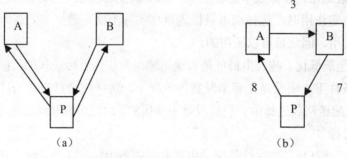

图 8-3 网络图的基础是节约的概念

网络图的方法是对所有的配送地点计算节约量。节约量的一般公式为 (2PA+2PB)-(PA+PB+AB)=PA+PB-AB；按照节约量的大小顺序制定配送路线。

（2）综合评分法。

综合评分法首先要拟订出多种配送路线方案，并且要明确评价指标，当部分指标难以量化，或对某一项指标有突出的强调和要求时，采用加权评分的方式来确定配送路线。综合评分法的具体步骤如下。

① 拟订配送路线方案。

② 确定评价指标。

③ 对方案进行综合评分。

【例 8-1】 某配送企业设立配送路线方案评价十项指标：配送全过程的配送距离、行车时间、配送准时性、行车难易、动用车辆台次数、油耗、车辆状况、运送量、配送客户数、配送总费用。每个评分标准分为四个档次并赋不同的分值，即极差（0 分）、差（1 分）、较好（2 分）、良好（3 分）、最优（4 分），满分为 40 分，然后在表上为配送路线方案评分，根据最后的评分情况，在各个方案之间进行比较，最后确定配送路线。

如表 8-3 所示,是对一配送路线方案进行评分情况。表中的路线方案得分为 32 分,为满分(理想方案)的 80%,各项平均得分为 3.2 分。总分:4+4+2+3+3+3+4+4+3+2=32 分。

表 8-3 路线方案评分表

序号	评价指标	极差 0分	差 1分	较好 2分	良好 3分	最优 4分
1	配送全过程的配送距离					√
2	行车时间					√
3	配送准时性			√		
4	行车难易				√	
5	动用车辆台次数				√	
6	油耗				√	
7	车辆状况					√
8	运送量					√
9	配送客户数				√	
10	配送总费用			√		

(3)数学计算法。

可以利用经济数学模型进行数量分析。例如,可以应用线性规划的数学模型求解最佳方案。解决此类问题的方法很多。如表 8-4 所示。

表 8-4 配送路线规划问题及解法说明

问题类型	解法
配送货物由一个配送点直送某一客户	破圈法、标号法、位势法、动态法等
配送货物由一个配送点配送多个客户	节约里程法、中国邮递问题解法
由多个配送点向多个客户的送货	图上作业法、线性规划中的表上作业法

本书重点介绍破圈法和节约里程法。

① 破圈法。货物从始点出发至终点,有两条以上路线交织成网状,并形成回路圈。破圈法的做法就是在这运输网络中,任取一圈,从圈中去掉最大距离(或时间、费用)的边(路线),在余下的圈中,重复这个步骤直至无圈为止,即可求出最短路线。破圈一般在运输网络图的基础上进行计算,因此也叫作图上作业法。

【例 8-2】 某批货物从 V_1 配送中心运到 V_6 客户,具体路线如图 8-4 所示,求最短路径。

解:

第一步:V_1–V_2–V_3 形成一个回路,去掉 V_1–V_3 最长的路线。

第二步:V_2–V_4–V_5 形成一个回路,去掉 V_2–V_5 最长的路线。

第三步:V_4–V_5–V_6 形成一个回路,去掉 V_5–V_6 最长的路线。

第四步:V_2–V_4 不需破圈,直接连接。

得到最短运输量路线为 V_1–V_2–V_4–V_6；里程为 11 千米，如图 8-5 所示。

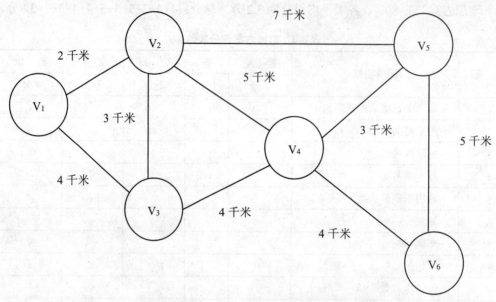

图 8-4　配送中心 V_1 运到 V_6 客户的物流网络图

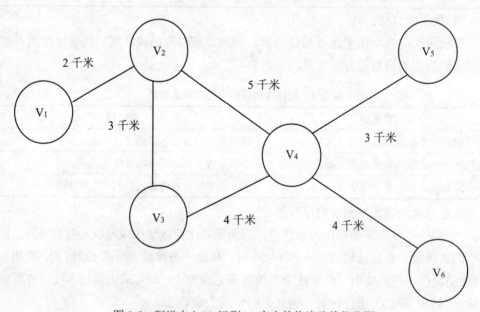

图 8-5　配送中心 V_1 运到 V_6 客户的物流路线优化图

② 节约里程法。在实际工作中有时只需求近似解，不一定求得最优解，在这种情况下可采用节约里程法。当由一个配送中心向多个客户进行共同送货，在一条线路上的所有客户的需求量总和不大于一辆车的额定载重量时，由这一辆车装配着所有客户需求的货物，按照一条预先设计好的最佳路线依次将货物送到每一客户手中，这样既可以保证按需将货物及时送交，同时又能节约行驶里程，缩短整个送货时间，节约费用。节约里程法正是用来解决这类问题的比较成熟的方法。

用节约里程法确定配送路线的主要思路是：根据配送中心的运输能力及其到客户之

间的距离和各客户之间的相对距离,来制订使总的配送车辆吨公里数达到或接近最小的配送方案。

节约里程法的基本思路如图 8-6(a)所示,P 为配送中心所在地,A 和 B 为客户所在地,相互之间的道路距离分别为 a、b、c。最简单的配送方法是利用两辆车分别为 A 客户和 B 客户配送;此时,如图 8-6(b)所示,车辆运行距离为 2a+2b,然而,如果按图 8-6(c)所示改用一辆车巡回配送,运行距离为 a+b+c,如果道路没什么特殊情况,可以节省车辆运行距离(2a+2b)-(a+b+c)=a+b-c>0,这个节约里程"a+b-c"被称为"节约里程"。

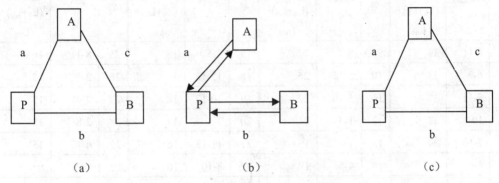

图 8-6 配送中心配送路线的选择

【例 8-3】设一配送中心向 13 个客户配送商品,配送中心及客户间的最短距离及需求量如表 8-5 所示。如果配送的车辆最大载重为 200t,那么利用节约里程法求解的配送路线的步骤如下。

表 8-5 最短距离及需求量表

序号	DC	1	2	3	4	5	6	7	8	9	10	11	12	13
1	12	0												
2	8	9	0											
3	17	8	10	0										
4	15	9	8	4	0									
5	15	17	9	14	11	0								
6	20	23	15	20	16	6	0							
7	17	22	13	20	16	5	4	0						
8	8	17	9	19	16	11	14	10	0					
9	6	18	12	22	20	17	20	16	6	0				
10	16	23	14	22	19	9	8	4	8	14	0			
11	21	28	18	26	22	11	7	6	13	19	5	0		
12	11	22	14	24	21	14	16	12	5	7	9	13	0	
13	15	27	20	30	28	22	23	20	12	9	16	20	8	0
需求量		48	36	43	92	57	16	56	30	57	47	91	55	38

第一步，计算配送中心到客户之间的最短距离，画出距离表。因为本例已经给出，所以可直接进行第二步。

第二步，根据最短距离表，利用节约里程法计算出用户之间的节约里程，并由大到小排列，编制节约里程顺序表，如表8-6所示。

表8-6 节约里程顺序表

序号	路程	节约里程 $(L_a+L_b)-L_{ab}$	序号	路程	节约里程 $(L_a+L_b)-L_{ab}$	序号	路程	节约里程 $(L_a+L_b)-L_{ab}$	序号	路程	节约里程 $(L_a+L_b)-L_{ab}$
1	6-11	34	9	5-7	27	17	3-5	18	25	8-11	16
2	6-7	33	10	5-11	25	18	12-13	18	26	2-3	15
3	7-11	32	11	5-10	22	19	10-12	18	27	2-4	15
4	10-11	32	12	1-3	21	20	3-6	17	28	2-8	15
5	7-10	29	13	11-12	19	21	11-12	16	29	6-12	15
6	5-6	29	14	4-5	19	22	8-10	16	…	…	…
7	3-4	28	15	4-6	19	23	7-12	16			
8	6-10	28	16	1-4	18	24	4-7	47			

第三步，根据节约里程顺序表和配送中心的约束条件，绘制配送路线。其具体步骤如下：首先选择最节约里程的路段（6-11），然后是（6-7），由于配送路线必须包含DC，且每条循环路线上的客户需求量之和要小于 200 t，在接下的选择中满足条件的只有路段（8-11），此时载重质量为193t，因为在余下选择中没有满足条件的客户，所以，第一回合的配送路线为（DC-7-6-11-8-DC）。按此方法类推，其余的配送路线分别是（DC-1-3-4-DC），（DC-5-10-12-13-DC），（DC-2-9-DC）。

节约里程法的确是一种简便、易行的方法，一方面体现出优化运输过程，与一般方法相比缩短了运输路程；另一方面，它也体现了物流配送网络的优势，实现了企业物流活动的整合，而且思路简单、清晰，便于执行。因此，它在国内外的物流配送中都受到青睐。

（二）车辆配装

1. 车辆配装的概念

客户的配送顺序明确后，接下来就是如何将货物装车，以什么次序装车的问题，即车辆的积载问题。由于配送货物的品种、特性差异，为提高送货效率，确保货物品质，在接到客户订单后，应首先对货物进行分类，然后根据货物的轻重缓急之分，做好车辆的初次配装工作。原则上，只要将货物依"后送先装"的顺序装车即可。但有时为了有效利用空间，可能还要考虑货物的性质（怕震、怕压、怕撞、怕湿）、形状、体积及重量等做出弹性调整。此外，对于货物的装卸方法也必须依照货物的性质、形状、重量、体积等来做具体决定。

在以上各阶段的操作过程中，需要注意以下几个方面。

（1）明确订单内容。

（2）掌握货物的性质。

（3）明确具体配送地点。

（4）适当选择配送车辆。

每个客户的销售情况不同，订单也存在着差异，因此，大多数配送属于多品种、小批量的配送模式，这些商品在包装形态、运输性质、货物本身特点等方面存在着较大的差别，实行有效、合理的货物配装，既能使车辆满载，又能充分利用车辆的有效体积，会大大降低运输费用。

2．车辆配装的原则

具体车辆配装要根据所装货物的具体情况、车辆情况，以及经验或简单的计算来选择最优的装车方案，不论采取什么配装方法，都应遵循以下原则。

（1）重不压轻，大不压小，轻货要放在重货上面，包装强度差的要放在包装强度好的上面。

（2）为了减少或避免差错，尽量把外观相近、容易混淆的货物分开装载。

（3）货物与货物之间、货物与车辆之间应留有空隙并适当垫衬，防止货损。

（4）尽量做到"后送先装"。由于配送车辆大多是后开门的厢式货车，所以，先卸车的货物应装在车厢后部，靠近车厢门，后卸车的货物装在前部。

（5）尽量不将散发粉尘货物与清洁货物混装。

（6）尽量不将散发臭味的货物与具有吸臭性的食品混装。

（7）切勿将渗水货物与易受潮货物一同存放。

（8）包装不同的货物应分开装载，如板条箱货物不要与纸箱、袋装货物堆放。

（9）具有尖角或其他突出物的货物应和其他货物分开装载或用木板隔离，以免损伤其他货物。

（10）装载易滚动的卷状、桶状货物，要垂直摆放。

（11）装货完毕，应在门端处采取适当的稳固措施，以防开门卸货时，货物倾倒造成货损或人身伤亡。

解决车辆配装问题，当数据量小时，还能用手工计算，当数据量大时，依靠手工计算将变得非常困难，常用数学方法来求解，现在已开发出车辆配装的软件，将配送货物的相关数据输入计算机，即可由计算机自动输出配装方案。

3．车辆配装常见的方法

合理的配装应坚持方便装卸、充分利用运输工作以及保证商品安全的原则，简单的配装一般是通过经验和手工计算来完成的，往往是在装车时，装车的工人可以根据自己的经验和直观判断以及一些简单的手工计算来进行配载。

在配装商品较多、配装车辆较多的情况下，每次采用手工计算比较麻烦，常见的有以下三种方法进行车辆配装处理。

（1）利用计算机进行管理，编制设计相应的软件，并将经常运送的商品数据和车辆的数据输入内存，以后每次只需输入需要运送的各种商品量及运送地点，即可找到最佳的配装结果。

（2）在不能实现计算机配载管理的情况下，可以把配送商品中容量最大和容量最小的两种放在一起进行手工配装，其他商品再依次选择容量最大的和容量最小的进行配装，实现商品的较优配装结果。

（3）利用节约里程法进行配装，节约里程法是在 1954 年由克拉克和怀特首先提出的，这是一种行之有效的配装方法，它要求配载应和运输路线联系在一起进行考虑，在配送组织中也很适用，节约里程法的基本原理在以上路线选择优化中已做解释。

4. 提高送货效率的措施

为了提高送货效率，可采用的措施包括以下几种。

（1）消除交错送货。消除交错送货，可以提高整个配送系统的送货效率。例如，将原直接由各工厂送至各客户的零散路线利用配送中心来做整合并调配转送，这样可缓解交通网路的复杂程度，且可大大缩短运输距离。

（2）开展直配、直送。由于"商物分流"，订购单可以通过信息网络直接传给厂商，因此各工厂的产品可以从厂商的物流中心直接交货到各零售店。这种利用直配、直送的方式可以大幅简化物流的层次，使得中间的代理商和批发商不设存货，下游信息也能很快地传达到上游。

（3）采用标准的包装器具。配送不是简单的"送货上门"，而是要运用科学而合理的方法选择配送车辆的吨位、配载方式、确定配送路线，以达到"路程最短、吨公里最小"的目标。采用标准的包装工具，如托盘，可以使送货中货物的搬运、装卸效率提高，并便于车辆配装。

（4）建立完善的信息系统。完善的信息系统能够根据交货配送时间，车辆最大积载量，客户的订货量、个数、重量来选出一个最经济的配送方法；根据货物的形状、容积、重量及车辆的能力等，由计算机自动安排车辆和装载方式，形成配车计划；在信息系统中输入每一客户点的位置，计算机便会依最短距离找出最便捷的路径。

（5）改善运货车辆的通信。健全的车载通信设施，可以把握车辆及司机的状况、传达道路信息或气象信息、掌握车辆作业状况及装载状况、传递作业指示、传达紧急信息指令、提高运行效率及安全运转。

（6）均衡配送系统的日配送量。通过和客户沟通，尽可能使客户的配送量均衡化，这样能有效地提高送货效率。为使客户的配送量均衡，通常可以采用对大量订货的客户给予一定的折扣、制订最低订货量、调整交货时间等办法。

相关链接

荣泰公司配送方案设计

荣泰公司是一家专业第三方物流企业，为客户提供高品质的仓储服务、运输服务，主要客户有宝洁、联合利华、诺基亚、摩托罗拉、海尔、TCL 等国际品牌企业。目前，H 市储运市场竞争激烈，企业迫于竞争压力，都在开发新的业务。客户也要求公司改变传统业务流程，提供重新包装、小批量、多批次、粘贴条码、快速送货、降低库存、提高客户满意度的增值服务。公司领导层决定在原有储运业务的基础上，向客户提供配送服务，委托 K 部门着手准备这一新的业务。

（资料来源：刘北林．物流配送管理[M]．北京：化学工业出版社，2016．）

任务二 退货管理

退货管理是指在完成物流配送活动中，由于配送方或用户方关于配送物品的有关影响因素存在异议，而进行处理的活动。配送中心在完成配送过程中，也会遇到交货中或将货物交到用户后，因为货物包装损坏、商品损坏、商品质量、商品保质期快到或已过期、送交的商品与要求的商品不相符等情况时，会发生退货。

一、退货的原因和退货商品管理的原则

（一）退货的原因

在物流活动中，退货或换货应尽可能地避免，因为退货或换货的处理只会大大地增加成本，减少利润。退货的原因主要有以下几种。

1. 有质量问题的商品

生产商在设计、制造商品的过程中，商品的质量问题是难以避免的，并且往往在商品销售后，才由消费者或厂商发现存在质量问题，这时应该立即部分或全部回收。从物流企业的角度来说，必须立即将消息传达到所有客户，而且要采取最快速的方法将商品收回，集中处理。在此种情况下，配送中心必定会有一定的经济损失，但是快速的配合，可使损失在一定程度上降低，加强与厂商及客户之间的联系，同时也是配送中心处理意外事件能力的展现。

小思考：质量合格的商品会出现退货吗？为什么？

2. 运输中损坏的商品

由于包装不良或货物在搬运过程中剧烈震动，造成商品破损或包装污损，这时必须重新研究包装材料的材质、包装方式和搬运过程中各种装卸搬运工具、程序，找出真正原因并加以改善。

3. 运错地点的商品

商品在配送中心由于本身处理不当，使客户收到的商品种类或数量与订单不符，如拣货不准确或条码、出货单等处理错误，这时就必须换货或退货。但最重要的是要吸取教训，认真查找出现问题的原因，可能的原因有：订单接收时就产生错误，或是拣货错误、出货单贴错、上错车等。查明原因后，配送中心要立即采取必要措施进行补救，或是在出现问题的常见环节加强监控。

4. 过期的商品

在消费者意识高涨的今天，商品的有效期越来越被关注，一般商品都有有效期，过期商品绝对要从货架上卸下，不可再卖，更不可更改日期。对过期商品，必须找到合格的废

弃物处理商处理，由回收到销毁，要花费大量的时间、费用和人力，无形中也增加了营运成本。所以要事前准确分析商品的需求，或以多批次少批量配送来减少过期商品的产生，另外，要认真分析过期商品产生的原因，提前提醒进货商或注意商品的"先进先出"原则。

5. 按协议可以退货的商品

如与供货商有特别协议可以退货的商品，如季节性商品、试销商品、代销商品等，这些可以进行退货处理，但需要注意的是，一定要在协议中说清楚，以免造成不必要的纠纷。

（二）退货商品管理的原则

（1）以有关方面的法律、法规为依据。

（2）维护用户合法、合理的权益。

（3）责任明确原则。如责任划分不清，需由国家认可的相关机构鉴定后依据鉴定结果进行。

（4）以存在的事实为依据，凭有效凭证办理。

（5）退货具体规定要明确。

二、常见的退货处理方法

不管什么原因造成的退货，都必须及时处理，常见的方法如下。

1. 重新发货或替代

对于运输中由于发货错误而产生错运的商品或者商品本身存在缺陷、瑕疵的商品，配送中心接到指示后，应立即安排车辆收回商品，重新按正确的订货单发货，对于已退回商品，要集中放到仓库退换货处理区进行处理。

2. 运输单位赔偿

对于因为运输过程中由于运输不当产生的产品损坏，根据退货情况，由发货人确定所需的修理费用或赔偿金额，然后由运输单位负责赔偿。

退货处理是一件极其严重的事情，企业相关部门、人员，如管理部门、法律人员、会计人员、公关人员、质量管理人员以及销售人员等，都应该参加，并且选派专人负责处理产品回收事件，制定一些预防措施，这样不仅可以更好地应对紧急情况，而且在商品回收事件处理不成功，结果诉诸法律时，企业可以将已采取的预防措施作为申辩的一部分内容。

三、退货的作业流程

退货的作业流程根据各行业性质的不同，其环节复杂程度也不同，退货管理涉及退货商品的接收、处理以及账务处理几部分，退货的作业流程如图8-7所示。

（1）受理客户的退货要求，细心听取客户的退货理由，对退货原因进行分析，如果为配送中心误送，则应立即填写退货单据，按照正确的订单货物品质、数量进行送货；如果为产品质量问题，则应认真判断是否真正属于产品质量问题，是否符合退货标准，如确实存在问题，则应接受退货申请，处理存在问题的商品，进行正确的送货。

项目八 出库作业管理

图 8-7 退货的作业流程图

（2）接受退货要求后，要及时通知配送中心退换货处理中心，进行及时信息登记，如可能的话要建立退货商品档案，进行统计、总结。

（3）对于退货商品进行分类处理，按照不同原因进行分类，对于报废商品，要及时进行相关销毁。

（4）退货作业还包括账务处理，配送中心应根据与客户协商结果，尽快组织退款程序，坚持以为顾客服务为准则，灵活处理，尽量圆满完成客户的退货要求。

任务三 补货管理

一、连续补货过程

与拣货作业息息相关的是补货作业，补货作业的策略必须满足两个前提，即"确保有货可配"和"将待配商品放置在存取都方便的位置"。补货作业就是从保管区域将货品移到为了做订单拣取的动管拣货区域，目的是保证拣货区有货可拣，是保证充足货源的基础。补货通常以托盘为单位，从货物保管区将物品移到拣货区的作业过程。

(一)连续补货的含义及发展历程

连续补货是物流高效管理的一项运作模式或管理策略,是指供货商与配送中心建立伙伴关系,配送中心每日向供货商提供库存数据和销售信息,供货商根据配送中心实际销售及安全库存的要求,替配送中心下订单或补货。

20世纪50年代以前,补货活动基本上完全以传统的方式进行,补货机制的巨大潜力未被有效挖掘。进入20世纪后期,随着计算机技术的突飞猛进,贸易全球化、经济一体化进程的加快,配送中心的增值服务、综合服务功能日益凸现,强调服务的专业化、系统化、网络化、信息化、规模化,物流战略目标的制订,物流网络的设计,基于供应链管理的运作方式等新型理念的发展对连续补货提出了更高的响应机制。与之相关的新的连续补货机制也飞速地成长起来,供应商管理库存(VMI)、联合库存(JMI)、敏捷管理、精益管理、柔性化管理、准时制管理(JIT)、ECR及协同、计划与预测(CPFR)等新的基于供应管理的运行机制的不断深化发展,给连续补货提供了新的发展方式和手段。随着物流理念的演绎以及信息技术的发展,连续补货大体上经历了以下四个阶段的发展。

第一个阶段,是在20世纪50年代以前,那时的"配送"活动还不能称之为真正意义上的配送,企业配送信息的采集、传输主要依靠普通信函、电话、手工记录,配送管理还处于简单粗放阶段,对于连续补货而言,可以认为是极为传统的人工管理。

第二个阶段,是在20世纪50年代初,配送中心的配送管理主要围绕库存和订单,企业开始使用计算机处理信息,但限于配送理念及计算机技术的限制,配送中心配送管理仍处于较低水平。此时的连续补货开始进入有计算机管理的时代。

第三个阶段,是从20世纪50年代中期到80年代中期,配送中心开始重视管理的系统化和整体化,物料需求计划(MRP)、制造资源计划(MRPII)概念被企业提出,企业的信息管理流程逐步向规范化、标准化迈进,各种先进的信息技术和信息管理模式用于物流管理当中,信息管理在物流管理中已逐步体现出中枢神经的作用。与之相应的是需求预测和自动订单处理等理念引入了连续补货和应急保障管理,连续补货管理进入了相对的高级发展阶段。

第四个阶段,是从20世纪80年代中后期到现在,全面质量管理(TQM)、准时制工作法(JIT)、业务流程重组(BPR)、企业资源计划(ERP)、供应链管理(SCM)、客户关系管理(CRM)、电子商务(EC)的逐步提出,大大地丰富了物流管理和信息管理的概念。通信技术(如宽带技术、无线技术、空间定位技术等)、信息管理技术如(Intranet、Internet)的广泛应用,识别技术、数据仓库技术等的飞速发展,使配送管理的内涵大大丰富。与之相适应的ECR、CRP和CPFR新型机制在连续补货中的应用,使连续补货真正意义上跃入了"高级"发展阶段。

小思考:传统的补货作业和现代的补货作业有哪些区别?

(二)自动补货系统(CRP)

自动补货系统是连续补货系统(Continuous Replenishment,CR)的延伸,即供给商猜测未来商品需求,负起零售商补货的责任,在供给链中,各成员互享信息,维持长久稳定的战略合作伙伴关系。是一种利用销售信息、订单经由EDI连接合作伙伴的观念,合作伙伴之间必须有良好的互动关系,并且利用电子信息交换等方式提供信息给上下游。所以,CRP 也可以说是一种库存管理方案,是以掌控销售信息和库存量作为市场需求预测和库存补货的解决方法,由销售信息得到消费需求信息,供应商可以更有效地计划、更快速地反应市场变化和用户需求,因此 CRP 可以用来作为降低库存量、改善库存周转,进而维持库存量的最佳化,而且供应商与批发商可以分享重要信息,双方都可以改善需求预测、补货计划、促销管理和运输装载计划等。

自动补货系统能使供给商对其所供给的所有分门别类的货物及在其销售点的库存情况了如指掌,从而自动跟踪补充各个销售点的货源,使供给商提高了供货的灵活性和预见性,即由供给商治理零售库存,并承担零售店里的全部产品的定位责任,使零售商大大降低零售成本。

一种商品一旦被大量采购,就会促使该商品的制造商大量生产此种商品,也会使该商品在供给链中快速流动起来。随着供给链治理的进一步完善,补货到零售店的责任,如今已从零售商转到了批发商或制造商的身上。对于制造商和供给商来说,把握了零售店的销售量和库存,可以更好地安排生产计划、采购计划和供货计划,这是一个互助的商业生态系统。

从库存治理角度看,在库存系统中,订货点与最低库存之差主要取决于从订货到交货的时间、产品周转时间、产品价格、供销变化以及其他变量。订货点与最低库存之差保持一定的距离,是为了防止产品脱销等不确定性情况的出现。为了快速反应客户"降低库存"的要求,供给商通过与零售商缔结伙伴关系,主动向零售商频繁交货,并缩短从订货到交货之间的时间间隔。这样就可以降低整个货物补充过程(从工厂到门店)的存货,尽量切合客户的要求,同时减轻存货和生产波动。

自动补货系统的成功关键在于,在信息系统开放的环境中,供给商和零售商之间通过库存报告、销售猜测报告和订购单报文等有关商业信息的最新数据实时交换,使得供给商从过去的单纯执行零售商订购任务转而主动为零售商分担补充库存的责任,以最高效率补充销售点或仓库的货物库存。

为了确保数据能够通过 EDI(电子数据交换)在供给链中畅通无阻地流动,所有已参与方(供给链上的所有节点企业)都必须使用同一个通用的编码系统来识别产品、服务及位置,这些编码是确保自动补货系统实施的唯一解决方案。而之前的条形码技术正是这套解决方案的中心基础。要使连续补货有效率,货物的数量还需要大到有运输规模经济效益才行,沃尔玛成功地应用自动补货系统后,有效地减少了门店的库存量,并提高了门店的服务质量,不仅降低了物流成本,还增加了存货的流通速度,大大地提高了沃尔玛供给链的经济效益和作业效率。

二、补货方式

补货作业一定要小心地计划,不仅为了确保存量,也为了将其安置于方便存取的位置。下面针对一般拣货安排指出一些可能的补货方式。

(一)整箱补货

由货架保管区补货到流动式货架的动管区的补货方式,如图 8-8 所示。

图 8-8　整箱补货由流动货架的后方（非拣取面）补货

此补货方式保管区为货架存放，动管拣货区为两面开放式的流动式货架，拣货时拣货员在流动货架拣取区拣取单品放入周转箱中，而后放置于输送机运至出货区。而当拣取后发现动管区的存货低于要求之下时，则要进行补货的动作。其补货方式为作业员至货架保管区取货箱，以手推车载箱至拣货区。

这种保管动管区存放形态的补货方式比较适合体积小且少量多样出货的物品。

（二）整托盘补货

这种补货方式是以托盘为单位进行补货。根据补货的位置不同，又分为两种情况：一种是地板至地板；另一种是地板至货架。

1. 地板至地板的整托盘补货

如图 8-9 所示，此补货方式保管区为以托盘为单位地板平置堆叠存放，动管区也为以托盘为单位地板平置堆叠存放，所不同之处在于保管区的面积较大，存放物品量较多，而动管区的面积较小，存放物品量较少。拣取时拣货员于拣取区拣取托盘上的货箱，放置于中央输送机出货；或者，可使用叉车将托盘整个送至出货区（当拣取大量品项时）。而当拣取后发觉动管拣取区的存货低于水准之下时，则要进行补货动作。

图 8-9　地板至地板的整托盘补货

2. 地板至货架的整托盘补货

如图 8-10 所示，此补货方式保管区是以托盘为单位地板平置堆叠存放，动管区则为托盘货架存放。拣取时拣货员在拣取区搭乘牵引车拉着推车移动拣货，拣取后再将推车送至输送机轨道出货。而一旦发觉拣取后动管区的库存太低，则要进行补货动作。

图 8-10　地板至货架的整托盘补货

此补货方式为作业员使用叉车很快地至地板平置堆叠的保管区搬回托盘，送至动管区托盘货架上存放。此保管区、动管区存放形态的补货方式较适合体积中等或中量（以箱为单位）出货的物品。

（三）货架之间的补货

此补货方式为保管区与动管区属于同一货架，也就是将一货架上的两手方便拿取之处（中下层）作为动管区，不容易拿取之处（上层）作为保管区。而进货时便将动管区放不下的多余货箱放至上层保管区。对动管拣取区的物品进行拣货，而当动管区的存货低于水准之下时，则可利用叉车将上层保管区的物品搬至下层动管区补货。

此保管区、动管区存放形态的补货方式较适合体积不大、每品项存货量不高，且出货多属中小量（以箱为单位）的物品。

三、补货时机

补货作业的发生与否应视动管拣货区的货量是否符合需求，因而究竟何时需检查动管区存量，何时需将保管区的货补至动管区，以避免拣货中途才发觉动管区的货量不够，还要临时补货，进而影响整个出货时间的情形。对于补货时机的掌握有以下三种方式，至于该选用哪种应视公司决策方向而定。

（一）批次补货

于每天或每一批次拣取前，经由计算机计算所需物品之总拣取量，再相对查看动管拣货区的物品量，于拣取前一特定时点补足物品。此为"一次补足"的补货原则，较适合一日内作业量变化不大，紧急插单不多，或是每批次拣取量大需事先掌握的情况。

（二）定时补货

将每天划分为数个时点，补货人员于时段内检查动管拣货区货架上的物品存量，若不足即马上将货架补满。此为"定时补足"的补货原则，较适合分批拣货时间固定，且处理紧急时间也固定的情况。

（三）随机补货

指定专门的补货人员，随时巡视动管拣货区的物品存量，有不足随时补货的方式。此为"不定时补足"的补货原则，较适合每批次拣取量不大，紧急插单多以至于一日内作业量不易事前掌握的情况。

项目小结

本项目较为详细地阐述了配送中心的出库、退货、补货作业环节及流程；指出了每项作业的重要性以及各自在物流配送中所处的位置；结合例题详细介绍了配送路线优化选择的方法。此外，还对发货的检查、车辆配装以及常见的补货方式进行了详细的介绍。

同 步 练 习

一、选择题

1．出库凭证的具体格式可以不同，但不论采用哪种格式，都必须是符合财务制度要求且具有（　　）的凭证。

A．法律效力　　　B．法律规定　　　C．配送效力　　　D．供应效力

2．过户就是一种（　　）的形式，货物虽未出库，但是货物的所有权已从原存货户转移到新存货户。

A．转移　　　B．就地划拨　　　C．转让　　　D．买卖

3．一般的出库业务程序包括核单备货—复核—包装—点交—登账—（　　）等过程。

A．交接　　　B．清库　　　C．清理　　　D．交货

4．清理财务是指货物发出后要清理单据、核对账目，出现盘亏的要办理盈亏手续，确保（　　）三相符。

A．账、卡、数量　　　　　　B．账、卡、质量
C．账、卡、型号　　　　　　D．账、卡、物

5．退货作业流程根据各行业性质的不同，其环节复杂程度也不同，退货管理涉及退货商品的接收、处理以及（　　）几部分。

A．账务处理　　　B．商品处理　　　C．数量处理　　　D．售后服务

二、问答题

1．货物出库时要做到的"三不""三核""五检查"指的是什么？
2．为了提高送货效率，可采用的措施有哪些？
3．货物出库常发生的问题有哪些？
4．退货的原因主要有哪几种？
5．什么是自动补货系统？

三、实训题

1．实训目的：熟悉出库业务及管理，使学生对出库业务有个整体的认识。
2．实训方式：到仓储、配送企业进行参观学习。
3．实训内容：

（1）使学生了解出库中常发生的问题。

(2) 使学生熟悉退货的原因及解决方法，应如何加强对商品的管理。

(3) 使学生了解企业应如何补货，满足企业对客户的需求。

四、案例分析

信息技术在盘点中的应用

信息技术的运用在仓储管理中带来的最大变化是盘点业务，传统的手工方式盘点一般是利用纸笔记录，效率不高，同时存在数据失实的可能。在利用了条码、射频等信息技术后，就有可能采用自动化技术。例如在某仓库中使用了手持终端，现在的盘点方式只需要利用手持终端扫描箱体，所有盘点数据都会记录在手持终端中，手持终端也会自动处理盘点重复等错误。手持终端数据可以很方便地导入管理系统中。

条码仓库管理是条码信息技术广泛应用和比较成熟的传统领域，不仅适用于商业商品库存管理，同样适用于工厂产品和原料库存管理。只有仓库管理（盘存）电子化的实现，才能使产品、原料信息资源得到充分利用。仓库管理是动态变化的，通过仓库管理（盘存）电子化系统的建立，管理者可以随时了解每种产品或原料在当前货架上和仓库中的数量及其动态变化，并且定量地分析出各种产品或原料库存、销售、生产情况等信息。管理者通过它来及时进货或减少进货、调整生产，保持最优库存量，改善库存结构，加速资金周转，实现产品和原料的全面控制和管理，更新管理方式。在仓储管理盘点作业中实施物流信息技术的特点有以下几项。

1. 实时数据

数据采集系统采用条码自动识别技术作为数据输入手段，在进行每一项产品或原料操作（如到货清点、入库、盘点）的同时，系统自动对相关数据进行处理，并为下一次操作（如财务管理、出库）做好数据准备。通过计算机网络、数据库技术，系统任何一处在任何时间发生的物流活动数据，可以立即传送到系统上的任何地方，完全消除了目前人工管理库存（盘点）方式下普遍存在的数据失控现象，实施全系统数据的实时性。

2. "零"差错

由于系统几乎完全免除了物流过程中数据的人工键盘输入，同时，全部物流过程在计算机系统的监控下准确进行，一旦发生差错，系统会立即报警纠正，大大减少了商品库存（盘点）过程中数据输入差错的可能性。即使有错误发生，系统对每一步的操作日期、操作情况、操作员等数据都自动记录备查。

3. 省人力

应用数据采集系统，数据一次输入可以在以后的物流和信息流的各个环节中使用，数据输入次数由几十次减少到几次，操作员只需要使用数据采集器扫描阅读每一商品条码，系统便会自动对相关数据进行处理。不仅节省了盘点的工作劳力，还减轻了劳动强度，改善了劳动条件。

（资料来源：刘北林．物流配送管理[M]．北京：化学工业出版社，2016．）

问题：

信息技术能给仓储管理中的盘点作业带来哪些好处？

项目九 配送技术装备管理

任 务 目 标	技 能 目 标
1. 熟悉配送信息的管理。 2. 了解各类型配送设备的简单结构。 3. 掌握配送设备的分类和使用。	1. 掌握正确、合理选用配送设备的方法。 2. 学会配送相关设备的简单操作。

📕 项目概述

  现代化的物流配送离不开信息的采集、存储、传输和加工处理。而与物流活动相关的信息就是物流信息,它是反映物流各项活动内容的知识、资料、图像、数据、文件的总称。由于物流配送相关活动的特殊性、综合性、具体性、技术性,物流配送的信息及其信息技术装备在物流活动中就显得非常现实和重要。

  物流管理信息系统是企业信息系统的基础,是企业信息化的基础。它利用信息技术对物流中的各种信息进行实时、集中、统一管理,使物流、资金流和信息流三者同步,及时反馈市场、客户和物品的动态信息,为客户提供实时的信息服务。

📝 项目任务

📖 导入案例

清华同方股份有限公司实施金蝶 K/3 物流管理系统

  清华同方股份有限公司开展了以金蝶 K/3 物流管理系统为主体的物流整合活动,并解决了在实施金蝶 K/3 物流管理系统中面临的组织协调等一系列困难,使实施小组成功地完成了金蝶 K/3 物流管理系统后台所有模块的应用,使物资的进、存、出、运,一直到客户验收,形成了完整的物流链。金蝶 K/3 物流管理系统结合了清华同方股份有限公司的客观现状,进行了科研开发和系统设计,并取得了良好的成效。

清华同方股份有限公司应用"加大自主技术开发,加大产品产业化"的"双加工程",全面推进"e战略"。清华同方应用系统本部作为同方"双加工程"的第一个大型组织,整合了原同方十多个业务单位,着力解决过去小而全模式导致的资源重复建设、难以综合利用的问题,通过整合使企业的生产和管理成本降低,将同方自身的业务做精做细。因此,应用系统本部在成立之初就开始进行物流整合。

同方系统本部物流中心物流管理系统网络版建设已经完成,用户可通过互联网下达订单、查询订单执行情况、跟踪物流的整个过程。同方系统本部物流中心有关项目实施人员坦率地表示:"在实施过程中确实也存在着一些问题,如由于数据存储而出现的审单问题、网络安全问题等,但这些问题都能够逐步得到解决。针对我们不断出现的新需求,金蝶公司一直是通过开发部门来操作我们这个项目,而没有采用通常的实施完毕后,交由售后服务部来支持。"

本案例描述了清华同方公司实施金蝶 K/3 物流管理系统的开发与设计中面临着企业内部组织的合作与业务集成等一系列困难。金蝶公司结合了清华同方公司的客观现状,成功地完成了金蝶 K/3 物流管理系统后台所有模块的开发与应用,并在企业的实际应用中对仓库进行的条形码管理、物流与财务系统的集成管理等方面都具有良好的成效。

(资料来源:马俊生. 配送管理[M]. 北京:机械工业出版社,2016.)

任务一　物流配送的信息技术

一、物流信息

(一) 物流信息的概念

物流信息,是指物流活动中产生和使用的、必要的信息,它是物流活动的内容、形式过程以及发展变化的反映,是物流活动所形成的文字、资料、图像、数据、文件等的总称。商流、物流和信息流是从商品流通结构的角度来描述商品流通过程的概念,称为商品流通过程中的"三流"。"三流"之间密不可分,缺一不可,又相互独立,各有其特殊性和自身规律。信息流按信息载体和服务对象可分为商流信息和物流信息。

商流信息包括市场交易、货源价格、合同、付款、结算等信息,而物流信息则包括商品、数量、品种、规格、区域、费用等信息。商流的交易、合同等信息是市场商务的结果,也是物流的前提,而物流中的库存信息,既是物流的结果,又是商流的前提。这就是商流和物流共同交叉的特征。

(二) 物流信息的功能

1. 交易功能

完成交易过程的必要操作,包括记录订货内容、库存安排、用户查询,它体现了信息记录的个别物流活动的基本层次。

2. 决策功能

大量的物流信息能使管理人员掌握物流状态，协调进行物流活动的评估、比较、成本收益分析，从而做出正确的物流决策。

3. 控制功能

为了提高企业物流服务水平与资源利用的管理，需要有信息的控制功能。通过合理的指标体系和评价方案，来体现信息的控制力度。

4. 战略功能

有效地利用物流信息，使决策者能够及时地了解企业的过去、现在的状态及对未来趋势的分析，从而有效地确立企业的发展战略。

小思考：什么叫信息？信息的来源有哪些？

（三）物流信息网络

物流信息网络是指物流各子系统的计算机管理系统，通过现代通信技术连接起来的且以功能完善的网络软件为手段实现网络资源共享的系统。它包括运输、储存、装卸搬运、流通加工、包装、配送等各子系统，同时每个子系统又自成信息网络。

物流信息网络化是指物流领域内综合运用现代计算机和通信技术，实现物流信息的电子化、数字化，并能完成信息的自动采集、处理、存储、传送和交换，最终达到物流信息资源共享和开发，以降低物流成本，改善物流服务，提高物流效率和经济效益。

物流信息网络化是实现物流信息化的基础。从构成分析，主要包括物流信息资源网络化、物流信息通信网络化和计算机网络化三个方面。

二、计算机及物流配送管理软件系统

计算机是一种快速、高效、准确地进行信息处理的数字化电子设备，它已广泛应用于信息处理、自动控制、辅助设计、辅助制造、辅助教学、人工智能、现代通信等各个领域和各个行业。物流配送管理系统当然也不例外，一个完整的计算机系统包括硬件系统和软件系统两大部分。计算机硬件系统是构成计算机实体部件的总称，通常这些部件是由电子器件、机械装置等物理部件组成的。计算机硬件系统一般都是看得见、摸得着的设备实体，是计算机进行工作的物质基础，是计算机软件运行的载体和场所，它包括主机和外部设备。

一个经济实用的物流信息系统必须层次结构分明，不同层次上的部门和人员需要不同类型的信息。一个完善的信息系统不仅要包括硬件系统，还应该包括一系列实用的软件系统。常见的物流配送管理软件系统主要包括订货管理信息系统、仓储管理信息系统、配送管理信息系统、运营绩效管理信息系统、财务结算管理信息系统等。

1. 配送管理信息系统

配送管理信息系统最主要的功能就是用于与出库商品实际的运输交付过程相关的派车、配载、运输、签收等作业活动的管理，其主要功能模块包括配送计划管理、车辆调度管理、配送装车管理、在途监控管理、配送签收管理。

2. 订单管理信息系统

配送中心的运作是以客户订单为核心展开的，订单处理对配送中心至关重要。订单管理信息系统包含与订单处理相关的功能模块，涉及的作业有：客户订单的处理，包括入库和出库订单的处理，相应的订单处理生成入库计划与发货计划；EDI 数据交换，客户通过 EDI 方式与配送中心进行订单数据交换时完成相应的数据格式转换。

3. 仓储管理信息系统

仓储管理信息系统包括的功能模块有采购入库管理、理货管理、销售分析与预测、流通加工与包装规划、出库管理、仓库管理。

4. 运营绩效管理信息系统

运营绩效管理信息系统通过与仓储管理系统、配送管理系统及财务结算管理系统的交互取得运营绩效信息，此外，也可以从外部获得各种市场信息来制定并调整各种运营策略，再将政策内容及执行方针通知各个业务部门。运营绩效管理信息系统主要包括资源管理、运营管理、绩效管理三部分。

5. 财务结算管理信息系统

财务结算管理信息系统由财务部门使用，可以自动生成各种财务报表。该系统主要包括应收账款管理、配送费用结算、工资管理、财务报表管理、费用设置五个模块。

三、现代物流信息编码标识技术

物流信息编码标识是指对物流过程中的实体按照一定的规则进行统一表示的代码，是对实现供应链高效运作所需的信息的合理表示，以便能够迅速、准确地采集。

（一）物流信息编码标识标准体系

ANCC 系统是全球统一标识系统，国际上称为 EAN·UCC 系统，是中国物品编码中心（Article Numbering Center of China，ANCC）根据国际物品编码协会制定的 EAN·UCC 系统规则和根据我国国情研究制定并负责在我国推广应用的一套全球统一的产品与服务标识系统。

ANCC 系统是在商品条码的基础上发展而来的。它包含三部分内容：编码体系、可自动识别的数据载体和电子数据交换标准协议。这三部分之间互相支持，紧密联系。编码体系是整个 ANCC 系统的核心，它实现了对不同物品的唯一编码；数据载体是将供肉眼识读的编码转化为可供机器识读的载体，如条码符号等；然后通过自动数据采集技术（ADC）及电子数据交换技术（EDI&XML），以最少的人工介入，实现自动化操作。

ANCC 系统是一套全球统一的标准化编码体系。编码体系是 ANCC 系统的核心，是对流通领域中所有的产品与服务，包括贸易项目、物流单元、资产、位置和服务关系等的标识代码及附加属性代码，附加属性代码不能脱离标识代码独立存在。

根据不同的需要，物流信息的编码有不同的内容。在日常运作中，物流信息编码的主要内容包括以下几个方面。

1. 项目标识

项目标识是对商品项目及货运单元项目的标识。相同的项目编码是相同的，它的内容是无含义的，但其对项目的标识是唯一的。项目标识的主要编码方式有 13 位和 14 位两种。13 位编码由三段组成，分别为厂商识别代码、商品项目代码及校验码。14 位编码通常是在 13 位编码前面加上一位数字组成，具体编码方法将在后面介绍。

2. 动态项目标识

动态项目标识是对商品项目中每一个具体单元的标识。它是对系列货运包装箱的标识，每一个货运包装箱具有不同的编码，其编码为18位。

3. 日期

对日期的标识为6位编码，依次表示年、月、日。主要有生产日期、包装日期、保质期等，相信会随着应用的需要不断增加。

4. 度量

度量的内容比较多，不同度量的编码位数也不同。度量主要包括数量、重量、长、宽、高，以及面积、体积等内容，相同的度量有不同的计量单位的区别。

5. 参考项目

参考项目的内容也较多，包括客户购买订单代码，收货方邮政编码，卷状产品的长、宽、内径、方向、叠压层数等各种信息，其编码位数也各不相同。

6. 位置码

位置码是对法律实体、功能实体、物理实体进行标识的代码。其中，法律实体是指合法存在的机构；功能实体是指法律实体内的具体部门；物理实体是指具体地址。我国的位置码由中国物品编码中心统一分配与管理。位置码由13位数字组成，其结构如图9-1所示，遵循国家标准GB/T 16828—1997。位置码的主要内容为表示交货地点的位置码、表示发票受票方的位置码、表示供货方的位置码及表示贸易实体的位置码等。

图9-1 位置码结构

7. 特殊应用和内部使用

特殊应用是指在特殊行业（如医疗保健业）的应用，内部使用是指在公司内部使用，由于其编码不与外界发生联系，编码方式及标识内容由公司自己制定。

（二）自动识别技术

自动识别（Automatic Identification，Auto-ID）技术是以计算机技术、电子技术和通信技术为基础的一门综合性技术，是数据编码、数据采集、数据标识、数据管理、数据传输的标准化手段，包括条码识别技术、射频识别技术、生物特征识别技术、语音识别技术、图像识别技术等。

几十年来，自动识别技术在全球范围内发展迅猛。自动识别技术从一维条码到二维条码，从纸质条码到特殊材料条码，直到今天射频识别（Radio Frequency Identification，RFID）技术以及生物特征识别技术的发展，印证了第一代自动识别载体到第二代自动识别载体的变革过程，并形成了涉及光、机、电、算及通信等多种技术综合的自动识别技术体系。伴随着条码技术的成熟应用，RFID技术正在以其第二代信息技术载体的优势，呈现出飞速发展的趋势。生物特征识别技术和语音识别、图像识别等自动识别技术也逐渐以其鲜明的技术特点和优势，在信息安全、身份认证等不同的应用领域显现出不可替代的作用。

自动识别技术体系的建立与发展，从早期的条码自动识别技术，到现在受到广泛关注的射频识别技术、生物特征识别技术、图像识别技术等，都充分体现了时代的进步与社会需求的变革。自动识别技术如图 9-2 所示。

图 9-2　自动识别技术

1. 条码识别技术

商品条码是一种国际通用的商品信息标识，是商业自动化管理和销售的基础。商品条码由一组规则排放的条、空及对应字符组成，表示一定信息。商品条码的条、空组合部分称为条码符号，对应的符号部分由一组阿拉伯数字组成，称为商品标识代码。

条码符号和条码代码相对应，表示的信息一致。条码符号用于条码识读设备扫描识读，商品标识代码供人识读。国家标准 GB 12904—2003 规定了商品条码的编码、结构、尺寸及技术要求。采用商品条码及其技术，能够大幅度地提高购物的结算速度，减少差错，实现商品进、销、调、存自动化信息管理、物流管理，提高企业管理水平和经济效益，如图 9-3～图 9-5 所示。

图 9-3　EAN/UPC 条码　　　　　图 9-4　ITF-14 条码

图 9-5　UCC/EAN-128 条码

条码识别技术以其制作、操作简单，信息采集速度快、准确率高、自由度大，系统成本低等特性，决定了其在众多领域中的广泛应用，如图书管理、医疗卫生、仓储物流管理、质量跟踪管理、ERP 系统、OA 系统（办公自动化系统）及商品零售系统。"条码"已经成为全球商品流通中最为广泛的"国际化语言"。

小思考：条码识别技术在商品的管理中有哪些应用？

2. 射频识别技术（RFID）

与条码技术相比，射频识别技术则是一种新兴的自动识别技术。射频识别系统利用射频标签承载信息，射频标签和识读器之间通过感应、无线电波或微波能量进行非接触双向通信，达到自动识别的目的。RFID技术是实现物流过程实施货品跟踪的一种非常有效的技术。

射频识别技术最突出的特点是：可以非接触识读（识读距离可以从十厘米至几十米）；可以识别高速运动物体；抗恶劣环境；保密性强；可以同时识别多个识别对象。

射频识别技术是以无线通信技术和存储器技术为核心，伴随着半导体、大规模集成电路技术的发展而形成的高新技术。在现代信息化发展进程中，射频识别技术的应用越来越广泛。目前已应用于身份识别系统，智能交通系统，人、畜、物跟踪监控系统，生产过程控制系统，物流供应链系统等。2006年6月，国家科技部会同国家发改委、商务部、信产部等十五个部委联合发表《中国射频识别（RFID）技术政策白皮书》，明确指出："RFID技术应用于物流、制造、公共信息服务等行业，可大幅提高管理与运作效率，降低成本。随着相关技术的不断完善和成熟，RFID产业将成为一个新兴的高技术产业群，成为国民经济新的增长点。"

3. 生物特征识别技术

生物特征识别技术是通过计算机利用人体所固有的生理特征或行为特征来进行个人身份鉴定的技术，在信息安全、电子商务、电子支付等方面起到重要的作用。随着经济全球化、信息化进程的加快，人类对赖以生存的社会环境提出了更高的安全防范要求。由于人的生物特征具有终生不变、因人而异、可随时随地提取等特性，目前生物特征识别技术在军队、司法、公安、金融、海关以及互联网等领域正发挥着不可替代的作用。

随着生物识别技术和应用方案的不断成熟，大众对公共和社会安全、反欺诈、反恐怖逐渐重视，以及电子商务应用在全球范围的普及推广，生物特征识别产业作为一个新兴的产业，也将呈现高速增长的态势。

四、现代物流信息传输技术

（一）电子数据交换

电子数据交换（Electronic Data Interchange，EDI）是一种利用计算机进行商务处理的新方法，它是将贸易、运输、保险、银行和海关等行业的信息，用一种国际公认的标准格式，通过计算机通信网络，使各有关部门、公司和企业之间进行数据交换和处理，并完成以贸易为中心的全部业务过程。由于EDI的使用可以完全取代传统的纸张文件的交换，因此也有人称它为"无纸贸易"或"电子贸易"。

1. 电子数据交换的应用

① EDI用于金融、保险和商检。EDI用于金融、保险和商检，可以实现对外经贸的快速循环和可靠的支付，降低银行之间转账所需的时间，增加可用资金的比例，加快资金的流动，简化手续，降低作业成本。

② EDI用于外贸、通关和报关。EDI用于外贸业，可提高用户的竞争能力。EDI用

于通关和报关,可加速货物通关,提高对外服务能力,减轻海关业务的压力,防止人为弊端,实现货物通关的自动化和国际贸易的无纸化。

③ EDI 用于税务。税务部门可利用 EDI 开发电子报税系统,实现纳税申报的自动化,既方便快捷,又节省人力物力。

④ EDI 用于制造业、运输业和仓储业。制造业利用 EDI 能充分理解并满足客户的需要,制订出供应计划,达到降低库存,加快资金流动的目的。运输业采用 EDI 能实现货运单证的电子数据传输,充分利用运输设备、仓位,为客户提供高层次和快捷的服务。对仓储业,可加速货物的提取及周转,减缓仓储空间紧张的矛盾,从而提高利用率。

2. 电子数据交换的用户入网方式

用户终端可通过电话网、CHINA.PAC 网、DDN 网、CHINA.NET 网等方式接入 EDI 系统。

3. EDI 标准体系

EDI 是目前为止最为成熟和使用范围最广泛的电子商务应用系统。其根本特征在于标准的国际化,标准化是实现 EDI 的关键环节。早期的 EDI 标准,只是由贸易双方自行约定,随着使用范围的扩大,出现了行业标准和国家标准,最后形成了统一的国际标准。国际标准的出现,大大地促进了 EDI 的发展。随着 EDI 各项国际标准的推出,以及开放式 EDI 概念模型的趋于成熟,EDI 的应用领域不仅只限于国际贸易领域,而且在行政管理、医疗、建筑、环境保护等各个领域得到了广泛应用。可见 EDI 的各项标准是使 EDI 技术得以广泛应用的重要技术支撑,EDI 的标准化工作是在 EDI 发展进程中不可缺少的一项基础性工作。

EDI 标准体系是在 EDI 应用领域范围内的、具有内在联系的标准组成的科学有机整体。它由若干个分体系构成,各分体系之间又存在着相互制约、相互作用、相互依赖和相互补充的内在联系。从我国目前 EDI 应用的实际水平以及未来一个时期的发展情况来看,EDI 标准体系主要包括 EDI 基础标准、EDI 管理标准、EDI 报文标准、EDI 通信标准和 EDI 相关标准。

(二)互联网、企业内联网、企业外联网传输平台

互联网(Internet),又译因特网、网际网,即广域网、局域网及单机按照一定的通信协议组成的国际计算机网络。因特网是当前最大的国际计算机网,基于一个共同的通信协议(TCP/IP),通过路由器将多个网络互连构成的网络。

内联网(Intranet),是指采用 Internet 技术建立的企业内部网络。它是基于 Internet 协议标准、Web 技术和设备,来构造或改建成可提供 Web 信息服务以及连接数据库等其他服务应用的自成独立体系的企业内部网。

外联网(Extranet),是指将内联网的构建技术应用于企业之间的系统,使企业与其客户和其他企业相连来完成其共同目标的交互合作网络。

(三)GPS 技术、GSM 技术及 GIS 技术

GPS(Globle Positioning System),即全球卫星定位系统,能准确地定出地球表面移动

目标的位置信息。

GSM（Global System for Mobile Communication），即全球移动通信系统。

GIS（Geographic Information System），即地理信息系统，俗称电子地图。

车辆综合管理系统采用 GPS、GSM、GIS 技术及计算机管理技术建立车辆动态管理系统，实现全天候、大范围、多车辆的实时动态定位、调度、管理，改进车辆运行管理，增强突发事件的反应能力，提高车辆运行率和行车安全度。

五、现代物流信息存储管理技术

信息资源的存储管理技术是指对数据的分类、组织、编码、存储、检索和维护的技术。信息存储管理技术的发展随计算机的发展而发展，一般分为四个阶段：人工管理阶段、文件系统管理阶段、数据库系统管理阶段、高级数据库技术阶段。

（一）数据库技术

数据库（Database，DB）是将数据按照一定的数据结构模型组织存储在介质上的数据集合，使得这些数据能以最佳的方式得到保存、共享和应用。

使用数据库可以带来许多好处，如减少了数据的冗余度，从而大大地节省了数据的存储空间；实现数据资源的充分共享等。此外，数据库技术还为用户提供了非常简便的使用手段，使用户易于编写有关数据库应用程序。特别是近年来推出的微型计算机关系数据库管理系统 DBASELL，操作直观，使用灵活，编程方便，环境适应广泛（一般的十六位机，如 IBM/PC/XT，国产长城 0520 等均可运行这种软件），数据处理能力极强。数据库在我国正得到越来越广泛的应用，必将成为经济管理的有力工具。

（二）数据仓库与数据挖掘技术

数据仓库（Data Warehouse）是一个面向主题的、集成的、稳定的和与时间相关的，能够更好地支持企业或组织的决策分析处理的环境。目的是让用户更快、更方便地查询所需要的信息，提供决策支持。

数据挖掘（Data Mining，Knowledge Discovery，Pattern Discovery，Data Dredging，Data Archeology）是从大量的数据中抽取出潜在的、不为人知的有用信息、模式和趋势。数据挖掘的目的是提高市场决策能力、检测异常模式和在过去的经验基础上预测未来趋势等。

任务二　物流配送的作业装备

一、仓储装备

（一）货架

货架的种类较多，分类的方法也不尽相同。按货架制作工艺方式分类，可分为焊接式货架和组合式货架；按货架运动状态分类，可分为固定式货架、移动式货架和旋转式货架；按货架与建筑物的结构关系分类，可分为整体结构式货架（库架合一式）和分离结构式货架；按货架储存货物单元的形式分类，可分为托盘货架和容器货架；按结构特点分类，可分为层架、层格架、抽屉架、悬臂架等。

1. 按货架是固定型的或是移动型的分类

（1）固定型货架。固定型货架可细分为搁板式货架、托盘式货架、贯通式货架、重力式货架、压入式货架、阁楼式货架、钢结构平台、悬臂式货架、流动式货架、抽屉式货架、牛腿式货架等。

（2）移动型货架。移动型货架可细分为移动式货架和旋转式货架。其中，移动式货架又可细分为轻中型移动式货架（又称密集架，分为手动和电动）、重型托盘式移动货架；旋转式货架又可细分为水平旋转式货架、垂直旋转式货架两种。

2. 按货架系统与仓库建筑结构的连接与否分类

（1）库架合一式货架。货架系统和建筑物屋顶等构成一个不可分割的整体，由货架立柱直接支撑屋顶荷载，在两侧的柱子上安装建筑物的围护（墙体）结构。

（2）分离结构式货架。系统和建筑物为两个单独的系统，相互之间无直接连接。

3. 按单元货架每层载重量分类

（1）轻型货架：每层载重量不大于 200kg。

（2）中型货架：每层载重量为 200～500kg。

（3）重型货架：每层载重量在 500kg 以上。

4. 按货架的高度分类

（1）低位货架：高度 5m 以下。

（2）高位货架：高度 5～12m。

（3）超高位货架：高度 12m 以上。

5. 按货架系统的结构特点分类

（1）搁板式货架。搁板式货架通常为人工存取货方式，组装式结构，层间距均匀可调，货物也常为散件或不是很重的已包装物品（便于人工存取），货架高度通常在 2.5m 以下，否则人工难以触及（如辅以登高车则可设置在 3m 左右）。单元货架跨度（即长度）不宜过长，单元货架深度（即宽度）不宜过深，按其单元货架每层的载重量可分为轻型、中型、重型搁板式货架，层板主要为钢层板、木层板两种。

（2）托盘式货架。

托盘式货架，又俗称横梁式货架，或称货位式货架，通常为重型货架，在国内的各种仓储货架系统中最为常见。

（3）贯通式货架。

贯通式货架又称通廊式货架、驶入式货架。此系统货架排布密集，空间利用率极高，几乎是托盘式货架的两倍，但货物必须是少品种大批量型，货物先进后出。

（4）重力式货架。

重力式货架由托盘式货架演变而成，采用辊子式轨道或底轮式托盘，轨道呈一定坡度，利用货物的自重，实现货物的先进先出，从一边进，从另一边出，适用于大批量、同类货物的先进先出存储作业，空间利用率很高，尤其适用于有一定质保期、不宜长期积压的货物。货架总深度（即导轨长度）不宜过大，否则不可利用的上下"死角"会较大，影响空间利用，且坡道加长，下滑的可控性会较差，下滑的冲力较大，易引起下滑不畅、阻住，托盘货物的倾翻。为使下滑流畅，如坡道较长，应在中间加设阻尼装置，为使托盘货物下滑至最底端时不致因冲击力过大而倾翻，应在坡道最低处设缓冲装置，因此设计、制造、安装难度较大，成本较高。此类货架不宜过高，一般在 6m 以内，单托货物重量一般在 1 000kg 以内，否则其可靠性和可操作性会降低。此类货架系统目前在国内应用不是很多。

（5）压入式货架。压入式货架也由托盘式货架演变而成，采用轨道和托盘小车相结合的原理，轨道呈一定的坡度，利用货物的自重，实现托盘货物的先进后出，从一边进，从另一边出，适用于大批量少品种的货物存储，空间利用率很高，存取也较灵活方便。货架总深度不宜过深，一般在 5 个托盘深度以内，否则由于托盘小车相互嵌入的缘故而会使空间牺牲较大。单托货物重量一般在 1 500kg 以内，货架高度一般在 6m 以内。此类系统对货架的制造精度要求较高，托盘小车与导轨之间的配合尤为重要，如制造、安装精度不高，极易导致货架系统的运行不畅。此类货架造价较高，在国内已有一定的应用。

（6）阁楼式货架。阁楼式货架系统是在已有的工作场地或货架上建一个中间阁楼，以增加存储空间，可做二、三层阁楼，宜存取一些轻泡及中小件货物，适用于多品种大批量或多品种小批量货物，人工存取货物，货物通常由叉车、液压升降台或货梯送至二楼、三楼，再由轻型小车或液压托盘车送至某一位置。

（7）钢结构平台。钢结构平台通常是在现有的车间（仓库）场地上再建一个二层或三层的全组装式钢结构平台，将使用空间由一层变成二层、三层，使空间得到充分利用。货物由叉车或升降台的货梯送上二楼、三楼，再由小车或液压拖板车运至指定位置。此种平台与钢筋混凝土平台相比，施工快，造价适中，易装易拆，且可以搬迁使用，结构新颖漂亮。

（8）悬臂式货架。悬臂式货架主要用于存放长形物料，如型材、管材、板材、线缆等，立柱多采用 H 型钢或冷轧型钢，悬臂采用方管、冷轧型钢或 H 型钢，悬臂与立柱之间采用插接式或螺栓连接式，底座与立柱之间采用螺栓连接式，底座采用冷轧型钢或 H 型钢。货物存取由叉车、行车或人工进行。货架高度通常在 2.5 米以内（如由叉车存取货则可高达 6 米），悬臂长度在 1.5 米以内，每臂载重通常在 500kg 以内。此类货架多用于机械制造行业和建材超市等。

（9）流动式货架。流动式货架通常由中型横梁式货架演变而来，货架每层前后横梁之间设置滚轮式铝合金或钣金流利条，呈一定坡度（30°左右）放置。货物通常为纸包装或将货物放于塑料周转箱内，利用其自重实现货物的流动和先进先出，货物由小车进行运送，人工存取，存取方便，单元货架每层载重量通常在 1 000kg 以内，货架高度在 2.5 米以内。此类货架适用于装配线两侧的工序转换、配送中心的拣选作业等场所，可配以电子标签实现货物的信息化管理。

（10）抽屉式货架。抽屉式货架由重型托盘式货架演变而来，通常用于存放模具等重物，而现场又无合适的叉车可用。组合装配、螺栓连接式货架结构，货架高度一般在 2.5m 以下，除了顶层外的几层均可设计制作成抽屉式结构，安全可靠，可轻松抽出 2 000kg／层的货物，辅之以行车或葫芦吊，轻松实现货物的存取作业。

（11）牛腿式货架。牛腿式货架主要用于自动化仓库中。此类货架系统所使用的托盘承载能力强,刚性好,如托盘承载很小可取消横梁,或货格较小而不用横梁,直接用塑料箱等置于牛腿之上,由堆垛机对货物进行自动存取作业。主要用于储存轻小而贵重物品的自动化仓储系统中,适用于烟草、电子、机械制造等行业。

(12) 移动式货架。轻、中型移动式货架(也称密集架)由轻、中型搁板式货架演变而来,密集式结构,仅需设一个通道(1m宽左右),密封性好,美观实用,安全可靠,是空间利用率最高的一种货架,分手动和电动两种类型。重型移动式货架由重型托盘式货架演变而来,裸露式结构,仅需设1~2个通道,空间利用率极高。重型移动式货架的结构与轻、中型移动式货架类似,区别在于重型移动式货架一定是电动式的,货物由叉车进行整托存取,通道通常为3m左右,主要用于一些仓库空间不是很大、要求最大限度地利用空间的场所,适用于机械制造等行业。

(13) 旋转式货架。旋转式货架分水平旋转和垂直旋转两种,均是较为特殊的货架,自动化程度要求较高,密封性要求高,适用于货物轻小而昂贵、安全性要求较高的场所。单个货架系统规模较小,单体自动控制,独立性强,可等同于某种动力设备。

(二)托盘

托盘是从两层面板中间夹以纵梁(或柱脚)或单层面板下设纵梁(垫板或柱脚)组成的一种平闭结构。托盘的结构如图9-6所示。

图9-6 托盘的结构

1. 按照托盘的材质分类

(1) 木托盘。木托盘是目前使用数量最多的一种托盘,广泛应用于烟草、食品、化工、医药、港口、码头的仓储物流和配送物流。

(2) 塑料托盘。目前国内企业主要采用注塑、中空吹塑两种方式生产塑料托盘。注射成型法生产工序少、生产效率较高,产品质量稳定。中空吹塑成型法一次成型、工艺简便、成本较低,但制品壁厚不均匀,尺寸稳定性差。

(3) 金属托盘。金属托盘的刚性很好,因此应用范围很广泛。基本可以适用于各个领域,尤其是应用在货架上。自重比较大是金属托盘的缺点,但可以通过改善结构设计来克服这一缺点。

(4) 纸托盘。纸托盘由于自重较轻,多用于航空运输中。其缺点是防潮性能稍差,经过特别处理的纸托盘,如浸蜡后性能有所改善。

(5) 复合材料托盘。目前用于托盘制造的比较成熟的材料是塑木材料。复合材料托盘具有良好的防潮、防腐性能,可以适用于绝大多数行业。其缺点是自重较大,连接件强度有待完善。

2. 按照托盘的结构分类

（1）平托盘。平托盘没有上层结构，用途广泛，品种较多。按叉车货叉的插入口可分为两向进叉托盘和四向进叉托盘。按使用面可分为单面托盘和双面托盘。

（2）柱式托盘。柱式托盘是在平托盘的四个角安装四根立柱后形成的，立柱可以是固定的，也可以是拆卸的。这种托盘也归于平托盘。柱式托盘多用于包装件、桶装货物、棒料和管材等的集装，还可以作为可移动的货架、货位。该托盘因立柱的顶部装有定位装置，所以堆码容易，堆码的质量也能得到保证；面且多层堆码时，因上部托盘的载荷通过立柱传递，下层托盘货物可不受上层托盘货物的挤压。柱式托盘的种类有固定柱式托盘、可套叠柱式托盘、拆装式柱式托盘和折叠式柱式托盘，如图9-7所示。

（a）固定柱式托盘　（b）可套叠柱式托盘　（c）拆装式柱式托盘　（d）折叠式柱式托盘

图9-7　柱式托盘

（3）箱式托盘。箱式托盘是在平托盘基础上发展起来的，多用于装载一些不易包装或形状不规则的散件或散状货物，也可以装载蔬菜、瓜果等农副产品，金属箱式托盘还用于热加工车间集装热料。这种托盘的下部可叉装，上部可吊装，可使用托盘搬运车、叉车、起重机等作业；可进行码垛，码垛时可相互堆叠四层；空箱可折叠。箱壁可以是平板或网状构造物，可以有益或无益。有益的箱式托盘常用于装载贵重物品，如图9-8所示。

（4）轮式托盘。轮式托盘是平托盘、柱式托盘或箱式托盘的底部装上脚轮而成，既便于机械化搬运，又适于短距离的人力移动。此类托盘适用于企业工序之间的物料搬运；也可在工厂或配送中心装上货物运到商店，直接作为商品货架的一部分，如图9-9所示。

图9-8　箱式托盘　　　　图9-9　轮式托盘

（5）专用托盘。专用托盘是一种集装特定货物（或上件）的储运工具。它和通用托盘的区别在于它具有适合特定货物（或工件）的支承结构。用于长件货物的储运托盘，如图 9-10 所示。

图 9-10　用于长件货物的储运托盘

二、运输作业装备

（一）公路运输装备

按照汽车用途分类，汽车有运输汽车和特种用途汽车两大类，具体分类如下。

1. 运输汽车

（1）轿车。轿车可乘坐 2～9 名乘员（包括驾驶员），主要供私人使用。轿车可按发动机工作容积（发动机排量）分级：微型轿车，发动机工作容积 1 升以下；普通级轿车，发动机工作容积为 1.0～1.6 升；中级轿车，发动机工作容积 1.6～2.5 升；中高级轿车，发动机工作容积为 2.5～4 升；高级轿车，发动机工作容积为 4 升以上，如美国通用汽车公司的凯迪拉克（Cadillac）高级轿车，美国福特汽车公司的林肯（LINCOLN）高级轿车，英国劳斯莱斯（Rolls-Royce）高级轿车和德国奔驰 500 系列、560 系列高级轿车。

（2）客车。客车可乘坐 9 名以上乘员，主要供公共服务用。按照服务方式不同，客车的构造亦不同，可分为城市公共客车、长途客车、团体客车、游览客车等类型。按照车辆长度分级，客车可分为：微型客车，长度 3.5m 以下；轻型客车，长度 3.5～7 米；中型客车，长度 7～10 米；大型客车，长度 10～12 米；特大型客车，包括铰接式客车（车辆长度大于 12 米）和双层客车（长度 10～12 米）两种。

（3）货车。用于运载各种货物，在其驾驶室内还可容纳 2～6 名乘员。由于所运载的货物种类繁多，货车的装载量及车厢的结构也各有不同，主要分为普通货车和专用货车两大类型。货车按其总质量分级：微型货车，总质量小于 1.8 吨；轻型货车，总质量为 1.8～6 吨；中型货车，总质量为 6～14 吨；重型货车，总质量大于 14 吨。

（4）牵引汽车。专门或主要用于牵引挂车的汽车，通常可分为半挂牵引汽车和全挂牵引汽车等类型。半挂牵引汽车后部设有牵引座，用来牵引和支承半挂车前端。全挂牵引汽车本身带有车厢，其外形虽与货车相似，但其车辆长度和轴距较短，而且尾部设有拖钩。牵引汽车都装设有一部分挂车制动装置及挂车电气接线板等。

2. 特种用途汽车

（1）娱乐汽车。专供假日娱乐消遣的汽车，运输已不是此种汽车的主要任务，如旅游汽车、高尔夫球场专用汽车、海滩游玩汽车等。

（2）竞赛汽车。竞赛汽车是按照特定的竞赛规范而设计的汽车。著名的竞赛规范有一级方程式竞赛、拉力赛等。竞赛汽车的结构和设计原理虽然与其他汽车大致相同，但其用途却很特殊。

（3）特种作业汽车。特种作业汽车是指在汽车上安装各种特殊设备进行特种作业的车辆，如商业售货车、环卫环保作业车、市政建设工程作业车、农牧副渔作业车、石油地质作业车、医疗救护车、公安消防车、机场作业车等类型。

（4）集装箱运输车。集装箱运输车是专门用来运输集装箱的专用汽车。在公路上使用的集装箱半挂车按其结构形式可分为以下几种类型。

① 平板式集装箱半挂车。这种半挂车既能运输一般货物，又能运输国际标准集装箱。

② 骨架式集装箱半挂车。这种半挂车专门用于集装箱运输，其结构简单，自重轻，维修方便，在专业集装箱运输中采用较多。

③ 低床式集装箱半挂车。这种半挂车只能装运 20 英尺的集装箱，而且仅在有特殊要求的场合下，如库房的高度较低，用普通的半挂车不能满足要求，或主要用于装运大件货物，而又要兼顾装运集装箱时，一般用得比较少。

此外还有站场用半挂车和自装卸集装箱运输车。站场用半挂车的外廓尺寸一般可不受国家对于车辆限界的规定限制，且挂车的全长和轴要考虑到码头、货场、道路的技术使用条件；自装卸集装箱运输车是一种能够独立完成装卸和运输作业的专用集装箱运输车。

（二）铁路运输装备

铁路车辆是装运货物、运送旅客的运载工具，它没有动力装置，需要把车辆连挂在一起由机车牵引，才能完成客货运输任务。铁路车辆包括客车和载货客车两大类，其中客车又包括软、硬席座车和卧车。另有编挂在旅客列车上的餐车、邮政车、行李车以及特种用途车等。铁路载货汽车是指以运输货物为主要目的的铁路车辆。在特殊情况下，个别货车也用来运送旅客或兵员。按适用范围大小，货车可分为通用货车和专用货车；按适用轨距不同，货车可分为准轨货车和米轨货车。通常按货车结构和所运货物的种类不同，把货车分为以下几类。

1. 平车

平车是铁路上大量使用的通用车型，无车顶和车厢挡板，这种车体自重较小，装运吨位较大，且无车厢挡板的制约，装卸较方便，必要时可装运超宽、超长的货物。它主要用于装运大型机械、集装箱、钢材、大型建材等，在平车基础上采用相应技术措施，可发展为集装箱车、车载车、袋鼠车等。

2. 敞车

敞车是铁路上的一种主要车型，无车厢顶，设有车厢挡板，有高挡板、低挡板等不同类型。敞车主要装运建材、木材、钢材、袋装与箱装杂货和散装矿石、煤炭等货物。

3. 棚车

棚车是铁路上主要的封闭式车型，较多地采用侧滑开门式，可采用小型叉车、手推车、手车进入车厢内装卸；也有车顶设滑动顶棚式，拉开后和敞车相似，可采用吊车从上部装卸。棚车主要装运防雨、潮，防止丢失、散失等较贵重的物品。

4. 罐车

罐车是铁路上用于转运气、液、粉等货物的主要车型，有横卧圆筒形，也有立置筒形、槽形、漏斗形。其可分为装卸轻油用罐车、粘油用罐车、酸类罐车、水泥罐车、压缩气体罐车等多品种。

5. 漏斗车

漏斗车主要适用于散装货物的机械化装卸。

6. 保温及冷藏车

保温及冷藏车是指能进行调温并能保持一定温度及能进行冷冻运输的车辆，以适应冬、夏等季节生、鲜食品的运送。

7. 特种车

特种车是指装运特殊货物的车辆。如长大货物车，用于装运大型或重型货物；自翻车，主要用于装卸频繁的矿山运输；家畜车，用于活家畜、家禽的运输。

（三）水路运输装备

船舶按用途不同可以分为以下几种类型。

1. 客船

专运旅客的船舶称为客船，游船也属于客船。

2. 客货船

客货船除了载运旅客之外，还装载有部分货物（水线以下的船舱尽可能用来装货）。客货船在要求上与客船相同。

3. 杂货船

杂货，也称为统货，是指机器设备、建材、日用百货等各种物品。专门运输包装成捆、成包、成箱的杂货的船，称为杂货船，或称为普通货船。

4. 集装箱船

集装箱船，是指专门运输集装箱货物的船舶。集装箱船可分为三种类型：全集装箱船，是一种专门装运集装箱的船，不装运其他形式的货物；半集装箱船，在船的中部区域作为集装箱的专用货舱，而船的两端货舱装载其他杂货；可变换的集装箱船，是一种多用途船。这种船的货舱，根据需要可随时改变设施，既可以装运集装箱，也可以装运其他普通杂货，以提高船舶的利用率。

5. 滚装船

货物装卸不是从甲板上的货舱口垂直地吊进吊出，而是通过船舶首、尾或两舷的开口以及搭到码头上的跳板，用拖车或叉式装卸车把集装箱或货物连同带轮子的底盘，从船舱运至码头的一种船舶。滚装船的主要优点是：不需要起货设备，货物在港口不需要转载就可以直接拖运至收货地点，缩短货物周转的时间，减少货损。

6. 载驳货船

载驳货船又称子母船，这是一种把驳船作为"浮动集装箱"，利用母船升降机和滚动设备将驳船载入母船，或利用母船上的起重设备把驳船（子船）由水面上吊起，然后放入母船体内的一种船舶，统称为载驳货船。许多载驳货船的甲板上载有集装箱船。

7. 散货船

散装运输谷物、煤、矿砂、盐、水泥等大宗干散货物的船舶,都可以称为干散货船,或简称散货船。因为干散货船的货种单一,不需要包装成捆、成包、成箱的装载运输,不怕挤压,便于装卸,所以都是单甲板船。

8. 液化气体船

液化气体船是指专门散装运输液态的石油气和天然气的船。也有人称为特种油船。

(四)航空运输装备

航空运输装备主要是指航空器,也就是飞机。常见的飞机有螺旋桨式飞机、喷气式飞机和超音速飞机。螺旋桨式飞机利用螺旋桨的转动将空气向机后推动,借其反作用力推动飞机前进。所以螺旋桨转速越高,飞行速度越快。喷气式飞机最早由德国人在20世纪40年代制成,是将空气多次压缩后喷入飞机燃烧室内,使空气与燃料混合燃烧后产生大量气体以推动涡轮,然后于机后以高速度将空气排出机外,借其反作用力使飞机前进。它的结构简单,制造、维修方便,速度快,节约燃料费用,装载量大,使用率高,所以目前已经成为世界各国机群的主要机种。超音速飞机是指航行速度超过音速的飞机,如英法在20世纪70年代联合研制成功的协和式飞机。

(五)管道运输装备

本书仅介绍常见的输油管道设施设备。长距离输油管道由输油站和管线两大部分组成,输送轻质油或低凝点原油的管道不需加热,油品经一定距离后,管内油温等于管线埋深处的地温,这种管道称为等温输油管,它无须考虑管内油流与周围介质的热交换。对易凝、高黏油晶,不能采用这种方法输送,当油品黏度极高或其凝固点高于管路周围环境温度时,就必须考虑加热输送的办法。因此,热油输送管道不仅要考虑摩擦阻力的损失,还要考虑散热的损失。

三、集装作业装备

(一)集装箱的概念

所谓集装箱,是指具有一定的强度、刚度和规格,专供周转使用的大型装货容器。

使用集装箱转运货物,可直接在发货人的仓库装货,运到收货人的仓库卸货,中途更换车、船时,无须将货物从箱内取出换装。按所装货物种类分,有杂货集装箱、散货集装箱、液体货集装箱、冷藏箱集装箱等;按制造材料分,有木集装箱、钢集装箱、铝合金集装箱、玻璃钢集装箱、不锈钢集装箱等;按结构分,有折叠式集装箱、固定式集装箱等。在固定式集装箱中,还可分为密闭集装箱、开顶集装箱、板架集装箱等;按总重分,有30吨集装箱、20吨集装箱、10吨集装箱、5吨集装箱、2.5吨集装箱等。

(二)集装箱的分类

1. 货物集装箱(包括通用集装箱和专用集装箱)

普通货物集装箱包括内柱式集装箱、外柱式集装箱、折叠式集装箱等。内柱式集装箱,如图9-11(a)所示,它的侧柱式位于侧壁或端壁之内,优点是外表平滑,受斜向外力时不易损伤,印刷标志也比较方便,外板与内衬板之间留有空隙,故隔热效果好,并能减少货物的湿损率，在修理和更换外板时，箱内衬不需要取下。外柱式集装箱，如图 9-11（b）所示，它的侧柱或端柱是在侧壁或端壁之外，故受外力时，外板不易损伤，有时可以不要内衬板。折叠式集装箱，如图 9-11（c）所示。它的主要部件（指侧壁、端壁和箱顶）能简单地折叠或分解，再次使用时可以方便地重新组合起来。折叠式集装箱的优点是在回收和保管时能缩小箱的体积，提高运输的经济效果。但由于各主要部件是用铰链连接的，故其强度会受到影响。

（a）内柱式集装箱　　　　（b）外柱式集装箱　　　（c）折叠式集装箱

图 9-11　货物集装箱

2. 特种货物集装箱

（1）干货类集装箱。干货类集装箱也是通用集装箱。以装运文化用品、日用百货、医药、纺织品、工艺品、化工制品、电子机械、仪器、机械零件等杂货为主。其使用数量约占全部集装箱的 70%～80%。

（2）保温类集装箱。保温类集装箱可分为冷藏集装箱和保温集装箱两种。冷藏集装箱（见图 9-12）是专为运输那些要求一定低温的新鲜水果、鱼、肉等食品的。目前国际上采用的冷藏箱有内藏式和外置式两种。

图 9-12　冷藏集装箱

（3）框架类集装箱。框架类集装箱包括板架集装箱、牲畜集装箱和汽车集装箱。

① 板架集装箱用以装载不适于用干货集装箱或开顶集装箱装运的长大件、超重件和轻泡货，例如，重型机械、钢材、钢管、钢锭、裸装机械和设备等。它没有箱顶和侧壁，箱端壁也可以卸掉，只靠箱底和四角柱来承受载荷，故又叫平台或平板集装箱。

② 牲畜集装箱是专门为载运家禽和家畜而特别设计的，也叫围栏式或动物集装箱。牲畜集装箱设有饲料槽、清除口和排水口，门设在两端壁，采用钢制框架，装有钢丝网，通风良好，箱门可以全部打开锁闭。

③ 汽车集装箱一般是在简易箱底上带有一个框架结构，通常没有侧壁，其尺寸也不符合国际标准规格。为充分利用高度可采用上下可装两辆汽车的汽车集装箱。

（4）散料集装箱。散料集装箱包括固体散料集装箱和液体罐状集装箱。

固体散料集装箱（见图 9-13）装载各种散料。为便于清扫和洗刷，箱的内板都采用玻璃钢制成，侧壁的内衬板一般用刨平的木板，这样的结构也能提高卸载的溜滑效果。箱顶一般都开有 2~3 个装货口，通常为圆形或方形，端壁门下部开有 2 个卸货口。罐状集装箱（见图 9-14）是装运各种酒类、油类、液体食品、化学药品等液体料的集装箱。

图 9-13　固体散料集装箱

图 9-14　罐状集装箱

四、装卸搬运作业装备

（一）叉车

叉车是车站、码头、仓库和货场广泛用来承担装卸、搬运、堆码作业的特种搬运车辆。叉车通常可以分为三大类：内燃叉车、电动叉车和仓储叉车。

1. 内燃叉车

内燃叉车又分为普通内燃叉车、重型叉车、集装箱叉车和侧面叉车。

（1）普通内燃叉车。普通内燃叉车一般采用柴油、汽油、液化石油气或天然气发动机作为动力，载荷能力为 1.2~8.0 吨，作业通道宽度一般为 3.5~5.0 米，考虑到尾气排放和噪音问题，通常用在室外、车间或其他对尾气排放和噪音没有特殊要求的场所。由于燃料补充方便，因此可实现长时间的连续作业，而且能胜任在恶劣的环境下（如雨天）工作。

（2）重型叉车。重型叉车采用柴油发动机作为动力，承载能力为 10.0~52.0 吨，一般用于货物较重的码头、钢铁等行业的户外作业。

（3）集装箱叉车。集装箱叉车采用柴油发动机作为动力，承载能力为 8.0~45.0 吨，一般分为空箱堆高机、重箱堆高机和集装箱正面吊。集装箱叉车应用于集装箱搬运，如集装箱堆场或港口码头作业。

（4）侧面叉车。侧面叉车采用柴油发动机作为动力，承载能力为 3.0~6.0 吨。在不转弯的情况下，具有直接从侧面叉取货物的能力，因此主要用来叉取长条形的货物，如木条、钢筋等。

2. 电动叉车

电动叉车以电动机为动力，蓄电池为能源。承载能力为 1.0~4.8 吨，作业通道宽度一般为 3.5~5.0 米。由于没有污染、噪声小，因此广泛应用于对环境要求较高的工况，如医药、食品等行业。由于每个电池一般在工作约 8 小时后需要充电，因此对于多班制的工况需要配备备用电池。

3. 仓储叉车

仓储叉车主要是为仓库内货物搬运而设计的叉车。除了少数仓储叉车（如手动托盘叉车）是采用人力驱动的，其他都是以电动机驱动的，因其车体紧凑、移动灵活、自重轻和环保性能好而在仓储业得到普遍应用。在多班作业时，电机驱动的仓储叉车需要有备用电池。

（1）电动托盘搬运叉车。电动托盘搬运叉车的承载能力为 1.6～3.0 吨，作业通道宽度一般为 2.3～2.8 米，货叉提升高度一般在 0.2 米左右，主要用于仓库内的水平搬运及货物装卸。一般有步行式和站驾式两种操作方式，可根据效率要求选择。

（2）电动托盘堆垛叉车。电动托盘堆垛叉车承载能力为 1.0～1.6 吨，作业通道宽度一般为 2.3～2.8 米，在结构上比电动托盘搬运叉车多了门架，货叉提升高度一般在 4.8 米内，主要用于仓库内的货物堆垛及装卸。

（3）前移式叉车。前移式叉车承载能力为 1.0～2.5 吨，门架可以整体前移或缩回，缩回时作业通道宽度一般为 2.7～3.2 米，提升高度最高可达 11 米左右，常用于仓库内中等高度的堆垛、取货作业。

（4）电动拣选叉车。在某些工况下（如超市的配送中心），不需要整托盘出货，而是按照订单拣选多种品种的货物组成一个托盘，此环节称为拣选。按照拣选货物的高度，电动拣选叉车可分为低位拣选叉车（2.5 米内）和中高位拣选叉车（最高可达 10 米）。承载能力为 2.0～2.5 吨（低位）、1.0～1.2 吨（中高位，带驾驶室提升）。

（5）低位驾驶三向堆垛叉车。低位驾驶三向堆垛叉车通常配备一个三向堆垛头，叉车不需要转向，货叉旋转就可以实现两侧的货物堆垛和取货，通道宽度为 1.5～2.0 米，提升高度可达 12 米。叉车的驾驶室始终在地面不能提升，考虑到操作视野的限制，主要用于提升高度低于 6 米的工况。

（6）高位驾驶三向堆垛叉车。与低位驾驶三向堆垛叉车类似，高位驾驶三向堆垛叉车也配有一个三向堆垛头，通道宽度为 1.5～2.0 米，提升高度可达 14.5 米。其驾驶室可以提升，驾驶员可以清楚地观察到任何高度的货物，也可以进行拣选作业。高位驾驶三向堆垛叉车在效率和各种性能都优于低位驾驶三向堆垛叉车，因此该车型已经逐步替代低位驾驶三向堆垛叉车。

（7）电动牵引车。电动牵引车采用电动机驱动，利用其牵引能力（3.0～25 吨），后面拉动几个装载货物的小车。经常用于车间内或车间之间大批货物的运输，如汽车制造业仓库向装配线的运输、机场的行李运输。

（二）巷道堆垛机

巷道堆垛机的全称为巷道式堆垛起重机，是自动化立体仓库的关键设备之一，负责将托盘货物送到货架中储存和从货架中取出。正是由于这种特性，有时也将自动化立体仓库称为自动存储系统。巷道堆垛机是随着立体仓库的出现而发展起来的专用起重机。其作用是在高层货架的巷道内来回穿梭运行，将位于巷道口的货物存入货格；或者相反，取出货格内的货物运送到巷道口。巷道堆垛机按起重量可分为轻型堆垛机、中型堆垛机和重型堆垛机，起重量小于 100 千克的堆垛机称为轻型堆垛机，起重量 100～1 500 千克的堆垛机称为中型堆垛机，起重量大于 1 500 千克的堆垛机称为重型堆垛机。

（三）输送设备

根据输送设备的结构特性，输送设备可以分为以下几类。

1. 皮带输送机

皮带输送机是指采用连续而具有挠性的输送带不停地运转来输送物料的物流输送设备。输送距离长，输送能力大。输送路线可以水平、倾斜、垂直布置。皮带输送机结构简单，操作简单，安全可靠，容易实现自动化控制。皮带输送机是应用最广泛的输送机械。

2. 辊子输送机

辊子输送机是指通过辊子转动来输送平直底成件货物，以箱类、桶类、托盘为居多。输送距离长，输送速度大，输送路线可以水平、倾斜布置，通过分流、合流、转向等方式，可以灵活地改变输送方向。辊子输送机结构简单，使用和维护方便，容易实行自动化控制。辊子输送机根据结构形式不同，可分为无动力辊子输送机和动力辊子输送机，动力辊子输送机根据传动形式不同，可分为单链、双链、底带摩擦式、O型、V带和同步带式。动力辊子输送机根据辊筒结构形式不同，可分为传动式和积放式两种。

3. 链条输送机

链条输送机是指通过链条传动来输送物体的物流输送设备。链条输送机一般用来输送托盘，链条多采用直板链，水平布置。承载能力大，结构简单。

4. 链板输送机

链板输送机是指以闭合、循环运行的链条作为牵引构件，用对接或搭接的平形板、波浪形板以及槽型或箱型等构件作为承载构件的物流输送设备。链板输送机一般用来输送散料和成件货物，特别是灼热的物料和锐利棱边的物料。输送能力大，使用范围广，输送路线可以水平、倾斜布置。

5. 链网输送机

链网输送机是指以闭合的、循环运行的链条或链网结构作为牵引构件，用塑料链网模块或钢质网带等构件作为承载构件的物流输送设备，一般用于食品等行业。

6. 垂直输送机

垂直输送机用于物体的连续或往复式的垂直输送。

五、分拣配货作业装备

自动分拣机是按照预先设定的计算机指令对物品进行分拣，并将分拣出的物品送达指定位置的机械。随着激光扫描及计算机控制技术的发展，自动分拣机在物流中的使用日益普遍。自动分拣设备一般由控制装置、分类装置、输送装置、分拣道口四部分组成。自动分拣机的类型包括以下几种类型。

（一）挡板式分拣机

挡板式分拣机是利用一个挡板（挡杆）挡住在输送机上向前移动的商品，将商品引导到一侧的滑道排出，挡板的另一种形式是挡板一端作为支点，可做旋转，挡板动作时，挡住商品向前移动，利用输送机对商品的摩擦力推动，使商品沿着挡板表面移动，从主输送机上排出至滑道。

（二）浮出式分拣机

浮出式分拣机是把商品从主输送机上托起，从而将商品引导出主输送机的一种结构形式，常见的有以下两种形式。

1. 胶带浮出式分拣机

这种分拣结构用于辊筒式主输送机上，将有动力驱动的两条或多条胶带或单个链条横向安装在主输送辊筒之间的下方，当分拣机结构接受指令启动时，胶带或链条向上提升，接触商品底面把商品托起，并将其向主输送机一侧移出。

2. 辊筒浮出式分拣机

这种分拣机用于辊筒式或链条式的主输送机上，将一个或数个有动力的斜向辊筒安装在主输送机表面下方。当分拣机结构接受指令启动时，斜向辊筒向上浮起，接触商品底部，将商品斜向移出主输送机。

（三）倾斜式分拣机

倾斜式分拣机是将商品装载在输送机的条板上，当商品行走到需要分拣的位置时，条板的一端自动升起，使条板倾斜，从而将商品移离主输送机。这是一种特殊型的条板输送机，商品占有的条板数是随着不同商品长度而定的，经占用的条板数如同一个单元，同时倾斜。因此，这种分拣机对商品的长度在一定范围内不受限制。

（四）翻盘式分拣机

翻盘式分拣机是由一系列的盘子组成，盘子为铰接式结构，可向左或向右倾斜，装载商品的盘子行走到一定位置时，盘子倾斜，将商品翻到旁边的滑道中。为减轻商品倾斜时的冲击力，有的分拣机能控制商品以抛物线状来倾倒。这种分拣机对分拣商品的形状和大小可以不拘，但以不超出盘子为限。

（五）滑块式分拣机

滑块式分拣机是一种特殊形式的条板输送机。输送机的表面用金属条板或管子构成，如竹席状，而在每一个条板或管子上有一枚用硬币材料制成的导向滑块，能沿条板做横向滑动，平时滑块停止在输送机的侧边，滑块的下部有销子与条板下导向杆联结，通过计算机控制，当被分拣的货物到达指定道口时，控制器使导向滑块有序地自动向输送机的对面一侧滑动，把货物推入分拣道口。

（六）托盘式分拣机

托盘式分拣机是一种应用十分广泛的机型，它主要由托盘小车、驱动装置、牵引装置等组成。其中常见的托盘小车形式有平托盘小车、U形托盘小车、交叉带式托盘小车等。

（七）悬挂式分拣机

悬挂式分拣机是用牵引链作牵引件的分拣设备，可分为固定悬挂式和推式悬挂式两种机型。前者用于分拣、输送货物，它只有主输送线路、吊具和牵引链是连接在一起的；后者除主输送线路外还具备储存支线，并有分拣、储存、输送货物等多种功能。

（八）滚柱式分拣机

滚柱式分拣机是用于对货物输送、储存与分路的分拣设备，按处理货物流程需要，可以布置成水平形式，也可以和提升机联合使用构成立体仓库，滚柱机的每组滚柱均各自具有独立的动力，可以根据货物的存放和分路要求，由计算机控制各组滚柱的转动或停止。

六、包装加工作业装备

（一）包装机械

包装机械是指能完成全部或部分产品和商品包装过程的机械。包装过程包括充填、裹包、封口等主要工序，以及与其相关的前后工序，如清洗、堆码和拆卸等。此外，包装还包括计量或在包装件上盖印等工序。使用机械包装产品可提高生产率，减轻劳动强度，适应大规模生产的需要，并满足清洁卫生的要求。

包装机械的种类繁多，分类方法很多。从不同的观点出发可有多种，按产品状态分，有液体、块状、散粒体包装机；按包装作用分，有内包装、外包装包装机；按包装行业分，有食品、日用化工、纺织品等包装机；按包装工位分，有单工位、多工位包装机；按自动化程度分，有半自动、全自动包装机等，其基本分类如下。

1. 充填机

充填机是将精确数量的包装品装入各种容器内的包装机。其主要种类有：容积式充填机，包括量杯式、插管式、柱塞式、料位式、螺杆式、定时式充填机；称重式充填机，包括间歇称重式、连续称重式、称重-离心等分式等充填机；计数式充填机，包括单件计数式、多件计数式充填机。

2. 封口机

封口机是将充填有包装物的容器进行封口的机械。其主要种类有：无封口材料封口机，包括热压式、冷压式、熔焊式、插合式、折叠式等封口机；有封口材料封口机，包括旋合式、滚纹式、卷边式、压合式等封口机；有辅助封口材料封口机，包括胶带式、粘接式、钉合式、结扎式、缝合式等封口机。

3. 裹包机

裹包机是用柔性的包装材料，全部或部分地将包装物裹包起来的包装机。其主要种类有：全裹式裹包机，包括扭结式、覆盖式、贴体式、接缝式等裹包机；半裹式裹包机，包括折叠式、收缩式、拉伸式、缠绕式等裹包机。

4. 多功能包装机

动功能包装机具有两种或两种以上的功能。其主要种类有：充填封口机，具有充填、封口两种功能；成型充填封口机，具有成型、充填、封口三种功能，成型的种类有袋成型、瓶成型、箱盒成型、泡罩成型、熔融成型等；定型充填封口机，具有定型、充填、封口功能；双面封箱机，能同时封上盖和下底两个面。封箱时，箱子可侧放或立放。

（二）流通加工机械

1. 剪板机

剪板机主要是用来剪切各种厚重的钢板材料，它是在各种板材的流通加工中应用比较广泛的一种剪切设备。一般剪板机可分为脚踏式（人力）剪板机、机械式剪板机、液压摆式剪板机、精密剪板机、液压闸式剪板机。剪板机常用来剪裁直线边缘的板料毛坯，剪切工艺应能保证被剪板料剪切表面的直线性和平行度要求，并尽量减少板材扭曲，以获得高质量的工件。剪板机属于锻压机械中的一种，主要应用于金属加工行业，广泛适用于航空、轻工、冶金、化工、建筑、船舶、汽车、电力、电器、装潢等行业。

2. 切割机

切割机的种类异常繁多，常见的切割机分为火焰切割机、等离子切割机、激光切割机、水切割机等。火焰切割机主要是针对厚度较大的碳钢材质。等离子切割机的切割速度也很快，切割面有一定的斜度。激光切割机的效率最快，切割精度最快，切割厚度一般较小。

任务三　物流标准化

一、物流标准化概述

（一）物流标准化的含义

标准化是指为在一定的范围内获得最佳秩序，对实际的或潜在的问题制定共同的和重复使用的规则。物流标准化是指以物流为一个大系统，制定系统内部设施、机械装备，包括专用工具等的技术标准，包装、仓储、装卸、运输等各类作业标准，以及作为现代物流突出特征的物流信息标准，形成全国以及和国际接轨的标准化体系，并在行业内推广实施。

（二）物流标准化的分类

按照物流标准化的应用范围，物流标准可分为技术标准、工作标准和行业标准。

（1）技术标准是指对标准化领域中需要协调统一的技术所制定的标准，包括大系统统一标准和各个分系统技术标准。

（2）工作标准是对工作的方法、程序、质量所制定的标准，包括各岗位职责与权限、完成任务的程序、相关岗位的协调、信息传递的方式、职工的奖惩办法、车辆运行时刻表、异常情况处理等。

（3）行业标准包括物流设备运行标准、作业流程等标准，是实现作业规范化、效率化的保证。

（三）我国物流标准化的现状

近些年，我国国民经济与对外贸易的发展为中国物流标准化的发展提供了良好的机遇，尤其是近几年来，国内的专业化物流公司和商业企业配送中心渐成气候，一些大型制造企业也在物流配送方面有所动作。随着物流产业基础市场的发育，我国的物流标准化工作开始启动，并取得了一系列成绩。具体表现在以下几个方面。

1. 制定了一系列物流或与物流有关的标准

据粗略统计，在我国现已制定颁布的物流或与物流有关的标准已有近千个。在包装标准方面，我国已全面制定了包装术语、包装尺寸、包装标志、运输包装件基本试验、包装技术、包装材料、包装材料试验方法、包装容器、包装容器试验方法、产品包装、运输、储存与标志等方面的标准；在物流机械与设施方面，我国制定了起重机械、输送机械、仓储设备、装卸机械、自动化物流装置以及托盘、集装箱等方面的标准。

从系统性的角度来看，已不仅仅是单纯制定技术标准，有关物流行业的通用标准、工作标准和管理标准也已开始制定。从标准层次性的角度来看，制定的与物流有关的标准不只有企业标准和地方、行业标准，也有不少的国家标准，其中有一部分标准还采用了国际标准或国外先进标准。从部门的角度来看，中国与物流关系比较密切的一些部门，如铁道部、交通部等均制定了一系列与物流有关的标准，特别是制定了许多作为国家标准系列中比较欠缺的作业标准和管理标准。

2. 建立了与物流有关的标准化组织、机构

中国已经建立了一套以国家技术监督局为首的全国性的标准化研究管理机构体系，而这中间有许多机构和组织从事着与物流有关的标准化工作。

3. 积极参与国际物流标准化活动

中国参加了国际标准化组织（ISO）和国际电工委员会（IEC）与物流有关的各技术委员会与技术处，并明确了各自的技术归口单位。此外，还参加了国际铁路联盟（UIC）和社会主义国家铁路合作组织（OSJD）等两大国际铁路的权威机构。

4. 积极采用国际物流标准

在包装、标志、运输、储存方面的国家标准中，已采用国际标准的约占 30%；在公路、水路运输方面的国家标准中，已采用国际标准的约占 5%；在铁路方面的国家标准中，已采用国际标准的约占 20%；在车辆方面的国家标准中，已采用国际标准的约占 30%。此外，在商品条形码、企事业单位和社团代码、物流作业标志等方面也相应采用了一些国际标准。

5. 积极开展物流标准化的研究工作

在加入 WTO 的今天，中国物流国际化是必然的趋势，如何实现我国物流系统与国际物流大系统顺利接轨，关键在于物流标准化。至此，物流标准化工作被提到了前所未有的高度上来，全国不少相关科研院所、高等院校的科研机构都投入了这项研究工作当中。

二、物流模数系列标准化

物流基础模数是物流系统各标准尺寸的最小公约尺寸。在基础模数尺寸确定之后，各个具体的尺寸标准都要以基础模数尺寸为依据，选取其整数倍为规定的尺寸标准，基础模数尺寸确定后，只需在倍数中进行标准尺寸选择，便可作为其他尺寸的标准。

物流模数是为了物流的合理化和标准化，以数值关系表示的物流系统各种因素尺寸的标准尺度。它是由物流系统中的各种因素构成的，这些因素包括货物的成组，成组货物的装卸机械、搬运机械和设备，货车、卡车、集装箱以及运输设施，用于货物保管的机械和设备等。常见的物流模数分类有以下几种。

（一）物流基础模数尺寸

物流基础模数尺寸是指为使物流系统标准化而制定的标准规格尺寸。

国际标准化组织中央秘书处和欧洲各国确定的物流基础模数尺寸为 600mm×

400mm。确定这样的基础模数尺寸,主要考虑了现有物流系统中影响最大而又最难改变的输送设备,采用"逆推法",由现有输送设备的尺寸推算的;也考虑了已通行的包装模数和已使用的集装设备,并从行为科学角度研究人和社会的影响,使基础模数尺寸适合于人体操作。基础模数尺寸一经确定,物流系统的设施建设、设备制造,物流系统中各环节的配合协调,物流系统与其他系统的配合,都要以基础模数尺寸为依据,选择其倍数为规定的标准尺寸。

(二)物流建筑基础模数尺寸

物流建筑基础模数尺寸是指物流系统中各种建筑物所使用的基础模数尺寸。它是以物流基础模数尺寸为依据而确定的,也可以选择共同的模数尺寸;该尺寸是设计物流建筑物长、宽、高尺寸,门窗尺寸,建筑物立柱间距、跨度及进深等尺寸的依据。

(三)集装模数尺寸

集装模数尺寸也称物流模数尺寸,是指在物流基础模数尺寸的基础上,推导出的各种集装设备的基础尺寸,以此尺寸作为设计集装设备三项(长、宽、高)尺寸的依据。在物流系统中,集装起贯穿作用,集装尺寸必须与各环节物流设施、设备、机具相匹配。因此,整个物流系统设计时往往以集装模数尺寸为依据,决定各设计尺寸。集装模数尺寸是影响和决定物流系统标准化的关键。

三、物流托盘标准化

物流托盘标准化包括托盘尺寸规格标准化,托盘制造材料标准化,各种材质托盘质量的标准化,托盘检测方法及鉴定技术标准化,托盘作业标准化,托盘集装单元化和托盘作业一贯化,托盘国内、国际共用化,托盘与物流设施、设备、运输车辆、集装箱等尺寸协调合理化等内容。托盘标准化是物流托盘化的核心,是物流托盘化的前提和基础,没有托盘标准化,就不可能实现物流托盘化,也就没有快速、高效、低成本的现代物流。

经过国际标准化组织——托盘标准化技术委员会(IO/TC51)多次分阶段审议,国际标准化组织已于2003年对《联运通用平托盘主要尺寸及公差》(ISO 6780)标准进行了修订,在原有的1 200mm×1 000mm、1 200mm×800mm、1 219mm×1 016mm(即48in×40in)、1 140mm×1 140mm四种规格的基础上,新增了1 100mm×1 100mm、1 067mm×1 067mm两种规格,现在的托盘国际标准共有六种。

四、集装箱标准化

(一)国际标准集装箱

国际标准集装箱是指根据国际标准化组织(ISO)第104技术委员会制定的国际标准来建造和使用的国际通用的标准集装箱。目前,国际标准集装箱共分为三个标准规格系列,其中第Ⅰ系列共13种(1A~1D,1AA~1CC,1AAA~1BBB,1AX,1BX,1CX,1DX),第Ⅱ系列3种(2A~2C),第Ⅲ系列3种(3A~3C)。现行的国际标准第Ⅰ系列部分标准集装箱的规格如表9-1所示。

表 9-1　第Ⅰ系列部分标准集装箱的规格

箱型	长/毫米	长	宽/毫米	高/毫米	最大总重量/千克
1A	12 192	40 英尺	2 438	2 438	30 480
1AA	12 192	40 英尺	2 438	2 591	30 480
1B	9 125	29 英尺 11.5 英寸	2 438	2 438	25 400
1BB	9 125	29 英尺 11.5 英寸	2 438	2 591	25 400
1C	6 058	19 英尺 10.5 英寸	2 438	2 438	20 320
1CC	6 058	19 英尺 10.5 英寸	2 438	2 591	20 320
1D	2 991	9 英尺 9.75 英寸	2 438	2 438	10 160

为了便于统计集装箱运量，常将 20 英尺的标准箱作为国际标准集装箱的换算单位，称其为换算箱或标准箱，简称 TEU。一个 20 英尺的标准集装箱换算为一个标准箱，一个 40 英尺的标准集装箱，简称 FEU，1FEU=2TEU。

每种集装箱的宽度相同，为充分利用各种运输工具的底积，必须了解各种规格集装箱的长度关系，其中 1A 型 40 英尺（12 192 毫米），1B 型 30 英尺（9 125 毫米），1C 型 20 英尺（6 058 毫米），1D 型（2 991 毫米），另外，集装箱的标准间距 I 为 3 英寸（76 毫米），则

$$1A = 1B + I + 1D = 9\ 125 + 76 + 2\ 991 = 1\ 2192\ （毫米）$$

$$1B = 1D + I + 1D + I + 1D = 3 \times 2\ 991 + 2 \times 76 = 9\ 125\ （毫米）$$

$$1C = 1D + I + 1D = 2 \times 2\ 991 + 76 = 6\ 058\ （毫米）$$

（二）地区标准集装箱

地区标准集装箱是指根据欧洲国际铁路联盟所制定的标准而制造的集装箱，此类集装箱仅适合在该地区使用，其规格如表 9-2 所示。

表 9-2　地区标准集装箱的规格

箱型	长/毫米	长/英尺	宽/毫米	高/毫米	最大总重量/千克
2A	2 920	9	2 300	2 100	7 100
2B	2 400	7	2 100	2 100	7 100
2C	1 450	4	2 300	2 100	7 100

（三）国家标准集装箱

国家标准集装箱是由各国参照国际标准并参考本国国情制定的集装箱标准。中国、美国、日本、德国、英国、法国等都有自己的国家标准。

项目小结

本项目较为详细地阐述了物流信息、物流配送的信息技术装备、配送各作业环节装备以及物流标准化问题，重点介绍了各种作业装备的分类、使用，要求读者了解并且掌握物流配送中涉及的各种技术装备的分类和使用，通过这一章的学习，希望读者能够掌握配送装备的使用，同时在今后的配送业务中能够准确、合适地选择相应的装备。

同 步 练 习

一、选择题

1. （　　）是指物流活动中产生和使用的、必要的信息。它是物流活动的内容、形式过程以及发展变化的反映，是物流活动所形成的文字、资料、图像、数据、文件等的总称。
   A．物流信息　　　B．商流信息　　　C．配送信息　　　D．商品信息

2. （　　）最主要的功能就是用于与出库商品实际的运输交付过程相关的派车、配载、运输、签收等作业活动的管理。其主要功能模块包括配送计划管理、车辆调度管理、配送装车管理、在途监控管理、配送签收管理。
   A．物流管理信息系统　　　　　B．配送管理信息系统
   C．供应链管理信息系统　　　　D．采购管理信息系统

3. （　　）是指对物流过程中的实体按照一定的规则进行统一表示的代码，是对实现供应链高效运作所需的信息的合理表示，以便能够迅速、准确地采集。
   A．配送信息编码标识　　　　　B．商品信息编码标识
   C．物流信息编码标识　　　　　D．包装信息编码标识

4. （　　）是以计算机技术、电子技术和通信技术为基础的一门综合性技术，是数据编码、数据采集、数据标识、数据管理、数据传输的标准化手段，包括条码识别技术、射频识别技术、生物特征识别技术、语音识别技术、图像识别技术等。
   A．信息技术　　　B．GPS 技术　　　C．条形码技术　　　D．自动识别技术

5. （　　）是对法律实体、功能实体、物理实体进行标识的代码。
   A．位置码　　　B．条形码　　　C．信息系统　　　D．物流信息

二、问答题

1. 物流信息的功能有哪些？
2. 船舶按用途不同可以分为哪几种类型？
3. 物流信息编码的主要内容包括哪些？
4. 集装箱是如何分类的？
5. 什么叫集装模数尺寸？

三、实训题

1. 实训目的：使学生对配送技术装备有个整体的认识。
2. 实训方式：到配送企业进行参观学习，也可在学校实验室进行学习。
3. 实训内容：
   （1）使学生了解如何对配送技术装备进行管理。
   （2）使学生熟悉配送技术装备主要有哪些。
   （3）使学生学会如何使用配送技术装备，为配送企业服务。

四、案例分析

美国物流信息化状况

物流信息化需要物流信息技术的支撑，同时，物流信息化的发展也带动了物流信息服务业的发展。目前美国物流信息化大致可分为以下两个方面。

1. 企业物流信息化

由于物流管理的基础是物流信息，并且物流管理利用信息流来控制实物流，因而企业纷纷将物流信息化作为物流合理化的一个重要途径，主要做法有以下几种。

（1）普遍采用条码技术和射频识别技术，提高信息采集效率和准确性，采用基于 Internet 的电子数据交换技术（Web EDI）进行企业内外的信息传输，实现订单录入、处理、跟踪、结算业务处理的无纸化。

（2）广泛应用仓库管理系统（WMS）和运输管理系统（TMS）来提高运输与仓储效率，如 Wal-Mart 同休斯公司合作发射了专用卫星用于全球店铺的信息传送与运输车辆的定位及联络，公司 5 500 辆运输卡车全部装备了卫星定位系统（GPS），每辆车在什么位置、装载什么货物、目的地是什么地方，总部一目了然，从而可以合理安排运量和路程，最大限度地发挥运输潜力。

（3）通过与供应商和客户的信息共享，实现供应链的透明化，运用 JIT、CPFR、VMI、SMI 等供应链管理技术，实现供应链伙伴之间的协同商务，以便"用信息代替库存"，降低供应链的物流总成本，提高供应链的竞争力。如 Dell 通过网站向供应商提供实时数据，使供应商随时能够了解和掌握零部件库存、需求预测及其他客户信息，更好地根据 Dell 的需求组织生产并按 JIT 配送，大多数零部件只在 Dell 仓库存放 15 分钟左右；同时，Dell 的客户在网上接指令配置 PC，下订单 5 分钟后就可以得到确认，36 小时以内客户订购的 PC 就会下生产线装上配送车。

（4）通过网上采购辅助材料、网上销售多余库存以及通过电子物流服务商进行仓储与运输交易等手段，借助电子商务来降低物流成本。

2. 物流信息服务业

（1）供应链软件提供商。美国的供应链软件提供商大致可分为三类：一是提供 WMS、TMS 等物流功能管理的软件商，如 EXE、Provia；二是提供供应链管理计划与执行系统（SCP、SCE）的软件商；三是在提供 ERP 的基础上向上下游扩展到企业资源管理（ERM）的软件商，如 SAP、ORACLE、PeopleSoft。这些软件商将行业标准、优化的流程和商业智能融入软件系统，客户既可以购买成套的行业解决方案，又可以根据实际需要先安装一部分模块。

（2）信息中间商。主要是提高专门的信息基础设施。物流服务商要和客户之间实现供应链一体化，又没有办法自己来做这么大的信息平台，因此通过信息中间商来提供这样的服务。如制造商 CAPSTAN 公司通过建立一个公共信息平台，把采购商、供应商、物流服务商、承运人、海关、金融服务等机构都放到上面，通过这个平台，大家交换数据，完成国际物流服务。数据交换的方式很多，可以用传统的 EDI 方式，也可以用在网上作 FTP 文件传输，或者是采用现在比较流行的 XML 连接。这种服务商就是专门提供这样的信息平台，通过会员制来提供服务。由于全球供应链最难的或者说信息最容易脱节的地方，就是跨越国境，因而这一服务有一定的市场需求，当然这种服务平台对宽带技术以及网上平台技术的要求也比较高。

（3）网上市场。随着电子商务的兴起，网上交易不断涌现，其中物流特别是运输网上交易日益活跃。运输网上交易形式多样，包括合并第三方提供商，如 transplace.com 由 J.B.Hunt Transport 等 6 个伙伴合并而成，拥有 38 000 台牵引车、91 000 台拖挂车和大约 48 000 名职业司机，为潜在的客户带来巨大的能力；也包括行业中立交易商，如 Logistics.com，提供运输能力与需求的自动配送优化、管理现场交易等各种运输交易形式，以便为参与者提供交易的灵活性，创造专门的和定向的交易市场，为客户提供一个客户化运输管理系统（TMS）软件包的所有益处，而不需要购买、安装，并尽量利用现有员工。

（资料来源：冷志杰. 配送管理[M]. 重庆：重庆大学出版社，2015.）

问题：

以上案例说明现代物流企业高度重视信息化建设，其呈现出来的特点有哪些？

项目十　配送成本管理

任　务　目　标	技　能　目　标
1. 掌握配送成本的概念、特征及构成。 2. 理解影响配送成本的因素。 3. 掌握配送成本核算的项目和步骤。	1. 学会进行配送成本分析与核算。 2. 领会降低配送成本的策略，学会结合不同的企业进行配送成本控制。

项目概述

成本管理是配送管理活动中的重要一环，与各部门的营运作业息息相关。要想学好企业管理的知识就必须了解成本管理，这对企业资金管理、配送核算均有重大的影响。

企业运作过程中，我们将各种配送费用（如运输费用、分拣费用、人工费用、作业消耗、物品损耗、利息支出、管理费）用等按一定对象进行汇集就构成了配送成本。配送成本的高低直接关系配送中心的利润，进而影响企业利润的高低。因此，如何用最低的配送成本达到"在适当的时间将适当的产品送到适当的地方"的目标，是摆在企业面前的一个关键问题，配送成本管理工作变得十分重要。

项目任务

导入案例

A 配送公司如何决策

A 配送公司是一家新成立的公司。该公司曾以厂房作抵押向银行借款 100 万元，由于投资初始未对公司未来作长期性发展的考虑，公司成立后，发现最初的投资规模太小了，公司要发展，必须追加投资。此外，公司去年的销售额虽达到了 1 000 万元，但从流动资金的供应情况来看，流动资金十分紧缺，从而制约了公司的生产经营活动。现在，摆在公司面前的问题是：公司如何确定长期投资策略？如何为长期投资策略筹资？公司如何解决短期投资不足的问题？它可以通过发行股票和债券从金融市场筹资，也可以向银行或其他金融机构借款。那么，哪一种筹资方式成本更低、更有利于公司的长期发展呢？

（资料来源：张念. 仓储与配送管理[M]. 大连：东北财经大学出版社，2017.）

任务一　配送成本概述

一、配送成本的含义和计算范围

（一）配送成本的含义

配送成本是指在配送活动的备货、储存、分拣、配装、送货、送达服务及配送加工的作业环节所发生的各项费用的总和，是配送过程中所消耗的各种活化劳动和物化劳动的货币表现。简单来讲，配送成本是配送过程中所支付的费用总和，即配送是物流企业的关键作业环节，物流活动必须通过配送作业才能实现，而完成配送活动是需要付出代价的，即配送成本。

成本管理是配送企业管理活动中的重要内容，在企业配送过程中，伴随着物资不断运动的是物资的价值运动过程。由于这种价值运动过程可以用货币形式表现出来，而通常经营过程中的物资价值货币表现为资金，所以物资的价值运动即是资金运动。资金运动是企业再生产的价值方面，它以价值形式综合地反映着企业的再生产过程。企业的资金运动构成企业经济活动的一个相对独立方面，具有自己的运动规律，这就是企业的财务活动。

成本与费用是指企业在经营产品、提供劳务等日常活动中所发生的各种耗费。成本与费用管理就是对企业经营过程中所有成本、费用的发生和形成进行决策、计划、控制、核算、分析和考核等工作的总称。其目的在于不断降低成本费用，提高企业经济效益。

（二）配送成本的计算范围

进行配送成本计算时的首要任务是明确计算的范围。配送成本的范围一般由以下三方面因素决定。

（1）成本的计算范围如何确定的问题。配送过程中涉及不同的配送对象，如不同的送货对象、不同的配送产品，此时如按不同的对象进行成本归集，计算结果有明显的差别。

（2）在备货、储存、配货、送货等各种配送物流活动中，以哪些活动作为计算对象的问题。选择不同的活动进行成本归集计算出来的配送成本自然是有差别的。

（3）把哪些费用列入配送成本的问题。支付运费、支付保管费、支付人工费、支付折旧费等，取其中哪一部分列入配送成本进行计算直接影响配送成本的高低。

在实践过程中，核算人员确定不同的前提条件，会得出不同的计算结果。企业应根据实际情况及企业需要来决定本企业配送成本的计算范围。

二、配送成本的特征

（一）配送成本的隐含性

如同"物流成本冰山"理论指出的一样，要想直接从企业的财会业务中完整地提取出企业发生的配送费用往往很难办到。虽然通过"销售费用""管理费用"等科目可以看出部分配送费用情况，但这仅仅是全部配送成本的一部分，即企业对外支付的配送费用，并且这一部分费用往往是混同在其他有关费用中，而并不是单独设立"配送费用"科目进行独立核算。具体来讲，像连锁店之间进行配送所发生的费用是计算在销售费用中的；同样，备货时支付的费用最终也会归入销售费用；而配送中发生的人工费用与其他部门的人工费用一起分别列入管理费用和销售费用；与配送有关的利息和企业内的其他利息一起计入营业外费用。这样企业支出的有关配送费用实际上就隐藏在了各种财务会计科目中，管理人员也就很难意识到配送成本管理的重要性。

小思考："物流成本冰山"是什么意思？

（二）配送成本削减具有乘数效应

假定一个企业的销售额为2 000元，配送成本为200元。如果配送成本降低10%，就可能得到20元的利润。假如这个企业的销售利润率为2%，则创造20元利润，需要增加1 000元的销售额，即降低10%的配送成本所起的作用相当于销售额增加50%。可见，配送成本的下降会产生极大的效益，配送成本削减的乘数效应是不言自明的。

（三）配送成本的"二律背反"

所谓"二律背反"，是指同一资源的两个方面处于互相矛盾的关系之中，要达到一个目的，必然要损失一部分另一目的；要追求一方，必得舍弃另一方的一种状态，即两方面之间具有此消彼长、此长彼消的关系。

配送各作业之间也存在"二律背反"，例如，减少库存据点以及库存，必然引起频繁补货，增加运输次数，同时，仓库的减少会导致运输距离变长，进一步增加运输费用，即库存成本降低的同时运输成本提高，产生成本的二律背反状态。如果运输费用的增加超过库存费用的降低部分，总成本反而会增加，这样减少库存据点以及库存变得毫无意义。再如，简化包装可降低包装作业强度，进而降低包装成本，但却导致仓库里货物堆放不能过高，降低了保管效率，而且，由于包装简化，在装卸和运输过程中容易出现包装破损，导致搬运效率降低、破坏率增加。上述"二律背反"的情况在许多公司是常见的。由于配送活动各环节之间密切相关，而且在多数场合处于成本的"二律背反"状态，所以在对配送活动进行成本管理时，必须把相关成本拿到同一场所用"总成本"来评价其损益，从而实现整体配送活动的合理化。

三、计算配送成本的意义

计算配送成本主要有以下几个方面的意义。

（一）掌握企业的物流实际成本

配送是物流活动的关键环节，配送成本的计算分析是企业整个物流成本计算的一部分，把握了配送成本就能对企业的物流总成本有一个清晰而全面的认识。

（二）有利于提高企业物流管理水平

以时间为基础进行比较，如对上月的比较，去年同月的比较，同一企业相同时间内不同配送业务的比较，可以发现物流配送管理存在的问题，以便发现不合理的物流活动，以图改进。

（三）有利于分清成本发生的责任归属，促进物流管理一体化

计算配送成本可以找出配送成本上升的原因，同时可以发现企业中存在的不合理物流活动，进而可以明确企业各部门的责任。

很多公司都把物流合理化看成物流部门或配送部门的事，这种观念是错误的。物流系统是一个综合的概念，实际物流运作部门都有物流活动发生，物流费用牵涉企业的大多数部门，如生产、销售等部门。物流费用过高、活动不合理的责任不仅仅在物流配送部门。明确物流成本责任，可以促使其他部门重视物流管理工作，重视物流活动合理化，实现企业物流管理一体化。

（四）加快物流合理化

物流合理化是物流管理追求的总目标。它是对物流设备配置和物流活动组织进行调整改进，实现物流系统整体优化的过程。因此，物流合理化不单单是物流配送部门的事情，而是企业内部所有涉及物流活动的部门的事。实施物流合理化时必须明确物流合理化的责任范围有多大，是扩大到生产、销售等部门，还是局限在物流配送部门本身范围之内。前者是从企业物流一体化这种观点出发来改变销售结构的一种想法，即所谓后勤思想，为了达到物流系统化这一目的去寻求合理的物流形式。后者的主导思想是不触及销售结构，把这些部门看作客观给出的条件，或通过对作业方法、合同运费标准、运输工具的利用、事物处理方法、信息流通手段等活动的评价研究，力求把物流合理地组织起来。两种做法是明显不同的，实施的程序和方法等也有很大差别。从合理化这一点来说，前者的成果远比后者大，这是毫无疑问的。但是，从我国企业存在的销售优先和物流靠后这种公司内部的传统观念来看，其困难程度之大，也是不能否认的。因此，现实的做法是，物流部门先自己推进物流合理化，等到了极限阶段，再扩大到销售领域。

（五）提供物流管理方面的数据，为绩效考核提供依据

计算配送成本可以为企业管理提供物流管理方面的数据和绩效考核依据，表现为两个方面：一是为企业物流活动计划、执行、控制提供数据计算和绩效考核依据，为企业高层管理人员提供正确的分析数据与报告，可以加强全公司对物流重要性的认识，促成物流革新的决心；二是通过物流配送成本测算、评价物流配送部门对企业经营绩效的贡献率。

相关链接

实施目标成本管理

日本公司成本体系的显著特征是在新产品的设计之前就制定出目标成本，这一成本

是以最可能吸引潜在消费者的水平为基础的，其他一切环节都以此为中心展开。从预测销售价格中扣除期望利润后，成本计划人员开始预测构成产品成本的每一因素，包括设计、工程、制造、销售环节的成本，然后将这些因素又进一步分解，以便估算每一部件的成本。通过成本计划人员、工程设计人员以及营销专家之间的利益权衡后，最终产生与最初制定的目标成本最为接近的计划成本。

（资料来源：张念. 仓储与配送管理[M]. 大连：东北财经大学出版社，2017.）

四、配送成本的构成和分类

（一）配送成本的构成

根据配送流程和配送环节，配送成本主要包含运输费用、分拣费用、包装费用、流通加工费用、储存保管费用、信息处理费用等。

1. 运输费用

配送运输费用主要包括营运直接费用和营运间接费用两个方面。

（1）营运直接费用。营运直接费用是指从事配送运输业务而发生的各项费用。具体包括驾驶员及助手的工资及福利费、燃料费、轮胎费、修理费、折旧费、车船使用税等项目。

（2）营运间接费用。营运间接费用是指营运过程中发生的不能直接计入各成本计算对象的站、队经费。包括站、队人员的工资及福利费、办公费、水电费、折旧费等内容，但不包括管理费用。

2. 分拣费用

（1）分拣人工费用。这是指从事分拣工作的作业人员及有关人员工资、奖金、补贴等费用的总和。

（2）分拣设备费用。这是指分拣机械设备的折旧费用及修理费用。

3. 包装费用

（1）包装材料费用。常见的包装材料有木材、纸、自然纤维和合成纤维、塑料等。这些包装材料功能不同，成本相差很大。

（2）包装辅助费用。除了上述费用外，还有一些辅助性费用，如包装标记、标志的印刷，拴挂物费用等的支出。

（3）包装人工费用。这是指从事包装工作的工人及有关人员的工资、奖金、补贴等费用的总和。

4. 流通加工费用

（1）流通加工设备费用。流通加工设备因流通加工形式不同而不同，购置这些设备所支出的费用，以流通加工费用的形式转移到被加工产品中去。

（2）流通加工材料费用。这是指在流通加工过程中，投入加工过程中的一些材料消耗所需要的费用，即流通加工材料费用。

（3）流通加工人工费用。在流通加工过程中从事加工活动的管理人员、工人及有关人员工资、奖金等费用的总和。

5. 储存保管费用

（1）仓储费。仓储费指的是物资储存、保管业务所发生的费用。主要包括仓库管理人员工资、物资维修保养费用、固定资产折旧费、低值易耗品的摊销、修理费、动力照明费等。

（2）进出库费。进出库费是指物资进出仓库过程中所发生的费用。主要包括装卸搬运费、验收人员工资等。

（3）其他费用。主要有固定资产折旧费、大修理费、材料费、燃料费和管理费等。

6. 信息处理费用

（1）信息处理人工费用。信息处理人工费用指的是从事配送信息处理工作的人员的工资、奖金、补贴等费用的总和。

（2）信息处理设备费用。信息处理设备费用指的是信息处理设备的折旧费和修理费等。

实际应用过程中，成本管理人员应结合企业配送工作的具体业务流程进行配送成本的归集。采用不同配送模式的企业，其成本构成差异较大；即使是采用相同的配送模式，由于配送物品的性质不同，其成本构成差异也很大。

（二）配送成本的分类

1. 按支付形态分类

把配送成本分别按订货费、运费、保管费、包装材料费、人工费、管理费、利息支付等支付形态记账，就可以计算出配送成本的总额。这样可以了解花费最多的项目，从而确定管理中的重点。按支付形态不同来进行配送成本的分类，主要是以财务会计中发生的费用为基础，通过乘以一定的比率来加以核算，此时配送成本可分为以下几种。

（1）材料费。材料费是指因物料消耗而发生的费用。由物质材料费、燃料费、消耗性工具、低值易耗品摊销及其他物料消耗组成。

（2）人工费。人工费是指因人力劳务的消耗而发生的费用。包括工资、奖金、福利费、医药费、劳保费以及职工教育培训费和其他一切用于职工的费用。

（3）公益费。公益费是指向电力、煤气、自来水等提供公益服务部门支付的费用。

（4）维护费。维护费是指土地、建筑物、机械设备、车辆、搬运工具等固定资产的使用、运转和维修保养所产生的费用，包括维修保养费、折旧费、房产税、土地使用税、车船使用税、租赁费、保险费等。

（5）一般经费。一般经费是指差旅费、交通费、资料费、零星购进费、邮电费、城建费、能源建设税以及其他税款，还包括商品损耗费、事故处理费以及其他杂费等一切一般支出。

（6）特别经费。特别经费是指采用不同于财务会计的计算方法计算出来的配送费用。包括按实际使用年限计算的折旧费和企业内利息等。

（7）对外委托费。对外委托费是指企业对外支付的包装费、运费、保管费、出入库装卸费、手续费等业务费用。

（8）其他企业支付费用。在配送成本中还应该包括向其他企业支付的费用。例如，商品购进采用送货制时包含在购买价格中的运费和商品销售采用提货制时因顾客自己取货而从销售价格中扣除的运行费。在这种情况下，虽然实际上本企业内并未发生配送活动，但却发生了相关费用，故也应把其作为配送成本计算在内。

2. 按功能分类

按功能分类即为通过观察配送费用是由配送的哪种功能产生的所进行的分类。按前面所述的支付形态进行配送成本分析，虽然可以得出总额，但还不能充分说明配送的重要性。若想降低配送费用，就应把这个总额按照其实现的功能进行详细区分，以便掌握配送的实际状态，了解在哪个功能环节上有浪费，达到有针对性的成本控制。按照配送功能进行分类，配送成本大体可分为物品流通费、信息流通费和配送管理费三大类。

（1）物品流通费。物品流通费是指为了完成配送过程中商品、物资的物理性流动而发生的费用。可进一步将物品流通费细分为以下几种。

① 备货费是指进行备货工作时需要的费用。包括筹集货源、订货、集货、进货以及进行有关的质量检验、结算、交接等而发生的费用。

② 保管费是指一定时期内因保管商品而需要的费用。除了包租或委托储存的仓储费外，还包括企业在自有仓库储存时的保管费。

③ 分拣及配货费是指在分拣、配货作业中发生的人力、物力的消耗。

④ 装卸费是指伴随商品包装、运输、保管、运到之后的移交而发生的商品在一定范围内进行水平或垂直移动所需要的费用。在企业内，一般都未单独计算过装卸费，而是根据其发生的时间将其计入相关的运杂费、保管费、进货费中。如果在实务中进行分离很困难，也可将装卸费分别计算在相应的费用中。

⑤ 短途运输费是指把商品从配送中心转移到顾客指定的送货地点所需要的运输费用。除了委托运输费外，还包括由本企业的自有运输工具进行送货的费用，但要将伴随运输的装卸费用除外。

⑥ 配送加工费是指根据用户要求进行加工而发生的费用。

（2）信息流通费。信息流通费是指因处理、传输有关配送信息而产生的费用，包括与储存管理、订货处理、顾客服务有关的费用。在企业内处理、传输的信息中，要把与配送有关的信息与其他信息的处理、传输区分开来往往极为困难，但是这种区分在核算配送成本时却是十分必要的。

（3）配送管理费。配送管理费是指进行配送计划、调整、控制所需要的费用，包括作业现场的管理费和企业有关管理部门的管理费。

3. 按适用对象分类

按不同的功能来计算配送成本可实现对配送成本的控制，但作为管理者还希望能分别掌握对不同的产品、地区、顾客产生的配送成本，以便进行未来发展的决策，这就需要按适用对象来计算配送成本。通过按不同对象归集配送成本，可以分析出产生不同配送成本的不同对象，进而帮助企业确定不同的销售策略。

（1）按分店或营业所计算配送成本，就是要算出各营业单位配送成本与销售金额或毛收入的对比，用来了解各营业单位配送工作中存在的问题，以便加强配送成本管理。

（2）按顾客计算配送成本，就是要算出对顾客提供服务时所发生的实际成本。按顾客计算物流成本，可作为选定顾客、确定物流服务水平等制定顾客战略的参考，对于加强客户服务管理很有必要。

（3）按商品计算配送成本，指的是通过把按功能计算出来的成本，用各自不同的基准分配各类商品的方法计算出来的配送成本。这种方法可用来分析各类商品的盈亏，进而为确定企业的产品策略提供参考。在实际应用中,要考虑进货和出货差额的毛收入与商品周转率之间的交叉比率。

五、影响配送成本的因素

(一)产品

1. 产品的数量和重量

货物的数量和重量增加会增加配送作业量,大批量作业又可以提高配送效率,因此,配送的货物直接影响配送成本的高低。

2. 产品的种类及作业过程

企业所需要配送的商品的密度、体积和重量的大小等都会给配送活动带来不同的难度,进而影响配送成本的高低。另外,采用不同的作业过程时,配送成本也不一样,例如,采用原包配送的成本显然要比配装配送的成本要低。

(二)配送时间

用户对配送时间的要求不同,就会影响企业所选择的配送方式和配送运输工具等,进而也会影响配送成本的高低。通常,时间要求越紧,所发生的配送成本往往就越高。另外,配送时间越长,占用配送中心的固定成本越高,这种成本往往表现为机会成本,具体表现为配送中心不能提供其他配送服务,收入减少;或者表现为配送中心在其他服务上增加成本。

> **小思考**:提前配送合理吗?为什么?

(三)配送服务水平

配送服务水平与配送成本之间存在着非常直接的关系,配送服务水平越高,配送成本也就越高;反之,配送成本越低。

(四)配送管理水平

企业的各项配送活动管理水平也影响配送成本的高低,企业的管理水平越高,配送方案设计科学,配送线路选择合理,配送车辆搭配得当,各种资源利用得充分,配送活动中的各种消耗就会减少,配送效率就越高,配送成本就会降低。

(五)配送距离

配送距离是影响配送成本的主要因素。配送距离越远,配送总成本就越高。

(六)外部成本

配送过程中可能要用到企业外部的资源,如租赁起吊设备等。

除了以上因素外,影响配送成本的因素还有企业的经营规模和技术装备水平、企业专业化和劳动者技术熟练程度、企业拥有的各种资源及其利用效率、企业所处的地理位置和市场环境等。

六、配送成本分析

（一）配送成本结构分析

配送成本结构分析就是在获得配送成本数据的基础上，进一步明确配送成本的构成情况，了解各项费用所占比例，明确配送成本管理工作的重点。同时，结合企业所制订的计划指标，考核配送成本完成程度，以明确配送成本管理工作的方向，改进配送作业状况。例如，某物流企业的配送费用报表如表 10-1 所示。

我们对表中的企业的配送成本分析如下：在其当月发生的各项配送成本中，运输费用所占比例最大，为 40%，分拣费用其次，为 30%，再次是储存费用，占到 15%，而加工费用、包装费用和信息处理费用则相对较低。所以该企业配送成本管理的重点应该放在运输费用和分拣费用上，分析其作业情况，确定改进点，还可以结合历史数据进行对比，找出各种费用的变动趋势，分析影响因素。

表 10-1　某物流企业的配送费用报表　　　　单位：元

费用项目		配送环节					
		运输	储存	分拣	加工	包装	信息处理	合计
1	材料费	35 789	21 700	28 970	2 350	1 320	4 650	94 779
2	折旧费	1 432	587	897	1 370	1 795	641	6 722
3	工资	12 567	13 680	56 421	16 590	7 844	780	107 882
4	修理费	7 632	1 870	786	965			11 253
5	水电费	1 243	4 288	2 387	1 675	589	1 290	11 472
6	燃料费	50 206						50 206
7	其他	10 206	2 567	1 845	2 520	860		17 998
合计	金额	119 075	44 692	91 306	25 470	12 408	7 361	300 312
	比例	40%	15%	30%	9%	4%	2%	100%

（二）配送成本指标分析

常用的配送成本指标有以下几种。

1. 有关运输活动的指标

$$装载率 = 实际载重量/标准载重量 \times 100\%$$

$$车辆开动率 = 月总开动次数/拥有台数 \times 100\%$$

$$运行周转率 = 月总运行次数/拥有台数 \times 100\%$$

$$单位车辆月行驶里程 = 月总行驶里程/拥有台数 \times 100\%$$

$$单位里程行驶费 = 月实际行驶三费/月总行驶里程$$

$$（行驶三费 = 修理费 + 内外胎费 + 油料费）$$

$$单位运量运费 = 运输费/运输总量$$

2. 有关保管活动指标

$$仓库利用率 = 存货面积/总面积 \times 100\%$$

$$库存周转次数 = 年出库金额（数量）/平均库存金额（数量）$$

$$= 年出库金额（数量） \times 2 /(年初库存金额 + 年末库存金额)$$

3. 有关装卸活动指标

单位人时工作量=总工作量/装卸作业人时数

（装卸作业人时数=作业人数×作业时间）

装卸效率=标准装卸作业人时数/实际装卸作业人时数

装卸设备开工率=装卸设备实际开动时间/装卸设备标准开动时间

单位工作量修理费=装卸设备修理费/总工作量

单位工作量装卸费=装卸费/总工作量

4. 有关物流信息活动指标

物流信息处理率=物流信息处理数量/标准物流信息处理数

任务二　配送成本核算

一、配送成本核算概述

配送成本费用的核算是多环节的核算，是各个配送环节或活动的集成。配送各个环节的成本费用核算都具有各自的特点，如流通加工的费用核算与运输费用的核算具有明显的区别，其成本计算的对象及计算单位都不同。

配送成本费用的计算由于涉及多环节的成本计算，对每个环节应当计算各成本计算对象的总成本。总成本是指成本计算期内成本计算对象的成本总额，即各个成本项目金额之和。配送成本费用总额是由各个环节的成本组成。其计算公式为

配送成本=配送运输成本+分拣成本+配装成本+流通加工成本+储存成本
　　　　+信息处理成本

需要指出的是，在进行配送成本费用核算时要避免配送成本费用重复交叉。下面就运输成本、流通加工成本、储存成本和分拣成本的核算进行阐述。

（一）运输成本的核算

配送运输成本的核算，是指将配送车辆在配送生产过程中所发生的费用，按照规定的配送对象和成本项目，计入配送对象的运输成本项目中去的方法。

1. 运输成本的核算项目

（1）工资及职工福利费。根据"工资分配汇总表"和"职工福利费计算表"中各运输工作组成员所分配的金额计入相关运输成本。

（2）燃料。根据"燃料发出凭证汇总表"中各车型耗用的燃料金额计入成本。配送车辆在本企业以外的油库加油，其领发数量不作为企业购入和发出处理的，应在发生时按照配送车辆领用数量和金额计入成本。

（3）轮胎。轮胎外胎采用一次摊销法的，根据"轮胎发出凭证汇总表"中各车型领用的金额计入成本；采用按行驶公里提取法的，根据"轮胎摊提费计算表"中各车型应负担的摊提额计入成本。发生轮胎翻新费时，根据付款凭证直接计入各车型成本或通过待摊费用分期摊销。内胎、垫带根据"材料发出凭证汇总表"中各车型成本领用金额计入成本。

（4）修理费。辅助生产部门对配送车辆进行保养和修理的费用，根据"辅助营运费用分配表"中分配各车型的金额计入成本。

（5）折旧费。根据"固定资产折旧计算表"中按照车辆种类提取的折旧金额计入各分类成本。

（6）运输管理费。配送车辆应缴纳的运输管理费，应在月终计算成本时，编制"配送营运车辆应缴纳管理费计算表"，据此计入配送成本。

（7）车船使用税、行车事故损失和其他费用。如果是通过银行转账、应付票据、现金支付的，根据付款凭证等直接计入有关的车辆成本；如果是在企业仓库内领用的材料物资，根据"材料发出凭证汇总表""低值易耗品发出凭证汇总表"中各车型领用的金额计入成本。

（8）营运间接费用。根据"营运间接费用分配表"计入有关配送车辆成本。

2. 配送运输成本计算表

企业在期末应编制配送运输成本计算表（见表10-2），以反映配送总成本和单位成本。配送运输总成本是指成本计算期内成本计算对象的成本总额，即各个成本项目金额之和。单位成本是指成本计算期内各成本计算对象完成单位周转量的成本额。各成本计算对象计算的成本降低额，是指用该配送成本的上年度实际单位成本乘以本期实际周转量计算的总成本，减去本期实际总成本的差额。它是反映该配送运输成本由于成本降低所产生的节约金额的一项指标。

按各成本计算对象计算的成本降低率，是指该配送运输成本的降低额与上年度实际单位成本乘以本期实际周转量计算的总成本比较的百分比。它是反映该配送运输成本降低幅度的一项指标。

各成本计算对象的降低额和降低率的计算公式为：

成本降低额=上年度实际单位成本×本期实际周转量-本期实际总成本

成本降低率=成本降低额/(上年度实际单位成本×本期实际周转量)×100%

表10-2 配送运输成本计算表

成本项目	运输工作组		
	一组	二组	三组
一、运营直接费用			
工资及福利费			
燃料费			
轮胎费			
修理费			
折旧费			
税费			
二、运营间接费用			
合计			

（二）流通加工成本的核算

1. 流通加工成本项目

（1）直接材料费用。流通加工的直接材料费用是指对流通加工产品加工过程中直接消耗的材料、辅助材料、包装材料以及燃料和动力等费用。与工业企业相比,在流通加工过程中的直接材料费用占流通加工成本的比例不大。

(2) 直接人工费用。流通加工成本中的直接人工费用,是指直接进行加工生产的生产工人的工资总额和按工资总额提取的职工福利费。生产工人工资总额包括计时工资、计件工资、奖金、津贴和补贴、加班工资、非工作时间的工资等。

(3) 制造费用。流通加工的制造费用是指物流中心设置的生产加工单位为组织和管理生产加工所发生的各项间接费用。主要包括流通加工生产单位管理人员的工资及提取的福利费,生产加工单位房屋、建筑物、机器设备等的折旧和修理费,生产加工单位固定资产租赁费、机物料消耗、低值易耗品摊销、取暖费、水电费、办公费、差旅费、保险费、试验检验费、季节性停工和机器设备修理期间的停工损失以及其他制造费用。

2. 流通加工成本项目的归集

(1) 直接材料费用的归集。直接材料费用中,材料和燃料费用数额是根据全部领料凭证汇总编制的"耗用材料汇总表"确定的;外购动力费用是根据有关凭证确定的。

在归集直接材料费用时,凡能分清某一成本计算对象的费用,应单独列出,以便直接计入该加工对象的成本计算单中;属于几个加工成本对象共同耗用的直接材料费用,应当选择适当的方法,分配计入各加工成本计算对象的成本计算单中。

(2) 直接人工费用的归集。计入成本中的直接人工费用的数额,是根据当期"工资结算汇总表"和"职工福利费计算表"来确定的。

"工资结算汇总表"是进行工资结算和分配的原始依据。它是根据"工资结算单"按人员类别(工资用途)汇总编制的。"工资结算单"应当依据职工工作卡片、考勤记录、工作量记录等工资计算的原始记录编制。

"职工福利费计算表"是依据"工资结算汇总表"确定的各类人员工资总额,按照规定的提取比例计算后编制的。

(3) 制造费用的归集。制造费用是通过设置制造费用明细账,按照费用发生的地点来归集的。制造费用明细账按照加工生产单位开设,并按费用明细账项目设专栏组织核算。流通加工制造费用表的格式可以参考工业企业的制造费用表的一般格式。由于流通加工环节的折旧费用、固定资产修理费用等占成本比例较大,其费用归集尤其重要。

3. 流通加工成本计算表

流通加工成本计算表如表 10-3 所示。

表 10-3 流通加工成本计算表

成本项目	流通加工品种			合计
	A 产品	B 产品	C 产品	
一、加工直接费用				
工资及福利费				
材料费				
维修保养费				
折旧费				
其他费用				
二、加工间接费用				
合 计				

（三）储存成本的核算

1. 储存成本项目

（1）工资及福利费。根据"工资结算汇总表"和"职工福利费计算表"中分配的储存成本的金额计入成本。

（2）材料费用。根据"材料发出凭证汇总表"、"领料单" 及"领料登记表"等原始凭证中的记录计入储存成本。

（3）折旧费用。根据"固定资产折旧计算表"中按照储存器具提取的折旧金额计入成本。

（4）维护保养费、水电费、物业管理费及保管费等依据相关原始凭证及费用分配表依次计入储存成本。

2. 储存成本计算表

储存成本计算表如表10-4所示。

表10-4 储存成本计算表

成 本 项 目	本月计划数	本月实际数	占总成本比例
工资及福利费			
材料费			
折旧费			
维护保养费			
保管费			
水电费			
物业管理费			
其他费用			
合　　计			

（四）分拣成本的核算

1. 分拣成本项目

（1）工资及福利费。根据"工资结算汇总表"和"职工福利费计算表"中分配的金额计入成本。

（2）材料费用。根据"材料发出凭证汇总表""领料单""领料登记表"等原始凭证中的记录计入分拣成本。

（3）折旧费用。根据"固定资产折旧计算表"中按照分拣器具提取的折旧金额计入成本。

（4）维护保养费。按照分拣器械的实际支出计入成本。

（5）其他费用。按照相关费用分配表计入成本，主要是管理费用及低值易耗品的分摊。

2. 分拣成本计算表

分拣成本计算表如表10-5所示。

表10-5 分拣成本计算表

成 本 项 目	分 拣 品 种			各项目所占比例
	货物1	货物2	其他货物	
工资及福利费				

续表

成本项目	分拣品种			各项目所占比例
	货物1	货物2	其他货物	
材料费				
折旧费				
维护保养费				
其他费用				
合　计				

二、配送成本的核算步骤

1977年，日本运输省流通对策本部为适应各企业物流人员提出的对于物流成本计算要有一个"标准"方法的要求，公布了《物流成本统一计算标准》。参照《物流成本统一计算标准》中的物流成本计算方法可以很方便地计算出企业的配送成本。

根据《物流成本统一计算标准》，在计算物流成本时要注意把握住一个基本原则，就是从"按支付形态"入手来计算物流费用。同样，配送成本的计算也应从"按支付形态"入手开始进行。按支付形态不同分类来计算配送成本，必须首先从企业会计核算的全部相关科目中抽出所包含的配送成本。诸如运输费、保管费等向企业外部支付的费用，可以全部看作配送成本，而企业内部的配送费用的计算必须从有关项目中进行提取。

1. 材料费

材料费可以根据进出库记录中某一时期用于配送活动中的消耗量，再乘以材料的购进单价而得来。可是，这需要出入库账目以物流为主进行记录。当难以实际通过材料支出单据进行统计时，可采用盘存计算法，即

$$本期消耗量 = 期初结余 + 本期购进 - 期末结余$$

材料的购进单价应包括材料的购买费、进货运费、装卸费、保险费、关税、购进杂费等。

2. 人工费

报酬总额根据发给配送人员的工资、补贴、奖金等开支，或按整个企业职工的平均工资额等费用情况进行计算。职工劳保费、按规定提取的福利基金以及职工教育培训费等，都需要从企业这些费用项目的总额中把用于配送人员的费用部分抽取出来。当实际费用很难抽取出来计算时，也可将这些费用的总额按从事配送活动的职工人数比例分摊到配送成本中。

3. 公益费

公益费包括电费、煤气费、自来水费等。严格地讲，应该每一个用于配送活动的设施都安装上计数表来直接计费，但作为一种简易方法，也可以从整个企业的上述项目开支中，按配送设施和配送人员的比例计算得出。

4. 维护费

维护费包括了固定资产的使用、运转和维修保养所产生的维修保养费、房产税、土地使用税、车辆使用税、租赁费、保险费等。维护费应该根据本期实际发生额计算，对于经过多个期间统一支付的费用（如租赁费、保险费等），可按期间分摊计入本期相应的费用

中。先提出能直接掌握的部分，不能直接掌握的部分可以根据建筑物面积和设备金额等进行分摊。

5. 一般经费

一般经费对应于财务会计中的一般管理费。其中，对于差旅费、书报资料费等人员和使用目的明确的费用，直接计入配送成本，不能直接掌握的部分，可按人头或设备比例进行分摊。

6. 特别经费

特别经费包括按实际使用年限计算的折旧费和企业内利息等。

企业内利息实际上是配送活动所占用的全部资金的资金成本。因为这部分资金成本不是以银行利率，而是以企业内部利率计算的，所以称为企业内利息。这种企业内利息仅仅是以管理会计中资本成本的形式加到成本中，实质上是对配送活动占用资产的一种以整个企业内部平均利息率来计算的资金成本，它与实际支付的利息不同，实质上它应该看作一种机会成本。

企业内利息的计算，对配送中使用的固定资产以征收固定资产占用税时的评估价乘以企业内利息率；对存货以账面价值乘以企业内利息率。

7. 对外委托费

根据本期实际发生额进行计算。除此以外的间接委托的费用按一定标准分摊到各功能的费用中。

8. 其他企业支付费用

以本期发生购进时其他企业支付和发生销售时其他企业支付配送费的物品重量或件数为基础，乘以费用估价计算。

其他企业支付的费用虽然不作为本企业费用支付，但对购进商品实际上已经将运费、装卸费包含在进货价格中，如果企业自己到商品产地购进，这部分费用是要由本企业实际支付的。对销售的商品，买方提货所支付的费用相当于折减了销售价格，如果销售的商品采用送货制，这部分费用也要由本企业支付。因此，其他企业支付的配送费用实际上是为了弥补应由本企业负担的配送费而计入配送成本的。该费用的计算必须依靠概算估价的费用单价，但当本企业也承担与此相应的配送费时，可用本企业相当的配送费来代替。

明确了按支付形态分类的配送成本的计算方法后，就可以根据管理工作对有关信息的需要按以下步骤进行配送成本的进一步计算。

（1）根据计算配送成本的需要，将以上通过计算得出的数据资料填入表10-6中。

（2）把表10-6中的费用按功能分类，然后汇总。方法是将每一种功能的费用各制成一张表（见表10-7），可根据核算需要考虑是把所有的功能都作为计算对象，还是只计算其中某几项功能。

（3）如果要想了解按功能、支付形态分类的配送成本的支出情况，可以把表10-7右端合计栏中的数字转入表10-8。从表10-8中的数字可以简单地看出配送活动的哪种功能的成本最大，费用都花在哪个配送环节。

（4）如果想要求出按范围、功能分类的配送成本，同样可以把表10-7最下端的数字转入表10-9。这样，可以了解哪个范围、哪种功能的配送成本最高，并且还能算出销售额与配送成本的比例，以及根据销售数量算出的单位配送成本。

表 10-6 配送成本计算表 1

支付形态				范围			
				营业所	顾客	商品	合计
企业本身成本	本企业支付配送费	企业本身配送费	材料费	资料费			
				燃料费			
				消耗性工具、器具费			
				其他			
				合计			
			人工费	工资、薪水、补贴			
				福利费			
				其他			
				合计			
			公益费	水、电费			
				煤气费			
				其他			
				合计			
			维护费	消耗性材料费			
				租赁费			
				保险费			
				其他			
				合计			
			特别经费	一般经费			
				折旧费			
				企业内利息合计			
			企业本身配送费合计				
		对外委托费					
		本企业支付配送费					
	外企业支付配送费						
	企业配送费合计						

表 10-7　配送成本计算表 2

支付形态				范围			
				营业所	顾客	商品	合计
本企业支付配送费	企业本身配送费	材料费	资料费				
			燃料费				
			消耗性工具、器具费				
			其他				
			合计				
		人工费	工资、薪水、补贴				
			福利费				
			其他				
			合计				
		公益费	水、电费				
			煤气费				
			其他				
			合计				
		维护费	消耗性材料费				
			租赁费				
			保险费				
			其他				
			合计				
		特别经费	一般经费				
			折旧费				
			企业内利息合计				
		企业本身配送费合计					
	对外委托费						
	本企业支付配送费						
外企业支付配送费							
企业配送费合计							

表 10-8　配送成本计算表 3

支付形态				范围						信息管理费	配送管理费	合计
				物品流通费								
				保管费	备货费	装卸费	分拣及配货费	短途运输费	配送加工费	合计		
企业配送成本	本企业支付配送费	企业本身配送费	材料费	资料费								
				燃料费								
				消耗性工具、器具费								
				其他								
				合计								
			人工费	工资、薪水、补贴								
				福利费								
				其他								
				合计								
			公益费	水、电费								
				煤气费								
				其他								
				合计								
			维护费	消耗性材料费								
				租赁费								
				保险费								
				其他								
				合计								
			特别经费	一般经费								
				折旧费								
				企业内利息								
				合计								
			企业本身配送费合计									
		对外委托费										
		本企业支付配送费										
	外企业支付配送费											
	企业配送费合计											

需要说明的是，以上三表中企业本身配送费合计包括材料费、人工费、公益费、维护费、一般经费和特别经费。本企业支付配送费包括企业本身配送费合计和对外委托费。企业配送费合计包括本企业支付配送费和外企业支付配送费。

表 10-9 配送成本计算表 4

范围	功能							
	物品流通费							
	保管费	备货费	装卸费	分拣及配货费	短途运输费	配送加工费	信息管理费	配送管理费	合计
营业所									
顾客									
商品									
占销售成本比重									
占销售金额比重									

计算配送成本时要注意，每进行一次配送成本计算，都要明确计算范围，以使结果具有可比性。明确计算范围的方法，就是直接利用上述计算表。因为这些表能够计算出配送成本的总额。当实际计算过程只计算部分成本时，同样可以利用这些计算表，只需将非计算对象的成本栏空出。这样，就能通过本年度与上一年度计算结果的比较，看出计算范围上的差别。

此外，由于明确了配送成本计算的范围，在与其他企业进行比较或进行时间序列分析时，便可消除因计算范围不同所引起的成本计算结果上的差别。

任务三 配送成本控制

一、配送成本控制概述

（一）配送成本控制的意义

进入 21 世纪以来，随着科学技术的进步和经济的全球化，企业面临着愈加激烈的竞争，与此同时，顾客对产品和服务的期望值也越来越高，为了在激烈的竞争中生存下来，企业急需提高客户服务水平。此时，越来越多的企业选择建立配送中心，开展配送作业，配送是按照顾客的订货需求，在物流据点进行分货、配货工作，并将配好的货送交收货人的活动。它是流通加工、整理、拣选、分类、配货、装配、运送等一系列活动的集合。通过配送才能最终使物流活动得以实现，而且，配送活动还可以增加产品价值，提高企业的竞争力，但完成配送活动是需要付出代价的，即配送作业的实施往往又带来配送成本的居高不下，从而削弱企业的竞争力。此时，配送成本的控制工作显得愈发重要。

小思考：配送成本和配送服务水平的矛盾在哪里？

企业进行配送成本核算的最终目的是实现对配送成本的有效控制，做到配送成本的优化。配送成本的优化就是在配送服务与配送成本之间寻求平衡，即在特定的顾客服务水平之下使配送成本最小化，或在配送成本一定的情况下尽量提高顾客服务水平。

（二）配送成本控制的方法

一般而言，配送成本控制的方法包括以下几种。

1. 加强配送的计划性

在实际配送活动中，经常会出现临时配送、紧急配送或无计划的随时配送的情况。临时配送指的是由于事先计划不善，未能考虑正确的装配方式和恰当的运输路线，到了临近配送截止时期时，不得不安排专车，单线进行配送，造成车辆不满载、里程多。紧急配送往往只要求按时送货，为了保持服务水平，无法认真安排车辆配装及配送路线，从而造成载重和里程的浪费。随时配送要求配送车辆随时待命，对订货要求不做计划安排，有一笔送一次，这样虽然能保证服务质量，但是不能保证配装与路线的合理性，也会造成很大浪费。由此可见，以上情况都会造成配送成本的大幅度增加。

为了加强配送的计划性，需要建立客户的配送计划申报制度。在实践中，应针对配送商品的特性制订不同的配送计划和申报制度。下面我们以零售商店为例说明配送申报制度。

鲜活商品应实行定时定量申报、定时定量配送。为了保证商品的鲜活，零售店一般一天申报一次，商品的量应控制在当天全部销售完为度。实行定时定量申报的商品，在商品量确定以后，分店除了特殊情况外，不必再进行申报。由配送中心根据零售店的定量，每天送货。

普通商品应实行定期申报、定期配送。定期申报是指零售店定期向配送中心订货，订货量为两次订货之间的预计需求量。实行定期申报的优点是：① 各零售店的要货相对集中。零售店同时发出订货申请，配送中心将订货单按商品分类、汇总、统一完成配送。② 零售店不必经常清点每种产品的盘存量，减少了工作量。③ 零售店是向众多单个消费者销售商品，不确定因素多。实行定期申报，零售店只需预测订货周期较短时间内的需求量，降低了经营风险。零售店定期发出订货申请，配送中心定期送货。送货的时间间隔与订货的时间间隔一致，例如，每七天订一次，每七天送一次货。问题的关键是如何确定合理的时间间隔。时间太长，每次的发货量必定很多，这无疑将配送中心的存货分散到零售店储备；时间太短，每次发的货过于零星，既增加了配送难度，也增加了配送次数。一个合理的时间间隔应该使零售店保持较少的库存而又不缺货的前提下，集中零售店的订货。在实际操作中应通过数据来分析和经验来确定。

2. 进行合理的车辆配载，提高车辆货物装载率

配送过程中，不同客户的需求情况不同，每次配送的货物可能有多个品种。这些商品不仅包装形态、储运性质不一，而且密度差别较大。密度大的商品往往达到了车辆的载重

量，但体积空余很大，密度小的商品虽然达到了车辆的最大体积，但达不到载重量。如果能够实行轻重配装，有效利用车辆的装载空间，既能提高单次装载货物的负荷，使车辆满载，又能充分利用车辆的有效体积，从而大大降低配送成本。

3. 选择合理的配送线路

配送线路是指各送货车辆向各个客户送货时所要经过的路线。配送线路的合理与否直接影响配送时间、车辆的利用效率和配送成本。选择适当的配送线路可以在保证供应的前提下实现运输距离最短，运输费用最省，从而降低配送成本。

采用科学的方法确定合理的配送线路，可以有效提高配送效率，降低配送成本。确定配送线路的方法很多，既可以采用方案评价法进行定性分析，也可以采用数学模型进行定量分析。无论采用何种方法，都必须考虑以下条件。

（1）满足所有客户对商品品种、规格和数量的要求。
（2）满足所有客户对货物发到时间的要求。
（3）在交通管理部门允许通行的时间内送货。
（4）各配送路线的商品量不得超过车辆容积及载重量。
（5）在配送中心现有运力及可支配运力的范围之内配送。

优化配送线路的主要目的是提高配送效率，科学合理的配送线路可以达到事半功倍的效果。因此在设定配送线路时应避免走回头路，同时还应注意不能因追求效率而降低服务质量和标准。

4. 加强自动化技术的运用，提高配送作业效率

配送作业中分拣、配货要占全部业务流程的 60%，而且容易发生错误。如果在拣货、配货过程中运用自动化技术，如条形码技术，就可以使拣货作业快速、准确，使配货简单、高效，从而提高生产效率，降低人力成本，实现作业的标准化，降低配送成本。

5. 确定合理的配送中心选址

配送中心的选址涉及配送的范围和配送线路等，直接影响配送中心各项活动的成本，同时也关系配送中心的正常运作和发展。因此，配送中心的选址和布局必须在充分调查分析的基础上，综合考虑自身经营的特点、商品特性及交通状况等因素，在详细分析现状及预测的基础上对配送中心进行选址。

6. 建立通畅的配送信息系统

配送作业中需要处理大量的信息，建立通畅的配送信息系统，能够简化配送作业，提高配送作业效率，制订最佳的配载计划和配送路线，最终降低配送成本。

二、降低配送成本的策略

在一定的顾客服务水平下使配送成本最小的策略主要有以下几种。

（一）混合策略

混合策略是指在分析企业配送作业的基础上，首先合理地安排企业自身有能力完成的配送作业，然后把其他配送作业外包给第三方物流公司，或与其他物流企业共同开展一些配送作业。这种策略的基本思想是，尽管采用纯策略（即配送活动要么全部由企业自身完成，要么完全外包给第三方物流完成）易形成一定的规模经济，并使管理简化，但由于产品品种多变、规格不一、销量不等等情况，有时采用纯策略的配送方式不仅不能取得

规模效益,反而还会造成规模不经济。而采用混合策略,可以充分利用外部资源,与其他企业协同完成某项配送任务,合理安排企业自身完成的配送和外包给第三方物流完成的配送,降低配送成本。

例如,美国一家干货生产企业为了满足遍及全美的 1 000 家连锁店的配送需要,建造了 6 座仓库,并拥有自己的车队。随着经营的发展,企业决定扩大配送系统,计划在芝加哥投资 700 万美元再建一座新仓库,并配以新型的物料处理系统。该计划提交董事会讨论时,却发现这样不仅成本较高,而且就算仓库建起来也还是满足不了需要。于是,企业把目光投向租赁公共仓库,结果发现,如果企业在附近租用公共仓库,增加一些必要的设备,再加上原有的仓储设施,企业所需的仓储空间就足够了,但总投资只需 20 万美元的设备购置费、10 万美元的外包运费,加上租金,也远远低于 700 万美元。

(二)合并策略

合并策略包含两个层次:一是配送方法上的合并;二是共同配送。

(1)配送方法上的合并。企业在安排车辆完成配送任务时,充分利用车辆的容积和载重量,做到满载满装,是降低成本的重要途径。由于产品品种繁多,不仅包装形态、储运性能不一,在容重方面,也往往相差甚远。一车上如果只装容重大的货物,往往是达到了载重量,但容积空余很多;只装容重小的货物则相反,看起来车装得满,实际上并未达到车辆载重量。这两种情况实际上都造成了浪费。实行合理的轻重配装、容积大小不同的货物搭配装车,就可以不但在载重方面达到满载,而且也充分利用车辆的有效容积,取得最优效果。最好是借助计算机计算货物配车的最优解。

(2)共同配送。共同配送是一种产权层次上的共享,也称集中协作配送。它是几个企业联合集小量为大量共同利用同一配送设施的配送方式,其标准运作形式是:在中心机构的统一指挥和调度下,各配送主体以经营活动(或以资产为纽带)联合行动,在较大的地域内协调运作,共同对某一个或某几个客户提供系列化的配送服务。这种配送有两种情况:一是中小生产、零售企业之间分工合作实行共同配送,即同一行业或在同一地区的中小型生产、零售企业单独进行配送的运输量少、效率低的情况下进行联合配送,不仅可以减少企业的配送费用,配送能力得到互补,而且有利于缓和城市交通拥挤,提高配送车辆的利用率;二是几个中小型配送中心之间的联合,针对某一地区的用户,由于各配送中心所配物资数量少、车辆利用率低等原因,几个配送中心将用户所需物资集中起来,共同配送。

(三)差异化策略

差异化策略是指立足于配送物品的特性,用特定的配送方式对待特定的货物。其指导思想是:产品特征不同,顾客服务水平也不同。

当企业拥有多种产品线时,不能对所有产品都按同一标准的顾客服务水平来配送,而应按产品的特点、销售水平来设置不同的库存、不同的运输方式以及不同的储存地点,忽视产品的差异性会增加不必要的配送成本。

例如,一家生产化学品添加剂的公司,为降低成本,按各种产品的销售量比重进行分类:A 类产品的销售量占总销售量的 70%以上,B 类产品的销售量占总销售量的 20%左右,C 类产品的销售量占总销售量的 10%左右。对 A 类产品,公司在各销售网点都备有库存，B类产品只在地区分销中心备有库存，而在各销售网点不备有库存，C类产品连地区分销中心都不设库存，仅在工厂的仓库才有存货。经过一段时间的运行，事实证明这种方法是成功的，企业总的配送成本下降了20%之多。

（四）延迟策略

传统的配送计划安排中，大多数的库存是按照对未来市场需求的预测量设置的，这样就存在着预测风险，当预测量与实际需求量不符时，就出现库存过多或过少的情况，从而增加配送成本。延迟策略的基本思想就是对产品的外观、形状及其生产、组装、配送应尽可能推迟到接到顾客订单后再确定。一旦接到订单就要快速反应，因此采用延迟策略的一个基本前提是信息传递要非常快。

实施延迟策略常采用两种方式：生产延迟（或称形成延迟）和物流延迟（或称时间延迟），而配送中往往存在着加工活动，所以实施配送延迟策略既可采用形成延迟方式，也可采用时间延迟方式。具体操作时，常常发生在诸如贴标签（形成延迟）、包装（形成延迟）、装配（形成延迟）和发送（时间延迟）等领域。美国一家生产金枪鱼罐头的企业就通过采用延迟策略改变配送方式，降低了库存水平。历史上这家企业为了提高市场占有率曾针对不同的市场设计了几种标签，产品生产出来后运到各地的分销仓库储存起来。由于顾客偏好不一，几种品牌的同一产品经常出现某种品牌的畅销而缺货，而另一些品牌却滞销压仓。为了解决这个问题，该企业改变以往的做法，在产品出厂时都不贴标签就运到各分销中心储存，当接到各销售网点的具体订货要求后，才按各网点指定的品牌标志贴上相应的标签，这样就有效地解决了销售中存在的矛盾，从而降低了库存。

（五）标准化策略

标准化策略是指要求配送中心所有的作业环节都设置详细的、具体的作业标准，制定严格的规章制度，尽可能多地采用标准零部件、模块化产品，如服装制造商按统一规格生产服装，直到顾客购买时才按顾客的身材调整尺寸大小。

标准化策略可使企业实行规模经济，大幅度降低产品研究、开发、生产、销售等各个环节的成本而提高利润。

项目小结

配送成本的高与低直接关系配送中心的利润，进而影响企业利润的高低。因此，如何用最低的配送成本达到"在适当的时间将适当的产品送到适当的地方"的目标，是摆在企业面前的一个关键问题，配送成本管理工作变得十分重要。本章较为详细地阐述了配送成本的相关知识，重点介绍了配送成本的含义和计算范围，配送成本的特征，计算配送成本的意义，配送成本的构成和分类，影响配送成本的因素，配送成本的分析、核算与控制。

同 步 练 习

一、选择题

1.（　　）是指企业在经营产品、提供劳务等日常活动中所发生的各种耗费。成本与费用管理就是对企业经营过程中所有成本、费用的发生和形成进行决策、计划、控制、核算、分析和考核等工作的总称。

A．成本与费用　　　B．成本　　　　　C．费用　　　　　D．利润与费用

2．（　　）是指同一资源的两个方面处于互相矛盾的关系之中，要达到一个目的必然要损失一部分另一目的；要追求一方，必得舍弃另一方的一种状态，即两方面之间具有此消彼长、此长彼消的关系。

A．"四律背反"　　B．"二律背反"　　C．"二律相同"　　D．"二律原理"

3．物流合理化是物流管理追求的总目标。它是对物流设备配置和物流活动组织进行调整改进，实现物流系统（　　）的过程。

A．整体组合　　　B．阶段优化　　　C．整体优化　　　D．整体提高

4．配送成本的优化就是在配送服务与配送成本之间（　　），即在特定的顾客服务水平之下使配送成本最小化，或在配送成本一定的情况下尽量提高顾客服务水平。

A．找出差距　　　B．提出问题　　　C．优化组合　　　D．寻求平衡

5．配送作业中需要处理大量的信息，建立通畅的配送信息系统，能够简化配送作业，提高配送作业效率，制订最佳的配载计划和配送路线，最终（　　）。

A．降低配送成本　　B．实现目标　　　C．优化组合　　　D．利用信息

二、问答题

1．计算配送成本主要有哪些意义？
2．配送成本由哪些费用构成？
3．影响配送成本的因素有哪些？
4．配送成本的控制方法有哪些？
5．运输成本的核算项目有哪些？

三、实训题

1．实训目的：使学生对配送成本管理有个整体的认识。
2．实训方式：到配送企业进行顶岗实践。
3．实训内容：
（1）使学生了解配送成本管理在配送企业中的重要性。
（2）使学生熟悉配送成本管理的内容，知道如何加强对配送企业成本的管理。

四、案例分析

企业物流配送的困惑

在配送成本居高不下之际，共同配送似乎成了最佳脱困之道；但要真正集结这些供应商却可能不得不面临好几年的亏损，这让有心实施这项工程的天原物流总经理任杰光左右为难。

天原物流公司的总经理任杰光原来是西北某省丛辉物流公司的副总经理，丛辉物流公司主要给客户提供省内的物流服务。后来，任杰光看到市内配送业务市场需求很大，遂萌发了做市内配送业务的想法，于是便成立了天原物流公司。

公司成立不久就接了海尔在安宁的市内配送业务大单。在为海尔提供服务时，天原物流根据海尔的操作要求，制定了一套详细的服务标准并做出各项承诺。在海尔规定的各个环节中，交货、验货、输入收货记录、归档、发货、编制装运单、调整库存记录、装

车、配送、交货等的准确率达到99.04%，配送时间也能控制在8小时之内。这单业务不仅让天原物流顺利地进入了市内配送市场，提高了服务水平，更大的好处是，通过与海尔的合作，天原物流逐步得到了海信、康佳、TCL、厦华等家电企业的欢心。现在，天原物流已经拥有安宁家电市场60%的配送订单，有时自己的车不够用，任杰光还想办法从外面找一些车，租四五十辆车也是常有的事。

天原物流如今重点服务的客户是上海百佳食品有限公司安宁分公司，百佳公司以上海"天喔"品牌系列产品为主导，代理着雀巢、惠氏等国际知名品牌，以及中国台湾"新东阳"肉松系列、浙江"唐纳兹"系列等国内著名品牌，是一家知名的食品企业。

与百佳公司的合作开始后，任杰光才了解到，由于食品对温度、时间甚至摆放方式等都有很具体的要求，所以相应的食品物流也有了要求较严、投资较大的特点。

例如冷链，不管是乳制品还是肉制品，几乎都有温度的要求，很多物流公司可能不具备这样的能力，而且在物流管理上也存在分歧。而食品企业的另一个特征是产品基本集中在中低端市场，也就是各个超市、门店，它是一种极大、极分散的物流形式。就因为这种集中特性，又决定了其分销系统的深度。

食品行业是个"小生产大流通"的行业。很多产品的成本构成中都有差不多三分之一来自物流成本。因此，控制物流非常关键，必须知道市场需求多少，企业进多少货，并且准时送达。对于百佳来说，必须掌控自己的供应链控制系统，即时了解门店的销售和库存，了解每一时刻、每家店卖了多少产品，库存数量，补货数量，并基于这些数据进行调配，精确计算出最经济的物流成本。同时，食品流通快、市场相对稳定、销售场所层次多等特点决定了食品企业需要一个长期、稳定的物流支持商，天原物流的服务水平会长期影响百佳的运营。

为了与百佳合作，天原物流重新制作了500平方米的无缝树脂地面解决地面起灰的问题，并配备了吸尘器对食品每天进行处理。

天原物流的配送中心南北两侧各建有4米宽的装卸月台，站台高出室外道路1米。当厢式卡车尾部停靠站台时，抱垫板与站台面基本上处于同一平面。商品的装卸作业变成了水平移动，大大减少了装卸作业环节和劳动强度。

随着时间的推移，新的问题出现了。

天原物流的配送中心有自己的托盘，商品的堆垛整齐划一，本来可以整个托盘进行运输，但是由于同各个卖场没有达成托盘互换协议，造成了大量的二次搬运，从托盘搬到车上，到卖场后重新卸下，摆放到卖场的托盘上，造成食品的不必要损耗。天原物流也曾尝试同卖场达成互换协议，但由于各个卖场的托盘规格不同，新旧不一，尽管天原物流使用的是1.1米×1.2米的国际标准托盘，最后还是没有形成结果。

超市商品中按照配送的不同要求分为四个温度区：冰块、冰激凌、冷冻食品等放在-20℃的冷冻区；牛奶、乳制品、生菜等放在-5℃的微冷区；休闲食品、杂货等放在恒温区；而盒饭类、烧烤类商品则放在20℃的温暖区。

天原物流主要做恒温型商品配送，此类商品运作难度较小，利于迅速建立共同配送体系。而冷冻型、微冷型商品运作要求高，又涉及商业秘密，共同配送难度较大，天原物流一直没有对这一领域进行投资，这使得百佳的雀巢冰激凌业务一直没有开展。

天原物流的信息系统是为家电产品设置的，对于食品保质期的问题没有考虑到，所以在存货中无法辨认生产日期、到货日期、保质日期。天原只能每天调动人力，在堆积如山的品种中逐一分出过期品。

有时会从卖场产生大量的退货，首先需要确认退货，然后进行分拣，有些退货包装已经残损，需要二次包装，退回入库需要有专门的残损区。这使得退货成本直线上升，回收成本是配送成本的两倍以上。

由于安宁地区的经销商大部分采取自营物流，天原物流的配送客户非常有限，由于竞争的白热化，配送作业趋向于高频率、多批次、短周期、少批量的形式。这使得天原物流的配送成本急剧增加，由于受销售季节的影响，配送作业已影响超市与经销商的共同利益。曾经发生过这样的事情：家世界的紧急订单需要早上送到，只有两袋盐津化酶，下着大雨，只好让库管打出租车，来回的成本超出产品本身成本 50 倍。这样的情况常常发生，使天原物流的配送无利可图。

面对天原物流提出的问题，百佳公司的总经理赵隽也很苦恼，对市场把握不准，计划频繁调整，库存要么过剩，要么不足，批号老化。公司在全国范围内频繁调货，客户要货批量减少，产品供货率降低，产品推广不理想，权利和责任难以划分，部门之间横向协调较难，以及配送陷入被动操作。

在苦思解决方案之际，任杰光突然想起了共同配送。

日本 7-11 便利店曾提出了共同配送概念，并由伊藤洋华堂同年开始在日本实施。由伊藤洋华堂牵头，将其供应商的库存加以集中，组织其进行物流的共同仓储、配送，以期大幅度减少物流时间、控制损耗、削减成本。该计划实施后得到了经销商的广泛响应，通过战略联盟，经销商与伊藤洋华堂荣辱与共，从而使伊藤洋华堂的单店效益多年排列在全球的第一位。

但现在，显然首先在客户规模上天原物流就没法和伊藤洋华堂相比。在食品物流领域，天原物流的客户仅百佳一家。近两三个月，任杰光带着一群手下拼命地拉业务，找客户，也仅找来伊利特、五月花、德芙三家。其他的大多数食品企业或经销商，一听说要把自己的货物和其他企业的货物放到一个仓库里进行统一调配，就直摆手摇头，说："这不等于是交出我们的命根子吗？"

通过安宁物流协会对于超市商品的详细调查，其配送种类中配送数量、频率较高的，家电类有 TCL、海尔、美的（排除国美、苏宁专业店），乳品类有光明、银桥、和氏（陇县）、安儿宝、多美滋、神果、维维、完达山，日化类、饮料类、方便食品、休闲食品、炒货类，还有纸业，拿到销量前几位的客户难度都非常大。

任杰光算了一笔账，要达到业务的盈亏平衡点，天原物流至少得占有本市超市日配送量的 60%，也就是说，多家超市一天销售的商品中，60%以上都由天原物流来配送，天原物流才有可能通过这种模式盈利。现在商品种类繁多，自己又被绝大多数客户拒之门外，如今那个盈亏平衡点在任杰光看起来似乎遥不可及。想到这里，任杰光真是愁上加愁。这个共同配送策略现在运作到底可不可行呢？

（资料来源：张念. 仓储与配送管理[M]. 大连：东北财经大学出版社，2017.）

问题：
1. 天原物流公司与海尔公司的合作，给天原物流公司带来了什么？
2. 你认为天原物流公司可以在哪些方面进行改进？

项目十一　配送业务绩效考核

任 务 目 标	技 能 目 标
1. 掌握配送业务绩效评估。 2. 掌握配送成本与配送服务绩效评估。 3. 理解配送员工绩效评估，了解绩效考核系统相关知识。	1. 熟悉各项配送业务的考核。 2. 会结合数据资料进行指标计算和具体业务绩效分析。

项目概述

绩效是现在很多人都在认真研究的话题，很多企业也都在进行绩效考核，试图通过考核来研究绩效管理，促进绩效水平的大幅度提高。

如今，配送能力已经成为企业创造和保持竞争利益的一个关键因素，因此配送绩效评价和控制显得尤为重要。

配送绩效评价是指运用数理统计和运筹学方法，采用特定的指标体系，按照统一的评价标准和特定程序，通过定量、定性分析，对配送在一定经营期间的经营效益和经营者的业绩做出客观、公平和准确的综合判断。有效的配送绩效评价与控制，对资源的监督和配置是非常重要的。

项目任务

导入案例

企业绩效评价的方法

两位老板在办公室内谈话。

李总："张总，好长时间没有见面了，听说你最近收购了一家物流配送公司。"

张总:"是呀,李总有没有兴趣在里面做一点儿投资呢?我想再增加几个股东,已经有些政府背景方面的资金想入股了。"

李总:"公司的服务很成熟吗?"

张总:"服务还不是很成熟,还需要一定的时间。"

李总:"那风险是否有点儿大呢?"

张总:"我收购这家公司,最看中的是这家公司的团队。这家公司中的几个高层领导者已经在一起磨合了很多年,而且里面有服务技术和市场的各种高手。我看公司盈利只是时间问题。"

点评:张总看中的是被收购公司的团队,而李总看中的却只是公司的服务是否成熟。这两个人对组织的评价标准有很大不同。也就是说,对组织的考核评价标准不同。李总对组织考核所采用的方法是服务水平,而张总对组织考核所采用的方法是团队的整体素质。

这些考核组织的模式只是从不同角度对组织进行评价,没有最好而只有最适合的一种。

对员工个人的考核方法是多种多样的,有的方法是针对并强调人、工作、定量、定性、过程、结果导向、对工作的局部考核、对全局的考核等各种方法……总之,考核方法没有对错之分,只有更加合理之别,每家企业的实际情况不同,考核的目的不同,那么就可以采取不同的考核方式。但有一点是共同的,那就是考核的目的都是提高绩效水平。

(资料来源:刘会亚. 现代物流管理[M]. 北京:中国农业出版社,2012.)

任务一 绩效考核系统

一、绩效的内涵

(一)绩效

绩效(Performance)包含有成绩和效益两层意思,用在经济管理活动方面,指的是社会经济管理活动的结果和成效;用在人力资源管理方面,指的是主体行为或者结果中的投入产出比;用在公共部门中来衡量政府活动的效果,则是一个包含多元目标在内的概念。

从管理学的角度看,绩效是组织期望的结果,是组织为实现其目标而展现在不同层面上的有效输出,包括个人绩效和组织绩效。简单来讲,绩效是一个组织或个人在一定时期内的投入产出情况,投入指的是人力、物力、时间等物质资源,产出指的是工作任务在数量、质量和效率方面的完成情况。绩效是一门科学,更是一门艺术,是一把双刃剑,用得好,可以削铁如泥;用得不好,反而会割伤自己。

管理根据其关注的重点不同,经常可以被分为结果管理和过程的管理。对于绩效考核来说,绩效可以说是结果,但如果某些因素相对于其他因素而言,对结果有明显、直接的影响时,绩效的意义就与这些因素等同起来了。绩效考核要的是结果,但也从达成结果的一些因素出发，进行过程管理。

（二）绩效的特点

1. 多因性

多因性是指一个人的绩效的高低受到多方面因素的影响。影响绩效的关键因素主要有以下五个方面：①工作者本身的态度、工作技能、掌握的知识、IQ（智商）、EQ（情商）等；②工作本身的目标、计划、资源需求、过程控制等；③包括流程、协调、组织在内的工作方法；④工作环境，包括文化氛围、自然环境以及工作环境；⑤管理机制，包括计划、组织、指挥、监督、控制、激励、反馈等。

2. 多维性

多维性是指应从多方面、多角度去分析一个人绩效的优劣，才能取得比较合理的、客观的、易接受的结果。

3. 动态性

动态性是指一个人的绩效高低会随着时间、职位等因素发生变化。

二、绩效考核

（一）绩效考核的含义

绩效考核（Performance Examine）是一项系统工程。绩效考核的定义为：企业在既定的战略目标下，运用特定的标准和指标，对员工过去的工作行为及取得的工作业绩进行评估，并运用评估的结果对员工将来的工作行为和工作业绩产生正面引导的过程和方法。

明确这个概念，可以明确绩效考核的目的及重点。企业在制定发展规划、战略目标时，为了更好地完成这个目标，需要把目标分阶段地分解到各部门，最终落实到每一位员工身上，也就是说，每个人都有任务。绩效考核就是对企业人员完成目标情况的一个跟踪、记录、考评。注意绩效考核的时效关系，绩效考核是对被考核主体过去进行评价并对其将来产生影响。

（二）绩效考核的分类

1. 按时间划分

（1）定期考核。企业考核的时间可以是一个月、一个季度、半年、一年。考核时间的选择要根据企业文化和岗位特点进行选择。

（2）不定期考核。不定期考核有两方面的含义：一方面是指组织中对人员的提升所进行的考评；另一方面是指主管对下属的日常行为表现进行记录，发现问题及时解决，同时也为定期考核提供依据。

2. 按考核的内容划分

（1）特征导向型。考核的重点是员工的个人特质，如诚实度、合作性、沟通能力等，即考量员工是一个怎样的人。

（2）行为导向型。考核的重点是员工的工作方式和工作行为，如服务员的微笑和态度、待人接物的方法等，即对工作过程的考量。

（3）结果导向型。考核的重点是工作内容和工作质量，如产品的产量和质量、劳动效率等，侧重点是员工完成的工作任务和生产的产品。

3. 按主观和客观划分

（1）客观考核方法。客观考核方法是对可以直接量化的指标体系所进行的考核，如生产指标和个人工作指标。

（2）主观考核方法。主观考核方法是由考核者根据一定的标准设计的考核指标体系对被考核者进行主观评价，如工作行为和工作结果。

综上所述，对各级人员的考核可以从以下几个方面进行：知识（专业知识、行业知识、社会阅历等）、工作业绩、工作能力（组织能力、协调能力、沟通能力等）、工作态度、工作方法、工作效率、组织纪律、道德品质、配合度、学习精神、团队精神、成本意识、目标达成、绩效改进等。不同职级的人员考核的重点不尽相同，各考核点所占分值权重不一样，但绩效改进是每一位被考核者都必须包含的内容，它是落实绩效考核 PDCA 循环的具体体现。

（三）绩效考核方法

1. 图尺度考核法

图尺度考核法（Graphic Rating Scale，GRS）是最简单和运用最普遍的绩效考核技术之一，一般采用图尺度表填写打分的形式进行。

2. 交替排序法

交替排序法（Alternative Ranking Method，ARM）是一种较为常用的排序考核法。其原理是：在群体中挑选出最好的或者最差的绩效表现者，较之于对其绩效进行绝对考核要简单易行得多。因此，交替排序的操作方法就是分别挑选、排列的"最好的"与"最差的"，然后挑选出"第二好的"与"第二差的"，这样依次进行，直到将所有的被考核人员排列完全为止，从而以优劣排序作为绩效考核的结果。交替排序在操作时也可以使用绩效排序表。

3. 配对比较法

配对比较法（Paired Comparison Method，PCM）是一种更为细致的通过排序来考核绩效水平的方法，它的特点是每一个考核要素都要进行人员之间的两两比较和排序，使得在每一个考核要素下，每一个人都和其他所有人进行了比较，所有被考核者在每一个要素下都获得了充分的排序。

4. 强制分布法

强制分布法（Forced Distribution Method，FDM）是在考核进行之前就设定好绩效水平的分布比例，然后将员工的考核结果安排到分布结构中去。

5. 关键事件法

关键事件法（Critical Incident Method，CIM）是一种通过员工的关键行为和行为结果来对其绩效水平进行绩效考核的方法，一般由主管人员将其下属员工在工作中表现出来的非常优秀的行为事件或者非常糟糕的行为事件记录下来,然后在考核时点上(每季度,或者每半年)与该员工进行一次面谈,根据记录共同讨论来对其绩效水平做出考核。

6. 行为锚定等级考核法

行为锚定等级考核法(Behaviorally Anchored Rating Scale,BARS)是基于对被考核者的工作行为进行观察、考核,从而评定绩效水平的方法。

7. 目标管理法

目标管理法(Management By Objectives,MBO)是现代较普遍采用的方法,管理者通常很强调利润、销售额和成本这些能带来成果的结果指标。在目标管理法下,每个员工都确定有若干具体的指标,这些指标是其工作成功开展的关键目标,它们的完成情况可以作为评价员工的依据。

8. 叙述法

叙述法是指在进行考核时,以文字叙述的方式说明事实,包括以往工作取得了哪些明显的成果、工作上存在的不足和缺陷是什么。

9. 360°考核法

360°考核法又称全方位考核法,是指考核时通过同事评价、上级评价、下级评价、客户评价以及个人评价来评定绩效水平的方法。该方法通过评论知晓各方面的意见,清楚自己的长处和短处,来达到提高自己的目的。

绩效考核是一项复杂的系统工程,计划、监控、考核流程、成果运用等动态管理构成绩效考核的主要工作内容。因此,要持续不断地根据考核工作中存在的问题改进考核工作,同时还要把工作制度化,持续性地开展下去。

三、绩效考核的作用

(一)达成目标

绩效考核本质上是一种过程管理,而不是仅仅对结果的考核。它是将中长期的目标分解成年度、季度、月度指标,不断督促员工实现、完成的过程,有效的绩效考核能帮助企业达成目标。

(二)挖掘问题

绩效考核是一个不断制订计划、执行、改正的PDCA循环过程,体现在整个绩效管理环节,包括绩效目标设定、绩效要求达成、绩效实施修正、绩效面谈、绩效改进、再制定目标的循环,这也是一个不断发现问题、改进问题的过程。

(三)分配利益

与利益不挂钩的考核是没有意义的,员工的工资一般都分为两个部分:固定工资和绩效工资。绩效工资的分配与员工的绩效考核得分息息相关,所以一说起考核,员工的第一反应往往是绩效工资的发放。

（四）促进成长

绩效考核的最终目的并不是单纯地进行利益分配，而是促进企业与员工的共同成长。通过考核发现问题、改进问题，找到差距进行提升，最后达到双赢。绩效考核的应用重点在薪酬和绩效的结合上。薪酬与绩效在人力资源管理中，是两个密不可分的环节。在设定薪酬时，一般将薪酬分解为固定工资和绩效工资，绩效工资正是通过绩效予以体现，而对员工进行绩效考核也必须表现在薪酬上，否则绩效和薪酬都失去了激励的作用。

四、绩效管理

（一）绩效管理的内涵

所谓绩效管理（Performance Mmanagement），是指为了达到组织目标，各级管理者和员工共同参与的绩效计划制订、绩效辅导沟通、绩效考核评价、绩效结果应用、绩效目标提升的持续循环过程。绩效管理的目的在于提高员工的能力和素质，从而改进并提高企业的绩效水平，实现企业的战略目标。

绩效考核与绩效管理是不同的。绩效管理是指将企业的远景、战略目标分解到组织和个体，并通过绩效计划、绩效辅导、绩效评估和绩效激励四个环节环环相扣，由具有严格逻辑关系的环节所构成，注重员工未来绩效的改善和提高，有助于推动组织战略目标的实现。绩效考核则是对企业员工过去一定时期内的工作表现和工作成果给予考核和评判，其着眼点是对员工过去绩效的总结。从这两个概念上来看，两者的着眼点和概念的外延是不相同的，绩效考核只是绩效管理的一个环节，绩效管理功能的正常发挥还需要其他几个环节的有效"辅助"。绩效管理的目的在于提高企业、部门、小组和个人的绩效，完成企业最终设定的目标，绩效考核的目的在于区分、奖励、发展和反馈。绩效管理与绩效考核的主要区别如表 11-1 所示。

表 11-1 绩效管理与绩效考核的主要区别

不 同 点	绩 效 管 理	绩 效 考 核
目的不同	解决问题	事后算账
关注点不同	注重结果和过程	注重结果
工作侧重点不同	侧重于信息沟通与绩效提高	侧重于判断
结果不同	双赢	成或败
过程不同	贯穿于管理活动的全过程	只出现在特定的阶段
关注的时间因素不同	关注未来的绩效	关注过去的绩效

（二）绩效管理流程

做好绩效管理的基础在于使绩效管理流程清晰化、规范化，绩效管理流程如图 11-1 所示。

图 11-1 绩效管理流程

相关链接

企业的绩效考核问题

长海公司是一家商品配送企业,最近,刘总经理正左右为难。一是经过年度考核成绩排序,成绩排在最后的几名却是在公司干活最多的人。这些人是否按照原先的考核方案降职和降薪,下一阶段考核方案如何调整才能更加有效?二是人力资源部提出上一套人力资源管理软件来提高统计工作效率的建议,但一套软件能否真正起到支持绩效提高的效果?

长海公司成立以来，为了更好地进行各级人员的评价和激励，公司在引入市场化的用人机制的同时，建立了一套绩效管理制度，设立了 10 项指标，并把每个指标都量化出 5 个等级，同时定性描述等级定义，考核时只需将被考核人的实际行为与描述相对应，就可以按照对应成绩累计相加得出考核成绩。

但考核中却发现了一个奇怪的现象：原先工作比较出色和积极的职工考核成绩却常常排在多数人后面，一些工作业绩并不出色的人和犯错很多的人却都排在前面。还有就是一些管理干部对考核结果大排队的方法不理解和有抵触心理。但是综合各方面情况，目前的绩效考核还是取得了一定的成果，各部门都能够很好地完成，唯一需要确定的是对于考核排序在最后的人员如何落实处罚措施，另外，对于这些人降职和降薪无疑会伤害一批像他们一样认真工作的人，但是不落实却容易破坏考核制度的严肃性和连续性。还有一个问题是，在本次考核中，统计成绩工具比较原始，考核成绩统计工作量太大，人力资源部就 3 个人，却要统计总部 200 多人的考核成绩，平均每个人有 14 份表格，统计、计算、平均、排序发布，最后还要和这些人分别谈话，在整个考核的一个半月中，人力资源部几乎都在做这件事情，其他事情都耽搁了。

刘总经理决定亲自请车辆设备部和财务部、工程部的负责人到办公室深入了解一些实际情况。车辆设备部的李经理说：我认为本次考核方案需要尽快调整，因为它不能真实反映我们的实际工作，例如我们车辆设备部主要负责公司车辆设备的维护管理工作，只有 20 个人，为了确保车辆安全运输，我们的主要工作就是按计划到基层各个点上检查和抽查设备维护的情况。在日常工作中，我们不能有一次违规和失误，因为任何一次失误都是致命的，也是会造成重大损失的，但是在考核业绩中有允许出现"工作业绩差的情况"，因此我们的考核就是合格和不合格之说，不存在分数等级多少。

（资料来源：刘会亚. 现代物流管理[M]. 北京：中国农业出版社，2012.）

任务二　配送服务与配送成本绩效考核

降低配送成本和提高配送服务水平是配送管理肩负的两大使命，正确处理和协调两者的关系是配送管理的重要内容。配送服务与配送成本绩效考核有助于配送中心分析配送绩效，提高配送中心的经营能力，进而增加配送中心以及整个供应链的整体效益。

一、配送服务与配送成本之间的关系

（一）配送服务概述

作为物流系统的终端，配送直接面对服务的客户，其服务水平的高低直接决定了整个物流系统的效益。

理想的配送服务水平要求达到"7R"，即正确的商品（Right Product）、适当的质量（Right Quality）、适当的数量（Right Quantity）、适当的时间（Right Time）、适当的地点（Right Place）、适当的状态（Right Condition）和适当的价格（Right Price）。衡量服务水

平的具体标准由以下若干因素组成。

(1) 服务的可靠性。可靠的服务内容包括：商品品种齐全、数量充足、保证供应；接到客户订货后，按照要求的内容迅速提供商品；在规定的时间内把商品送到需要的地点；商品运到时，保证数量准确、质量完好。

(2) 缺货比率。

(3) 订货周期的长短。

(4) 运输工具及运输方式的选择。

(5) 特殊服务项目的提供。

(6) 免费服务。

配送活动通过提供高水平、高标准的服务，可以满足企业销售需要，争取更多的顾客，从而增加企业的利润，与此同时也产生了较高的成本。

(二) 配送服务与配送成本之间的"二律背反"

过去曾有学者提出把"在任何时间、任何地点、任何数量上都满足顾客的要求"作为配送服务的一般标准，然而这样的服务水平只能在不考虑成本的前提下才办得到，从管理的角度来看，这是一种"无原则"的服务标准，既不现实，又不可取。另一个错误思路则是不考虑其他要求，一味追求最低成本。例如，为了降低采购费用，大批量集中进行送货，而不考虑顾客的需要，延长送货时间，结果造成缺货损失，影响企业信誉。这种以牺牲企业的利益而换来的低成本同样毫无意义，是管理上的本末倒置。

如上所述，配送服务与配送成本之间存在"二律背反"问题，即一般来讲，提高配送服务，配送成本即上升，成本与服务之间受收益递减法则的支配；处于高水平的配送服务时，成本增加，而配送服务水平不能按比例相应提高。

那么在管理中如何正确处理和协调这两者之间的关系呢？管理者在选择时应注意权衡利弊，用综合的方法来求得两者之间的平衡。此时，可以通过考察配送系统的投入产出比，来对配送系统的经济效益进行衡量和评价。配送系统中的投入就是我们所说的配送成本，而配送系统的产出就是配送服务。以最低的配送成本达到所要求的配送服务水平，这样的配送系统就是一个有效率的系统。

二、配送服务分析

配送服务分为基本服务和增值服务。基本服务是配送主体据以建立基本业务关系的客户服务方案，所有客户同等对待；增值服务是指按照特定客户的特定配送要求实行的配送服务，是超出基本服务范围的附加服务。

(一) 配送基本服务

配送基本服务是指社会化物流企业能够向客户提供的最低限度和通常的配送服务。这个服务所遵循的原则主要有以下几个方面。

(1) 满足用户的基本需求，以用户为上帝，服务具有被动性。

(2) 服务的买卖双方是一种合同关系。

(3) 无故障或低故障服务，该目标带有保守性。

(4) 面向所有用户，即对客户实行完全同等的服务方式和服务水平。

基本服务可以满足客户对配送的一般需求，例如，客户的运输需求和仓储需求，也就是说，基本服务具有"可得性"；企业对客户的服务方式、服务水准应该得到客户的认同，例如，双方在合同中明确差错率或故障率，也就是说，基本服务对于客户而言要有"可接受性"。

（二）配送增值服务

配送增值服务是对特定客户的特定要求提供的服务，是指针对特定客户或特定的物流活动，在配送基本服务基础上提供的定制化服务。物流企业为了体现自身在服务方面的创新，可以用配送增值服务的形式面对所有的客户进行服务。

1. 增值服务和基本服务的区别

增值服务和基本服务的主要区别有以下几点。

（1）增值服务是一种深层次的物流服务。物流企业必须对客户的物流需求和与其相关的所有活动有深入的了解，才能提出特殊的增值服务方案。一般来讲，增值服务是面对特定客户的一种特殊服务方案。

（2）增值服务费用较高。对于物流企业而言，增值服务需要在一般的基础服务和高水平服务的前提下增加投入才能取得产出的增值。因此，对于客户来讲，增值服务需要收取超出基本服务的费用支出。

（3）增值服务具有时效性。随着物流服务水平的逐步提高，原来的增值服务在经过一段时间之后，就可能变成物流企业的基本服务，不再属于增值服务的范畴。

（4）增值服务具有动态性。随着整个社会经济的进步，物流的增值服务呈现出动态性，不断涌现出新的增值服务方式，物流企业必须不断研究、不断发展才能够不断提高增值服务的水平。

总之，增值服务是竞争力强的企业区别于一般小企业的重要方面。增值服务的特征是在提供基本服务的基础上，满足更多的顾客期望，为客户提供更多的利益和不同于其他企业的优质服务。

小思考：在配送服务时，应注意哪些礼仪？

2. 配送增值服务的分类

（1）按照配送增值服务的核心不同进行分类。

① 以顾客为核心的配送增值服务。以顾客为核心的配送增值服务是指由配送中心提供的，以满足买卖双方对于配送产品的要求为目的的各种可供选择的服务。例如，从收货到递送的货物全程追踪服务；电话预约当天收货；车辆租赁服务；对时间敏感的产品提供快速可靠的服务（含相关记录报告）；对温度敏感的产品提供快速可靠的服务，如冷藏、冷冻运输（含相关记录报告）；配合产品制造或装配的零部件、在制品及时交付；被客户退回的商品逆向配送；运输设备的清洁或消毒等卫生服务；信誉好的承运人甚至可以为客户提供承运人的评估选择以及运输合同管理服务等。这类专门化的增值服务可以被有效地用来支持新产品的引入，以及基于当地市场的季节性配送。

美国UPS公司就开发了独特的服务系统，专门为批发商配送纳贝斯克食品公司的快餐食品，这种配送方式不同于传统的糖、烟配送服务。这些增值活动的内容包括：处理顾客向制造商的订货,直接送货到商店或顾客家,以及按照零售商的需要及时地持续补充送货。这类专门化的增值服务可以被有效地用来支持新产品的引入,以及基于当地市场的季节性配送。

② 以促销为核心的配送增值服务。以促销为核心的配送增值服务是指为了给生产企业或流通企业提供有利于营销活动的服务,在提供配送服务的同时,增加更多的有利于促销的配送支持。例如,为商品打价格标签或条形码;为成衣销售提供加挂衣架、重新包装等服务;为储存的产品进行特别的介绍;协助处理退回的商品并追踪服务;为食品、药品类客户提供低温冷藏服务,并负责先进先出,最大限度地方便商家。例如,保加利亚索菲亚服装配送中心由样品陈列室、批发洽谈室和保管众多家服装制造厂的各种服装的高层自动化仓库等组成,客户在陈列室看样品,在洽谈室进行商务谈判后,配送中心就负责准时地把所需服装送达客户,集贸易和配送于一体。

③ 以制造为核心的配送增值服务。以制造为核心的配送服务是通过独特的产品分类和递送来支持制造活动的配送服务。

每一个客户进行生产的实际设施和制造装备都是独特的,在理想状态下,配送和内向物流的材料和部件应进行顾客定制化。例如,有的厂商将外科手术的成套器具按需要进行装配,以满足特定医师的独特要求。此外,有家仓储公司切割和安装各种长度和尺寸的软管以适合个别顾客所使用的不同规格的水泵。这些活动在物流系统中都是由专业人员承担的。这些专业人员能够在客户的订单发生时对产品进行最后定型,利用的是物流的时间延迟。

④ 以时间为核心的配送增值服务。以时间为核心的配送增值服务涉及使用专业人员在递送以前对存货进行分类、组合和排序。

以时间为核心的配送增值服务的一种流行形式就是准时化。在准时化概念下,供应商先把商品送进工厂附近的仓库,当需求产生时,仓库就会对由多家供应商提供的产品进行重新分类、排序,然后送到配送线上。以时间为基础的服务,其主要的一个特征就是排除不必要的仓库设施和重复劳动,以便能最大限度地提高服务速度。例如,海尔物流采用的以时间为核心的配送增值服务就涉及指示专业人员在递送以前对存货进行分类、组合和排序。

(2) 按照配送增值服务的功能进行分类。

① 增加便利性的配送增值服务。一切能够简化手续、简化操作的服务都是增值性服务。简化是相对于消费者而言的,并不是说服务的内容简化了,而是指为了获得某种服务,以前需要消费者自己做的一些事情,现在由物流服务提供商以各种方式代替消费者做了,消费者获得服务变得更加简单、方便,从而增加商品或服务的价值。在提供配送服务时,进行一条龙门到门服务、提供完备的操作或作业提示、免费培训、维护、省力化设计或安装、代办业务、24小时营业、自动订货、传递信息和转账等都是对客户有用的增值性服务。

② 加快反应速度的配送增值服务。快速反应是指物流企业面对多品种、小批量的买方市场,不是储备了"产品",而是准备了各种要素,在客户提出要求时,能以最快速度抽取要素,及时"组装",提供所需服务或产品。

快速反应已经成为物流发展的动力之一。传统观点和做法将加快反应速度变成单纯对快速运输的一种要求,而现代物流的观点却认为,可以通过两条途径使过程变快:第一条途径,是提高运输基础设施和设备的效率,如修建高速公路、铁路提速、制定新的变通管理办法、提高汽车本身的行驶速度等,这是一种速度的保障,但在需求方绝对速度的要求越来越高的情况下,它也变成了一种约束,因此必须想其他的办法来提高速度。第二条途径,也是具有重大推广价值的增值性物流服务方案,应该是优化配送中心、物流中心网络,重新设计适合客户的流通渠道,以此来减少物流环节、简化物流过程,提高物流系统的快速反应能力。

③ 降低成本的配送增值服务。通过提供配送增值服务,寻找能够降低物流成本的配送解决方案。可以考虑的方案包括:采用第三方物流服务商;采取物流共同化计划;同时,可以通过采用比较适用但投资较少的物流技术和设施设备,或推行物流管理技术,如运筹学中的管理技术、单品管理技术、条形码技术和信息技术等,提高物流的效率和效益,降低物流成本。

④ 延伸服务。这种增值服务主要是将物流的各项基本功能进行延伸,伴随着物流运作过程实施,从而将各环节有机衔接起来,实现便利、高效的物流运作。如仓储的延伸服务有原料质检、库存查询、库存补充及各种形式的流通加工服务等,运输的延伸服务如选择国际、国内运输方式、运输路线,安排货运计划,为客户选择承运人,确定配载方法,货物运输过程中的监控、跟踪、门到门综合运输、报关、代垫运费、运费谈判、货款回收与结算等。配送服务的延伸有集货、分拣包装、配套装配、条码生成、贴标签、自动补货等。这种增值服务需要有协调和利用其他物流企业资源的能力,以确保企业所承担的货物交付任务能以最合理的方式、尽可能低的成本来完成。

以上各种服务中延伸服务最具有增值性,但也是最难提供的服务。目前,能否提供此类增值服务已成为衡量一个物流企业是否真正具有竞争力的标准。

3. 配送增值服务的模式

增值服务模式的创新是配送中心经营的闪光点,目前中国物流企业分别尝试采用了以下几种服务模式。当然,各配送中心的增值服务可以采用与客户经营方式相匹配的服务模式来完成,并不一定要局限于以下模式。

(1) 承运人型增值服务。

例如,从收货到送达的货物全程追踪服务;对时间敏感的产品提供快速可靠的服务;对温度敏感的产品提供快速可靠的服务,如冷藏、冷冻运输等。这类专门化的增值服务可以被有效地用来支持新产品的引入,以及基于当地市场的季节性配送。

(2) 仓储型增值服务。

拥有大型仓储设施的仓储物流企业可以考虑下列增值服务:材料及零部件的到货检验;材料及零部件的安装制造;提供全天候收货和发货窗口;配合客户营销计划进行制成品的重新包装和组合,如不同产品捆绑促销时提供商品的再包装服务,在理想的状态下,配送和内向物流的材料和部件应进行顾客定制化。

例如,有的厂商将外科手术的成套器具按需要进行装配,以满足特定医师的独特要求;有的厂家需要切割和安装各种长度和尺寸的软管以适合个别客户所使用的不同规格的水泵。但这些作业活动可以不在厂家进行,而是在物流系统中由专业人员利用专业的深度加工设备来完成的。这些专业人员能够在客户的订单发生时对产品进行最后定型,利用的是物流的时间延迟。

(3) 货运代理型增值服务。

目前,中国很多配送中心(例如中远物流、中国邮政物流)可以帮助货主客户订舱、租船、包机、包舱、托运、仓储、包装;货物的监装、装卸、集装箱拼装拆箱、分拨、中转及相关的短途运输服务;报关、报验、报检、保险;内向运输与外向运输的组合;多式联运、集运、含集装箱拼箱等。

(4) 信息型增值服务。

目前,中国以信息技术为优势的物流服务商可以把信息技术融入物流作业安排当中,例如,向供应商下订单,并提供相关财务报告;接受客户的订单,并提供相关财务报告;利用对数据的积累和整理,对客户的需求预测,提供咨询支持;运用网络技术向客户提供在线的数据查询和在线帮助服务。

(5) 第四方物流增值服务。

目前,有少部分配送中心向客户提供全面意义上的供应链解决方案;对第三方物流企业的管理和技术等物流资源进行整合优化,对物流作业流程进行再造,甚至对其组织结构进行重组;对客户物流决策提供咨询服务等。

三、配送服务与成本绩效评价

根据配送作业流程,配送服务与成本绩效评价可以通过人员利用率、设备利用率、设施空间利用率、配送规划管理能力、时间效率、配送成本、质量水平等指标来衡量。

(一) 人员利用率

人员利用率是企业经营评估的重要指标。配送人员利用率评估配送人员的工作分摊及其作业贡献度,以衡量其作业绩效。人员利用率可用以下指标衡量。

1. 人均配送量

$$人均配送量=配送量/配送人员总数$$

2. 人均配送距离

$$人均配送距离=配送总距离/配送人员总数$$

3. 人均配送吨公里

$$人均配送吨公里=配送总吨公里/配送人员总数$$

4. 人均配送体积或重量

$$人均配送体积或重量=配送总体积或重量/配送人员总数$$

(二) 设备利用率

设备利用率用于衡量资产设备是否发挥最大产能。一般通过提高设备每单位时间内的处理量来达到提高设备利用效率的目的。下面以车辆利用率为例来说明。

1. 平均每辆车配送金额

$$平均每辆车配送金额=配送总金额/配送车辆总数$$

$$配送车辆总数=自有车辆数+外用车辆数$$

2. 平均每辆车配送吨公里

$$平均每辆车配送吨公里=配送总吨公里/配送车辆总数$$

3. 平均每辆车配送距离

$$平均每辆车配送距离=配送总距离/配送车辆总数$$

4. 满载车次比率

$$满载车次比率=满载车次/总配送车次$$

5. 空车率

$$空车率=空车行驶距离/配送总距离$$

（三）设施空间利用率

设施空间利用率指标用来衡量整个配送企业空间设施利用率的高低。所谓设施，是指除人员、设备以外的一切硬件，包括办公室、休息室、仓储区、拣货区、收货区和出货区等区域空间的安排及一些消防设施等周边硬件。设施空间利用率要针对空间利用率、有效度等方面进行考虑，提高单位土地面积的使用效率，同时还要考虑货架、仓储区的储存量以及每天理货场地的配货周转次数。

（四）配送规划管理能力

配送规划管理能力可评估车辆的负荷和外用车所占比例等，可用以下指标衡量。

1. 车辆满载率

$$车辆满载率=配送货物的总体积/（车辆总体积数×配送车运转率×工作天数）$$

2. 平均每车次配送吨公里

$$平均每车次配送吨公里=配送总吨公里/配送总车次$$

3. 平均每车次配送距离

$$平均每车次配送距离=配送总距离/配送总车次$$

4. 外用车比率

$$外用车比率=外用车数/（自有车数+外用车数）$$

5. 配送平均速度

$$配送平均速度=配送总距离/配送总时间$$

（五）时间效率

时间效率用来衡量每个作业是否掌握最佳时间。时间是衡量效率最直接的因素，通过它最容易看出整体作业能力是否降低，如某段时间搬运了多少商品，平均每天配送了多少家门店的要货等，从而很容易了解配送企业整体经营运作的优劣，可用以下指标衡量。

1. 季节品比率

$$季节品比率=本月季节品库存量/平均库存量$$

2. 配送时间比率

$$配送时间比率=配送总时间/（配送人员数×工作天数×正常班工作时数）$$

配送时间比率是观察配送时间对配送的贡献，比率太低，说明资源利用率低。

3. 单位时间配送量

$$单位时间配送量=出货量/配送总时间$$

4. 单位时间配送生产力

$$单位时间配送生产力=营业额/配送总时间$$

（六）配送成本

配送成本包括自有车辆配送成本和外用车辆配送成本，可用以下指标衡量。
1. 配送成本比率

$$配送成本比率=（自车配送成本+外车配送成本）/物流总成本$$

2. 单位重量配送成本

$$单位重量配送成本=（自车配送成本+外车配送成本）/配送总重量$$

3. 单位体积配送成本

$$单位体积配送成本=（自车配送成本+外车配送成本）/出货品总体积$$

4. 每车次配送成本

$$每车次配送成本=（自车配送成本+外车配送成本）/配送总车次$$

5. 每公里配送成本

$$每公里配送成本=（自车配送成本+外车配送成本）/配送总距离$$

6. 配送延迟率

$$配送延迟率=配送延迟车次数/配送总车次$$

（七）质量水平

质量水平用来衡量配送中心服务质量是否达到客户满意的水平，这里的质量不仅包括商品本身的质量优劣，还包括物流配送作业中特殊的质量指标，如耗损、缺货、维修、通货、延迟交货、事故和误差率等。

四、确定配送服务水平的方法

在服务和成本之间，首先应该肯定服务是第一位的，是前提条件。因为就物流配送的职能来讲，就是要提高满足购销活动所要求的服务。使服务达到一定水平，就是配送管理的第一使命。与此同时，以尽可能低的配送成本达到这种服务水平，则是配送管理的第二使命。所以"首先是服务，其次是成本"，既然服务是第一位，企业该如何确定其适当的服务水平呢？

相对于前述"无原则"的服务标准，企业要确定的是有原则的服务标准。具体来说，就是确定了下述条件后的服务水平。例如，订货是任何时间内都接受，还是只在规定的时间内接受？订货数，是一件也订，还是规定最低订货数量？此外，当天订货，限定什么时间交货？送货服务达到什么程度？等等。总之，在制定服务标准时必须站在用户的角度，了解用户真正需要的是什么，制定的服务目标要具备可行性，并且服从于企业经营总目标。

一般来说，企业用来确定配送服务水平的方法主要有以下三种。
1. 采用销售竞争所需要的服务水平

根据竞争需要确定适宜的服务水平，既可以采用竞争对手所确定的服务水平或略高于竞争对手的服务水平，也可以根据实际需要以比竞争对手高得多的服务水平去竞争，以牺牲眼前利益的代价去获得长远利益。

2. 在增加成本与销售额之间进行权衡选择

在增加成本与销售额之间进行权衡选择，选择的原则是保证最大限度的利润。配送服务水平的提高对企业的影响是两方面的：增加销售收入的同时提高了配送成本。这种服务水平的提高对于企业是否适宜，评价的方法是将由此增长的销售额与增加的成本相比，考察企业的盈利状况。

3. 根据成本额所受的影响确定

随着配送服务水平的提高，配送成本中有一部分上升，也有一部分不受服务水平提高的影响。如果后一部分成本的降低额不小于因服务水平提高而增加的成本额，这种服务水平的确定或调整是适宜的。

> **小思考**：在配送实践中，有些配送企业首先考虑的是配送成本，其次是配送服务，你觉得对吗？为什么？

任务三　运输绩效考核

运输作为物流的一项重要活动，也是配送的重要组成部分。它主要完成实物从供应地到需求地的移动问题。进行运输绩效评价与分析有利于提高运输效率和运输经济效益。

运输可以分为运输企业的运输和其他企业的运输。无论哪种运输，其绩效都主要体现在一系列运输活动及结果上，即运输绩效主要是通过对一系列运输活动或过程的绩效管理来实现的。由于各种企业的情况差别较大，要设计一套适用于所有企业运输绩效评价的通用指标体系不太现实；如果按照运输活动或过程来设计指标体系，不同的运输企业或企业运输均可以根据实际情况，有选择地运用这些指标建立绩效评价指标体系。这里将运输活动或过程作为运输绩效考核的对象。

一、运输绩效考核的含义

运输绩效考核指的是对运输活动或运输过程的绩效考核，一般是按照统一的评价标准，采用一定的指标体系，按照一定的程序，运用定性和定量的方法，对一定时期内运输活动或过程的效益和效率做出的综合判断。

运输绩效考核是运输企业及其他相关企业进行绩效管理的主要环节，是管理者了解运输活动效果的基本手段，也是加强企业管理的一种方法。

二、运输绩效考核体系的构成

运输绩效考核体系作为企业绩效管理系统的子系统，也是企业管理控制系统的一部分。为了保证绩效评价的效果，应该建立科学合理的绩效考核体系。有效的运输绩效考核体系应包括以下内容。

1. 考核对象

它主要说明对谁进行绩效评价。运输绩效评价对象主要是指企业的运输活动或运输过程，一般包括集货、分配、搬运、中转、装卸、分散等作业活动。这些活动在实际中还会涉及运输活动计划、目标、相关组织与人员以及相关的环境条件等。

2. 考核组织

即负责领导、组织所有评价活动的机构，评价组织的构成情况及其能力大小将直接影响绩效评价活动的顺利实施及效果。它一般由企业有关部门负责人组成，有时也邀请其他有关专家参与。

3. 考核目标

它被用来指导整个绩效评价工作，一般根据运输绩效管理目标、企业实际状况以及发展目标来确定。评价目标是否明确、具体和符合实际，关系整个评价工作的方向是否正确。

4. 考核原则

即实际评价工作中应坚持的一些基本原则，如客观公正、突出重点、建立完善的指标体系等，考核原则会影响评价工作能否顺利开展及其效果。

5. 考核内容

它说明了应该从哪些方面对运输绩效进行评价，反映了评价工作的范围，一般包括运输成本、运输能力、服务质量、作业效率、客户满意度等。

6. 考核标准

这是用来考核评价对象绩效的基准，也是设立评价指标的依据。评价指标主要有三个来源：一是历史标准，就是以企业运输活动过去的绩效作为评价标准；二是标杆标准，就是将行业中优秀企业运输活动的绩效水平作为标准，以此来判断本企业的市场竞争力和自己在市场中的地位；三是客户标准，即按照客户的要求设立的绩效标准，以此来判断满足客户要求的程度以及与客户关系紧密的程度。

7. 考核指标体系

它是评价运输活动的具体指标及其体系。运输绩效指标可以按照运输量、运输服务质量、运输效率以及运输成本与效益等方面来分别设立。

8. 考核方法

它是依据评价指标和评价标准以及评价目标、实施费用、评价效果等方面的因素来判断运输绩效的具体手段。评价方法及其应用正确与否，将会影响评价结论是否正确。通常用的评价方法有专家评价法、层次分析法、模糊综合评价法等。

9. 考核报告

这是评价工作实施过程最后所形成的结论性文件以及相关材料，内容包括对评价对象绩效优劣的结论、存在的问题及其原因分析等。

以上九项内容之间相互联系、相互影响，共同组成一个完整的运输绩效考核体系。在实际工作中，运输绩效考核体系的具体构成要视企业实际情况而定。

三、运输绩效考核指标体系的构建

能否正确选择绩效评价指标，将直接影响运输绩效评价结果，也关系运输绩效管理以及企业管理的成效，所以选择和确定适当的评价指标是进行运输绩效评价的基础和前提，也是运输绩效管理的一种手段。在实际绩效评价工作中，应把握一定的基本原则来选择和确定具体的评价指标，并使之形成完整的和系统的指标体系，以取得良好的绩效评价效果。

（一）运输绩效考核指标选择的原则

选择运输绩效考核指标时，应坚持以下原则。

1. 目的性原则

绩效指标的选择应该以正确反映企业整体经济效益和运输活动绩效为目的，也就是说，所选指标应科学合理地评价运输活动的作业过程，以及投入、产出、成本费用等客观情况。

2. 系统性原则

运输活动由许多环节组成，会受到来自人、财、物、信息、服务水平等因素及其组合效果的影响，必须对其进行多层次、多方位、多渠道的评价，以保证评价的全面性和可信度。因此，在选择绩效评价指标时必须系统地、全面地考虑所有影响运输绩效的因素。

3. 层次性原则

在选择评价指标时，应注意各项指标的层次性，这样有利于确定每层重点，并有效地进行关键指标分析、评价方法的运用以及绩效评价的具体操作。

4. 定性指标与定量指标相结合的原则

由于运输活动具有复杂性、动态性，所以绩效评价指标应该既包括易于定量表示的技术经济指标，又包括很难用量化表示的社会环境指标，如安全、快速、舒适、便利等方面的指标。在实际的评价活动中，应该使定量指标与定性指标相结合，这样可以利用两者的优势，弥补双方的不足，以保证绩效评价的全面性、客观性。

5. 可操作性原则

就是使各项指标尽量含义清晰，简单规范，操作简便，同时，能够符合运输活动的实际情况，并与现有统计资料、财务报表兼容，以提高实际评价的可操作性和整个绩效评价的效率。

6. 时效性与比较性原则

为了及时了解企业的运营业绩，应该及时进行评价。评价绩效，数据是最佳的衡量工具，但是，如果没有比较的基准数据，再及时的评价也是徒劳的。因此，企业的盈余或亏损需要同一定的基准数据（如过去的记录、预算目标、同行业水平、国际水平等）进行比较，才能鉴别其优劣，绩效评价才具有实际意义。

7. 责、权、利相结合的原则

评价的目的主要是改革绩效，不能为评价而评价、为奖惩而评价、为升迁而评价。但是，运输绩效评价结果出来后，应分析责任的归属，在确定责任时，要确定是否在当事人的责、权范围内，并且是否为当事人可控的事项，只有这样，奖惩才能公平合理。

（二）运输绩效考核指标体系的构成

运输绩效考核指标体系主要包括以下内容。

1. **商品运输量指标**

它包括以实物件数为计量单位的指标和以实物金额为计量单位的指标。两者的计算公式如下。

（1）以实物件数为计量单位：

$$商品运输量（吨）=商品件数×每件商品毛重（千克）/1\ 000$$

（2）以实物金额为计量单位：

$$商品运输量（吨）=运输商品总金额/该类商品每吨的平均金额$$

2. **运输损失指标**

运输过程中的货物损失率有两种表示方式：一种是以货物损失总价值与所运输货物的总价值进行比较，这种方式主要适用于货主企业的运输损失绩效考核；另一种是用运输损失赔偿金额与运输业务收入金额的比率来反映，此方式更适用于运输企业或物流企业为货主企业提供运输服务时的货物安全性绩效考核。两者的计算公式如下。

（1）按运输收入计算。

$$运输损失率=货物损失总价值/运输业务收入×100\%$$

（2）按商品价值计算。

$$运输损失率=货物损失总价值/发运商品总价值×100\%$$

3. **运输成本与效益指标**

（1）单位运输费用指标。该指标可用来评价运输作业效益高低和综合管理水平，一般用运输费用总额与同期货物总周转量的比值来表示。

$$单位运输费用=运输费用总额/同期货物总周转量×100\%$$

（2）燃料消耗指标。评价燃料消耗的指标主要有单位实际消耗、燃料消耗定额比，它反映了运输活动中燃料消耗的情况，可以促进企业加强对燃料消耗的管理。

（3）运输费用效益指标。该指标表示单位运输费用支出额所带来的盈利额，其计算公式为

$$运输费用效益=经营盈利额/运输费用支出额×100\%$$

（4）单车（船）经济收益指标。该指标表示单车（船）运营收入中扣除成本后的净收益。

$$单车（船）经济收益=单车（船）运营收入-单车（船）运营成本$$

该公式的计算结果为正值，说明车辆运营盈利；公式的计算结果为负值，说明车辆运营亏损。

（5）社会效益指标。该指标主要反映运输活动对环境污染的程度和对城市交通的影响程度等。可以用专业性的环境评价指标对运输活动进行社会效益评价，也可以用定性的指标进行评价。如对企业具体的运输活动评价，可以考察运输活动中采用清洁能源车辆情况、运输时间是否考虑避开城市交通高峰、运输活动对周围环境污染情况等。

4. 合理的运输评价指标

(1) 商品待运期。

商品待运期=计算期每日累计待运商品的吨数/计算期逐日累计发运商品的吨数

(2) 货损货差率指标,是指办理商品发运抵达总票数中货损货差票数所占的比重。其计算公式为

货损货差率=货损货差票数/办理商品发运抵达总票数×100%

5. 安全评价指标

(1) 事故频率指标,是指单位行程内发生行车安全事故的次数,一般只计大事故和重大事故。该指标反映车辆运行过程中随时发生或遭遇行车安全事故的概率。其计算公式为

事故频率(次/万公里)=报告期内事故次数/(报告期内总行驶公里/10 000)

(2) 安全间隔里程指标,是指平均每两次行车事故之间车辆安全行驶的里程数,该指标是事故频率的倒数。其计算公式为

安全间隔里程(万公里)=(报告期内总行驶公里/10 000)/报告期内事故次数

6. 运输质量评价指标

(1) 准时运输率。

准时运输率=准时运送次数/运输总次数×100%

(2) 车(船)满载率。

车(船)满载率=车(船)实际装载力/车(船)装载能力×100%

(3) 可靠性指标。这是反映运输工作质量的指标,它可以促进企业采用先进的运输管理技术,做好运输调度管理,保证货物流转的及时性。

7. 运输效率与效益评价指标

运输效率与效益评价指标主要是指车(船)利用效率指标,包括时间、速度、里程及载重量等方面的指标,下面是其中主要的几种。

(1) 时间利用指标,包括车(船)利用率与车(船)完好率指标。车(船)利用率是指一定时期内运营车辆总天数(时数)中工作天数(时数)所占的比重;车(船)完好率是指一定时期内运营车辆总天数中车(船)技术状况完好天数所占的比重。其计算公式为

车(船)完好率=报告期内运营车(船)完好总天数/报告期内车(船)总天数×100%

车(船)利用率=报告期内运营车(船)投产总天数/报告期内车(船)总天数×100%

(2) 里程利用率,是指一定时期内车辆总行程中载重行程所占的比重,反映了车辆的实载和空载程度,可以用来评价运输组织管理的水平高低。其计算公式为

里程利用率=报告期内车船载重行驶里程/报告期内车船总行驶里程×100%

(3) 载重量利用指标,是反映车辆载重能力利用程度的指标,包括吨位利用率和实载率。吨位利用率按照一定时期内全部营运车辆载重行程载重量的利用程度来计算,其中载重行程载重量亦称为重车吨位公里。

吨位产量=报告期内完成的周转量/报告期内平均总运力×100%

吨公里成本=报告期内运输生产总成本(元)/报告期内货物总周转量吨公里

8. 运输服务质量指标

（1）客户满意率指标，是对运输服务质量的总体评价指标，用满意客户数与被调查客户总数的比率来表示。所谓满意客户，是指在对货主进行满意性调查中，凡在调查问卷上回答对运输服务感到满意及以上档次的客户。客户满意率指标的计算公式为

客户满意率=满意客户数/被调查客户总数×100%

（2）客户意见处理率指标，该指标用已经处理的意见数与客户所提意见数的比率来表示，它反映了对客户信息的及时处理能力，也可反映客户对运输服务性好坏的基本评价及企业补救力度的大小。已处理意见是指客户针对运输服务质量问题提出的意见中，企业予以及时查处并给予客户必要的物质或精神补偿而取得满意效果的意见。意见处理率和满意率均可按季度计，必要时也可按月计。客户意见处理率指标的计算公式为

客户意见处理率=已经处理的意见数/客户所提意见总数×100%

在实际运输活动中，可综合考虑运输活动的目标与任务、运输货物的特点、运输环境、运输能力、客户要求等方面的因素，具体确定各项评价指标及其主次顺序，形成完整的、相互衔接的指标体系，以获得良好的评价效果。

四、运输绩效考核标准运输绩效评价的步骤

（一）运输绩效考核标准

配送中心进行具体运输绩效考核与分析时，可以参考以下内容来确定考核标准。
（1）运输、取货、送货的服务质量，即整个运输过程是否做到了准确、安全、可靠。
（2）是否能够实现门到门服务，而且费用合理。
（3）是否能够及时提供有关运输状况、运输信息及其他服务。
（4）如果货物发生丢失或破坏，是否能够及时处理有关索赔事项。
（5）是否认真填制提货单、票据等运输凭证。
（6）与用户长期保持真诚的合作伙伴关系的能力。

在对运输活动进行绩效考核时，并非完全按上述六条标准选择，可结合承运人与顾客的实际情况，确定考核标准，并将所选择的标准按重要程度进行打分，根据汇总的总分多少判别优劣，具体操作如表11-2所示。

表11-2 运输活动绩效考核标准

评价因素	相对重要性	承运人绩效	承运人等级
运输成本	1	1	1
中转时间	3	2	6
可靠性	1	2	2
运输能力	2	2	4
可达性	2	2	4
安全性	2	3	6
总等级	2	3	6

注：承运人等级=相对重要性×承运人绩效
　　相对重要性：1——高度重要；2——适度重要；3——低度重要。
　　承运人绩效：1——绩效好；2——绩效一般；3——绩效差。

（1）运输成本。表中的考核标准显然首先考虑的是运输成本，但是运费并不是唯一的成本构成，整个物流系统的成本还必须考虑设备条件、索赔责任及装载情况等相关因素。

（2）中转时间。中转时间直接影响库存水平，所以也是一条重要的标准。可以想象，如果承运人提供的运输服务不稳定，就必须有较多的库存。同样道理，如果承运人不能将货物及时运达，就可能会失去市场。

（3）可靠性。可靠性的评估通常是以订货交付的完成为基础的。一旦一票订货已经完成并装运交付，仓库就会记录抵达时间与日期，并传输到采购部门。经过计算机处理后，将一个承运人绩效记录及时地提交给采购部门及运输部门，就很容易分析判断承运人的可靠程度。

（4）运输能力。运输能力包括运输与服务两方面的能力。运输能力主要是指提供专用车船的能力和卸车的能力。服务能力主要是 EDI 的运用、在线跟踪储存及门到门服务等。

（5）可达性。多方式联运提供的是广泛服务，使可达性越来越不成为问题。通过直达运输和联合运输的协议来实现承运人的可达性越来越重要。

（6）安全性。主要考察如果一旦出现事故，承运人有无能力迅速理赔。对安全性的评价包括预防能力、理赔能力两方面。

（二）运输绩效评价的步骤

1. 建立运输绩效评价组织机构

评价组织机构直接组织实施评价，评价组织机构负责成立评价工作组，并选聘有关专家组成专家咨询组。委托社会中介机构实施评价时，应先选定中介机构并与其签订委托书，然后由中介机构组建评价工作组及专家咨询组。参加评价工作的成员应具有较丰富的物流管理、财务会计、资产管理及法律等方面的专业知识，熟悉运输绩效评价业务，有较强的综合分析判断能力。

2. 制订评价工作方案

配送运输活动的绩效评价也是一个非常重要的问题，进行运输绩效评价时应根据企业的具体要求及评价重点，确定评价指标体系，安排工作进程和时间表，确定评价的原则和方法以及人员分工等。

3. 收集整理数据

根据评价工作方案的要求及评分的需要收集、核实和整理基础资料和数据，包括评价方法、评价准则、连续三年来的会计决算报表，以及有关统计数据和定性评价的基础资料，制作各种调查表，分发给调查对象，并提出填写要求，然后及时收回，并对数据进行分类、登记。

4. 统计评分

运用计算机软件计算评分指标的实际分数，这是绩效评价的一个关键步骤。

5. 评价结论

将绩效基本评价得分与物流产业中相同行业及同规模的最高分数进行比较，对运输绩效进行分析判断，形成综合评价结论，并听取企业有关方面负责人的意见，进行适当的修正和调整。

6. 撰写评价报告

评价工作组应按照规定的格式撰写评价报告，报告评价结果、评价分析、评价结论等，并送专家咨询组征求意见。评价工作组完成评价报告后，经评价项目主持人签字，报送评价组织机构审核认定。如果是委托评价项目，评价包括必须加盖中介机构单位印章。

7. 评价工作总结

将评价工作的背景、时间、地点、基本情况、评价结果、工作中的问题及措施、工作建议等形成书面材料，建立评价工作档案，同时报送企业备案。

任务四　配送员工绩效考核与分析

一、配送员工绩效考核原则

（一）确立统一的标准

业绩考核必须公正才能有效，而公正的重要因素就是考核必须有正式规定的统一标准，不能以考核者的印象、好恶为考核的依据。考核者必须预先制定出各岗位统一的考核标准，这种标准应通过对每一工作岗位的工作方法进行深入研究后制定而成，要尽可能量化、文字化，并通告所有将被考核的员工。同一岗位员工的工作成绩都由同一套标准来判定，这样考核才会令人信服。

（二）构建科学的考核指标体系

配送各岗位员工的工作内容和工作方法是不相同的，因此，制定考核标准的第一步就是应该科学地划分配送部门内存在的不同岗位，根据它们各自的特点分别制定不同的考核标准，最终形成由不同岗位、不同工种考核标准组成的标准体系。

（三）确定严格的考核机制

考核不能随意进行。如果一个配送管理人员有时间时组织几次，没时间时则长期疏于考核，考核工作就无法起到鞭策、激励员工的作用。因此，考核工作必须确定考核的机制。考核机制包括以下内容。

1. 考核工作多长时间进行一次

考核时间间隔太长，则容易侧重于员工的最近表现，而忽略他们的整体表现；考核时间间隔太短，则容易使烦琐的考核工作成为例行公事。因此，应根据员工在企业工作时间的长短以及不同的工作性质和不同的考核内容来确定考核时间。一般来说，配送员工的日常考核每月进行一次比较适宜，再配合进行半年考核、年考核，这样会得到比较好的效果。

2. 由谁来进行考核

考核不能仅由配送主管一个人来进行，而应该由具有各种代表性的一组人来进行，这样能够保证考核的公正性。通常这一组人中应包括被考核者的直接上级，如组长、主管、配送经理、员工代表等。

3. 考核方法的确定

首先，确定考核的信息来源。如对员工工作表现的评价是来源于员工个人的总结，还是来源于同事的评语，抑或是来自外界的反映。其次，考核时由全体讨论评定，还是制定表格计分，或是累计员工平日业绩，这些都必须事先确定，并让每一位员工明了。

4. 考核必须与奖惩相结合

考核的目的是使好的工作态度、好的工作方法得到宣传和效法，使不好的工作态度、不合乎要求的工作方法得到批评和修正。考核只是达到这一目的的手段之一，必须附以相应的奖励和惩罚措施才能产生效果。

二、配送员工绩效考核程序

配送员工绩效考核程序分为准备阶段、实施阶段、反馈阶段和考核结果运用阶段。

（一）准备阶段

1. 确定考核主体

一般考核主体包括上级部门、主管领导、同级员工、下级员工、专家与被考核人。当同级员工和下级员工作为考核主体时，要确保人数在 5 人以上，保证考核结果的真实性。

2. 确定考核时机

为了保证考核结果的准确性，对考核时机的选择尤为重要。选择考核时机要参考以下三方面的因素。

（1）避免选择组织气氛欠佳和工作繁忙时考核。

（2）考核时间不宜过长，应快速完成考核相关内容。

（3）接近年底，年终评比、成果鉴定、各项激励应结合在同一时期进行考核。

3. 确定考核内容

配送员工绩效考核内容分为配送前考核、配送中考核、配送后考核三部分。下面以某配送公司为例来具体说明，配送员工绩效考核内容和评估指标如表 11-3 所示。

表 11-3 配送员工绩效考核内容和评估指标

考核内容	权重/%		评估指标
配送前	30	30	分拣准确率
		30	紧急订单响应率
		40	按时发货率
配送中	50	25	配送延误率
		20	货物破损率
		20	货物差错率
		20	货物丢失率
		15	签收单返回率
配送后	20	30	通知及时率
		30	投诉处理率
		40	客户满意度

4. 确定考核周期

配送员工的考核一般采用月度考核与年度考核。月度考核结果决定配送员工当月绩效评估得分，并作为绩效工资发放依据；年度考核将配送员工当年各月考核评估得分进行汇总，并按照年考核次数得出年平均考核得分，结合部门主管的意见，最终作为年终奖的发放依据。

（二）实施阶段

1. 绩效考核说明

配送部门主管在进入考核周期之前与配送员工进行绩效考核沟通，明确考核目标与考核标准。

2. 绩效考核指导

在考核周期内配送部门主管要对被考核的配送员工进行绩效指导，以帮助其随时保持正确的工作方法，最终保证绩效考核目标的顺利达成。

3. 自我绩效评价

配送部门主管在考核周期结束之前向被考核配送人员下发考核表，指导其对照绩效目标进行自我绩效评价。

4. 部门主管考核

被考核配送员工完成自我绩效评价后上交考核表，由配送部门主管对照绩效目标进行考评，并按照得分划分等级。下面以某企业为例来具体说明，评分等级表如表11-4所示。

表11-4 评分等级表

考核标准	杰 出	优 秀	良 好	普 通	需 改 进
绩效评估得分	95分以上	86~95分	76~85分	60~75分	60分以下
绩效评分等级	A	B	C	D	E

（三）反馈阶段

配送部门主管要与被考核配送员工进行面谈，将考核评分结果告知被考核者，并一同分析考核结果，制定具体的工作绩效改进措施。

（四）考核结果运用阶段

公司可根据配送员工年度考核情况，挑选适合的配送员工进行培训。如表11-5所示是某企业的配送培训目标。

表11-5 某企业的配送培训目标

职 位	能 力 要 求
初级职员	为开展配送活动，要求掌握配送构造、机制等知识和技术
中级职员	为顺利开展配送业务，改革配送要求，掌握能跟上配送发展进步的专门知识、技术和判断能力
高级职员	要求具有高深的配送专门知识和技术，能从自己所负责的工作全局着眼，辅佐领导，提出有用的建议，并具有预见能力
部门经理	具有从全局出发，把单位领导提出的思想系统化的能力、创造性地系统思考的能力和能给下属指出目标的能力

三、配送员工绩效考核方法

（一）自我评定考核法

配送管理人员及负责考核的人员将业绩考核的内容以问题的形式向员工提出来，让员工自己做出报告。这种方法为员工反思、总结自己过去所做的工作提供了机会。员工在经过系统地思考以后，可以比较容易地发现自己的成绩和存在的不足，甚至可以发现企业配送管理中存在的问题。所以，这种方法在业绩考核工作中应用比较广泛，并经常与为企业提合理化建议的工作一起进行。

自我评定考核法的局限性也是显而易见的。个人对自己的评价有时不够客观、全面，有时故意回避某些情况。所以，自我评定的结果并不能作为业绩考核的唯一标准。

（二）面谈考核法

"自我评定"的方法虽然有一定的缺点，但它可以使配送管理人员能事先研究员工对他自己的工作成绩的看法，可以使考绩面谈取得最佳的效果。由于员工在"自我评定报告"中已反映出其最敏感的问题是什么，也鉴定出了自己所存在的弱点，负责考核的配送管理人员可以在面谈中把精力集中在其他方面，而不需再重复其缺点。为了使面谈能顺利进行，不出现离题、跑题等现象，配送管理人员应准备一份设计完善的考绩表。表格的设计应取决于评定的目的，至少应包括以下内容。

（1）员工评定情况：例如姓名、工作时间、担任的工作等。

（2）考绩报告：包括知识、技能、知识应用能力、计划与组织能力、与他人共事的能力、指导他人的能力等方面。

（3）在本职岗位上的培训需求。

（4）潜能。

（5）培训发展需求。

（6）参考性工资推荐意见。

在进行面谈时，管理人员应注意不要使以下情况发生。

（1）谈话仓促进行。让人感到此事毫不重要，只不过是为了完成工作程序的一环而应付差事。

（2）事先预定谈话结果。面谈之前就把表格填好，谈话时，以"印证自己的主观印象"为目的提问题，迫使接受面谈人"就范"。

（3）照表宣读，不用自己的语言解释评语。

（4）夸夸其谈或随意聊天。

总之，为了提高配送员工的工作效率与服务质量，规范配送员工工作标准，增强企业配送竞争力，必须定时地对配送员工进行绩效考核。下面给出一些关键员工的绩效考核指标量，如表11-6、表11-7所示。

表11-6 配送部经理绩效考核指标量表

被考核人姓名		职位	配送部经理	部门	配送部
考核人姓名		职位	总经理	部门	
序号	关键指标	权重	绩效目标值		考核得分
1	配送计划完成率	20%	考核期内配送计划完成率达到 100%		

续表

被考核人姓名			职位	配送部经理	部门	配送部
考核人姓名			职位	总经理	部门	
序号	关键指标	权重	绩效目标值			考核得分
2	发运总量/吨	15%	考核期内配送部发运总量在____吨以上			
3	配送管理费用控制	15%	考核期内配送管理费用控制在预算范围之内			
4	单位配送成本降低率	10%	考核期内配送成本降低率在____%以上			
5	客户满意率	10%	考核期内客户满意率在____%以上			
6	配送及时率	10%	考核期内配送及时率在____%以上			
7	配送货损率	5%	考核期内配送货损率在____%以下			
8	配送差错率	5%	考核期内配送差错率在____%以下			
9	收发货差错率	5%	考核期内收发货差错率在____%以下			
10	员工管理	5%	考核期内部门员工绩效考核平均得分在____分以上			
			本次考核总得分			
考核指标说明						
被考核人签字： 日期：			考核人签字： 日期：		复核人签字： 日期：	

表11-7 运输部经理绩效考核指标量表

被考核人姓名			职位	运输部经理	部门	运输部
考核人姓名			职位	总经理	部门	
序号	KPI指标	权重	绩效目标值			考核得分
1	运输任务完成率	20%	考核期内运输任务完成率达100%			
2	运输管理费用总额	15%	考核期内运输管理费用总额控制在预算范围内			
3	运输路线计划更改的次数	10%	考核期内运输路线计划更改的次数在____次以内			
4	运输资源开发计划完成率	10%	考核期内运输资源开发计划完成率在____%以上			
5	完成运量及时率	10%	考核期内完成运量及时率在____%以上			
6	运输货损率	10%	考核期内运输货损率在____%以下			
7	单位运输成本降低率	10%	考核期内单位运输成本降低率达____%			
8	车辆完好率	5%	考核期内车辆完好率达____%			
9	运输安全事故发生次数	5%	考核期内运输安全事故发生次数在____次以下			

续表

被考核人姓名			职位	运输部经理	部门	运输部
考核人姓名			职位	总经理	部门	
序号	KPI指标	权重	绩效目标值			考核得分
10	员工管理	5%	考核期内部门员工绩效考核平均得分在____分以上			
本次考核总得分						
考核指标说明						
被考核人 签字： 日期：		考核人 签字： 日期：			复核人 签字： 日期：	

项目小结

本项目较为详细地阐述了配送业务绩效考核的基础知识，从配送服务和配送成本、运输、配送员工等方面探讨配送活动的绩效考核。现有的配送中心配送绩效评价研究着重于对评价指标体系的构建，且评价指标主要评价各作业的完成情况，没有科学地、客观地对整个作业流程进行评价，只注重对配送中某一个作业环节的评价，很难从整体上去审视整个配送活动的综合效果。对现代物流企业进行分析与评估，结合物流企业自身特点建立一套科学、合理的物流配送企业绩效评估指标体系，已成为摆在我们面前的一项重要课题。

同 步 练 习

一、选择题

1. 管理根据其关注的重点不同，经常可以被分为结果和（　　）。
   A. 过程的管理　　B. 人员的管理　　C. 组织的管理　　D. 企业的管理

2. （　　）是一种通过员工的关键行为和行为结果来对其绩效水平进行绩效考核的方法，一般由主管人员将其下属员工在工作中表现出来的非常优秀的行为事件或者非常糟糕的行为事件记录下来，然后在考核时点上（每季度或者每半年）与该员工进行一次面谈，根据记录共同讨论来对其绩效水平做出考核。
   A. 结果法　　　B. 关键事件法　　C. 过程法　　　D. 事件法

3. 作为物流系统的终端，配送直接面对服务的客户，其（　　）直接决定了整个物流系统的效益。
   A. 工作效率的高低　　　　　　B. 商品质量的高低
   C. 服务水平的高低　　　　　　D. 技术水平的高低

4. 运输能力包括运输与（　　）两方面的能力。
   A. 速度　　　　B. 工作　　　　C. 社会　　　　D. 服务

5．配送人员绩效考核程序分为准备阶段、实施阶段、反馈阶段和（　　　）阶段。
A．考核结果运用　　　　B．考核结果评价　　　　C．考核运用　　　　D．监督

二、问答题

1．什么叫绩效考核？
2．理想的配送服务水平要求达到的"7R"指的是什么？
3．增值服务和基本服务的区别是什么？
4．运输绩效评价的步骤有哪些？
5．有效的运输绩效考核体系应包括哪些内容？

三、实训题

1．实训目的：使学生对配送业务绩效考核有个整体的认识。
2．实训方式：到配送企业进行顶岗实践。
3．实训内容：
（1）使学生了解配送业务绩效考核的内容和方法。
（2）使学生熟悉企业配送业务绩效考核的标准。
（3）设计一个考核标准和方法，使学生对自己和他人的学习和表现进行考核。

四、案例分析

由一则案例引发对绩效评估的探讨

G是某企业生产部门的主管，今天他终于完成了对下属人员的绩效考评，并准备把考评表格交给人力资源部。

绩效考评表格标明了工作的数量和质量以及合作态度等情况，表中的每一个特征都分为五等：优秀、良好、一般、及格和不及格。

所有的职工都完成了本职工作。除了S和L，大部分还顺利完成了G交给的额外工作。考虑到S和L是新员工，他们两人的额外工作量又偏多，G给所有员工的工作量都打了"优秀"。X曾经对G做出的一个决定表示过不同意见，在"合作态度"一栏，X被记为"一般"，因为意见分歧只是工作方式方面的问题，所以G没有在表格的评价栏上记录。另外，D家庭比较困难，G就有意识地提高了对他的评价，他想通过这种方式让D多拿绩效工资，把帮助落到实处。此外，C的工作质量不好，也就是达到及格，但为了避免难堪，G把他的评价提到"一般"。这样，员工的评价分布于"优秀""良好""一般"，就没有"及格"和"不及格"了。G觉得这样做，可以使员工不至于因发现绩效考评低而产生不满；同时，上级考评时，自己的下级工作做得好，对自己的绩效考评成绩也差不了。

案例中暴露出来的问题如下。

1．指标的设立过于简单

本例中主要对工作数量、质量和合作态度进行考核，这样过于简单。因为影响员工绩效的因素是多方面的，既包括员工个人的技能和态度，也包括如劳动场所的布局、设备与原料的供应以及任务的性质等客观因素。所以除了对工作质量和产量进行评估外，还应对原材料消耗率、能耗、出勤及团队合作等方面综合考虑，逐一评估，尽管各维度的权重可能不同。

2．评估指标没有量化

在本例中，评估指标主要分为优秀、良好、一般、及格和不及格。但"优秀"的标准是什么，"良好"的标准是什么，"优秀"和"良好"的差距应控制在怎样的范围之内，应该用什么样的百分比进行表示，如对超额完成10%~20%定为"优秀"。而G对完成本职工作任务的都给了"优秀"，显然缺乏科学性和公正性。这样通常会导致超额完成任务的员工的积极性受到打击，很可能会降低工作的努力程度。

3．考评主体单一

这里只由G对下属进行评价，很容易造成评价结果过于主观，实际上也确实如此。例如，D家庭比较困难，G就提高了对他的评价，他想通过这种方式让D多拿绩效工资；C的工作质量不好，但为了避免难堪，G把他的评价提到"一般"。实行单一由直接领导人考评的前提是考评人对下属从事的工作有全面的了解，而且能从下属的高绩效中获益，同时会因为下属的低劣绩效而受损，因此能对下属做出精确的评价。但如果不满足这些条件，同时考评者又对某些下属有偏见，则很容易造成评价不客观，并且感情用事，失去了评估的公平性。

4．缺乏对评估结果进行适当的比例控制

如规定原则上评估结果为"优秀"的比例不超过15%，"不及格"和"及格"的比例在10%以内，"良好"的比例为75%。对评估结果进行适当的比例控制的最大好处就是尽量避免考评者心理因素掺入所造成的偏差，因为许多考评者为了与员工搞好关系，经常会给所有员工评"优秀"或"良好"以上，这便失去了绩效评估的意义。本例中，G就是这样做的，如C的评价由"及格"提到"一般"，从而使所有评价分布介于"优秀""良好""一般"，由于没有对评估结果进行适当的比例控制，造成了G在评估中出现重大缺陷。

5．考评中缺乏沟通的环节

绩效评估不是单线的信息通报或者形式化的结果传递，它是主管与下属成员之间进行相互沟通、协调行为的企业组织行为，是建立企业职员之间合作伙伴关系的桥梁之一。企业开展绩效评估的战略目标之一就是借此使企业内部的管理沟通制度化和程序化。可以说，全体成员在绩效评估中都扮演着重要角色，难怪许多人力资源管理专家说，至少50%的绩效问题是没有开展绩效沟通。而许多企业却忽视了这一点。绩效评估中的沟通主要是评估者与被评估者直接沟通，分析被评估者的绩效及结论，由评估者向被评估者表达评估结果，与被评估者讨论绩效评估，建立职工绩效评估档案系统。在本例中，G在评估时没有与下属沟通，就决定把考核结果直接交给人力资源部。而且在绩效评估之前也没有与员工沟通，如果在评估之前能发现C的工作质量不好，与C及时沟通，共同分析质量不好的原因，就可能减少损失。

6．对考评者缺乏监督机制

在现代企业制度中，由于企业管理者与企业经营者和所有者的利益可能存在不一致，这便出现了信息经济学中的道德风险问题，即经济代理人（如管理人员）在追求自身效用最大化的同时，损害委托人（如企业所有者）或其他代理人的行为。在绩效评估中来自绩效评估者与被评估者双方都拥有隐蔽行动和隐蔽信息。对绩效评估者来说，一方面是下属职员的评估者，另一方面是更高级别领导的被评估者。如果没有制度约束，其最佳策略是对下属采取"做好人"办法，对上级领导只把最突出的绩效展示出来，而将经营失误或亏损隐瞒起来。本例中，G 之所以给其下属较高的分数，主要原因之一就是他认为上级考评时，自己的下级工作做得好，对自己的绩效考评会很有利。正是由于缺乏一种对考评者的监督机制，导致了 G 在考评中的主观性。

（资料来源：刘会亚. 现代物流管理[M]. 北京：中国农业出版社，2012．）

问题：

请提出对该案例绩效评估的改进方法？

参 考 文 献

[1] 冷志杰. 配送管理[M]. 重庆：重庆大学出版社，2016.
[2] 马俊生. 配送管理[M]. 北京：机械工业出版社，2017.
[3] 刘北林. 物流配送管理[M]. 北京：化学工业出版社，2016.
[4] 曹泽州. 物流配送管理[M]. 北京：清华大学出版社，2017.
[5] 陈修齐. 仓储与配送管理[M]. 北京：电子工业出版社，2015.
[6] 田侠. 仓储与配送管理[M]. 大连：大连理工大学出版社，2014.
[7] 张念. 仓储与配送管理[M]. 大连：东北财经大学出版社，2017.
[8] 赵家俊. 仓储与配送管理[M]. 北京：科学技术出版社，2013.
[9] 刘会亚. 现代物流管理[M]. 北京：中国农业出版社，2017.
[10] 王国文，赵海然. 供应链管理[M]. 北京：企业管理出版社，2015.
[11] 郭晖. 采购实务[M]. 北京：中国物资出版社，2006.
[12] 徐源. 物控主管实务[M]. 广州：广东经济出版社，2015.
[13] 王槐林. 采购管理与库存控制[M]. 北京：中国物资出版社，2015.
[14] 张理. 现代物流案例分析[M]. 北京：中国水利水电出版社，2015.
[15] 梁军，扬明. 物流采购与供应管理实训[M]. 北京：中国劳动社会保障出版社，2014.
[16] 泰勒. 全球物流与供应商管理案例[M]. 胡克，译. 北京：中信出版社，2013.